细节成就孩子一生

父母必须教给孩子的108个细节

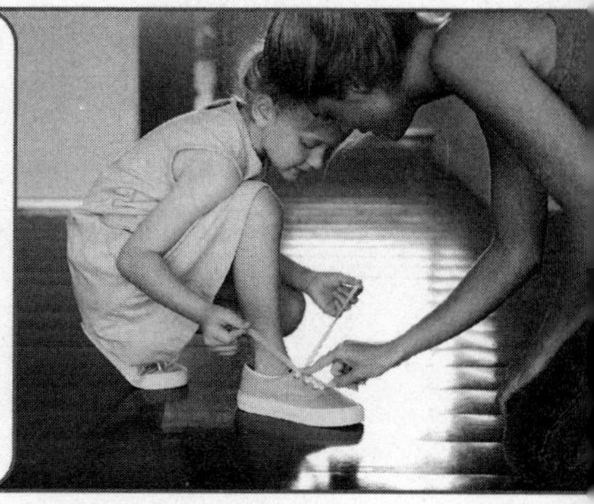

杨冰◎著

精华版

民主与建设出版社

图书在版编目（CIP）数据

细节成就孩子一生：父母必须教给孩子的108个细节 / 杨冰著．—北京：民主与建设出版社，2017.7

ISBN 978-7-5139-1472-7

Ⅰ．①细… Ⅱ．①杨… Ⅲ．①儿童教育–家庭教育 Ⅳ．①G782

中国版本图书馆CIP数据核字（2017）第069409号

细节成就孩子一生：父母必须教给孩子的108个细节

XIJIE CHENGJIU HAIZI YISHENG FUMU BIXU JIAOGEI HAIZI DE 108 GE XIJIE

出版人	许久文
作者	杨冰
责任编辑	郎培培
封面设计	异一设计
出版发行	民主与建设出版社有限责任公司
电话	（010）59417747 59419778
社址	北京市海淀区西三环中路10号望海楼E座7层
邮编	100142
印刷	北京中印联印务有限公司
版次	2017年11月第1版 2017年11月第1次印刷
开本	710mm×1000mm 1/16
印张	17
字数	268千字
书号	ISBN 978-7-5139-1472-7
定价	39.80元

注：如有印、装质量问题，请与出版社联系。

PREFACE
前言

我始终相信，让人疲惫不堪而又难以阔步远行的不是横亘在面前的高山峻岭，而是掉进自己鞋子里的一粒微不足道的沙子。

在我们每个人成长的道路上，我们需要随时倒出那粒沙子。

在生活中，能够击垮我们的不是巨大的挑战，而是一些小事，一些细枝末节。而正是这些微不足道的小事、小细节，无休止地消耗着我们的精力，阻碍了我们成功。

父母教育孩子也不例外。

家庭教育是由一个个细节组成的。最有效的家庭教育往往最注重细节。

在一个人的生活中，每一个细节，串联起来就成了习惯。正是这些细小的习惯构成了一个人的素质底蕴。习惯，决定了孩子的人生。

因此，我们说，注重细节这一习惯的养成，是教育孩子是否成功的关键。

小事成就大事，细节成就完美，习惯改变人生。

1961 年 4 月 12 日，苏联宇航员加加林乘坐 4.75 吨重的“东方 1 号”航天飞船进入太空遨游了 89 分钟，成为世界上第一位进入太空的宇航员。他为什么能够从 40 多名宇航员中脱颖而出？

苏联宇宙飞船计划登陆月球之前，培训了 40 多名宇航员，但只能录用一名。在确定人选前的一个星期，这些准宇航员首次登上宇宙飞船参观熟悉环境。就是这一次参观，确定了最终人选，他就是加加林。航天飞船的主设计师罗廖夫发现，在进入飞船前，只有加加林一个人脱下鞋子，只穿袜子进入座舱。就是这个细小的动作，一下子赢得了罗廖夫的好感。他认为这个 27 岁的青年既懂规矩，又如此珍爱他为之倾注心血的飞船，于是决定让加加林执行人类首次太空飞行的神圣使命。加加林通过一个不经意的细节，表现了他珍爱他人劳动成果的修养和素质，也使他成为人类遨游太空的第一人。

展示自己的完美很难，需要每一个细节都很完美；但毁坏自己的形象很容易，只要一个细节没有注意到，就会给你带来难以挽回的影响。有这样一个例子：

有家幼儿园招聘园长，在众多的应聘者中只有一个人顺利过关，其原因也是一个细节——大家在上楼梯时，只有她为站在那里的一个小男孩儿擦了擦鼻涕。而这个被大家忽略了的小男孩儿，乃是招聘者提前安排好的。幼教工作者理应充满爱心，理应真诚地热爱孩子，而那位有幸被录用的女士也正是通过主动为孩子擦鼻涕的细节展现了她的神圣的爱心。

一个不经意的细节，往往最能反映出一个人的修养和深层次的素质。加加林脱鞋子的举动，体现了他对别人劳动成果的尊重；一个充满爱心的给孩子擦鼻涕的细节，展示了应聘者内在的美。

“泰山不让土壤，故能成其大；河海不择细流，故能就其深。”细节的成功看似偶然，实则孕育着成功的必然。细节不是孤立存在的，就像浪花显示了大海的美丽，但必须依托于大海才能存在一样。

在企业界的运行规则里，有一句较为经典的话叫“细节决定成败”。一些教育界人士认为这同样适合于培养正在成长中的孩子，对未成年人讲大道理不能说没有作用，但更为重要的是从根本上触动孩子思想的神经，从生活中的一些点点滴滴的小事情、小细节抓起，把小事做细。

英国哲学家罗素说：“一个人的命运就取决于某个不为人知的细节。”西班牙思想家巴尔塔沙·格拉西安也说：“完成一幅完美的画卷很难，需要每一个细节都完美；但只要一个细节没有画好，整幅画卷就会功亏一篑。人生在世也是如此，有时一个细节就会改变你的命运。”

我从报纸上看到这样一个故事：一个在日本打工的泰国学生，同其他留学生一样，利用业余时间为日本餐馆洗盘子，以赚取学费。日本餐饮业有一个不成文的行规，即餐馆的盘子必须用清水洗七遍。由于洗盘子的工作是按件计酬的，这名留学生忙碌一天，也挣不了多少工钱。于是他计上心头，以后洗盘子时便少洗一两遍。果然，劳动效率大大提高，他也因此受到老板的器重，工钱自然也就迅速增加了许多。一位洗盘子赚学费的日本学生知道后便向他请教技巧。他毫不避讳地说："你看，洗了七遍的盘子和洗了五遍的有什么区别吗？少洗两次嘛。"日本学生诺诺连声，却与他渐渐疏远了。日本人看人，有两个预先推定：一个，你是无罪的；另一个，你是诚实的。所以，餐馆老板只是偶尔抽查盘子清洗的情况。在一次抽查中，老板用专用的试纸测出盘子的清洁程度不够，并责问这名留学生时，他振振有词："洗五遍和洗七遍不是一样保持了盘子的清洁吗？"老板只是淡淡地说："你是一个不诚实的人，请你离开。"为了生计，他又到另一家餐馆应聘洗盘子。那位老板打量了他半天才说："你就是那位只洗五遍盘子的留学生吧。对不起，我们不需要！"第三家、第四家……他照样碰壁。不仅如此，他的房东不久也要求他退房，因为他的"名声"对其他住户（多是留学生）的工作产生了不良影响。他就读的学校也专门找他谈话，希望他能转到其他学校去，因为他影响了学校的生源……就这样一个小小的细节，使得他最终无处可去。万般无奈，他只好收拾行李搬到了另一座城市，一切重新开始。

记得前些年，有关部门利用一切手段，教大家说"请""你好""谢谢""再见"，教大家不要讲脏话，不随地吐痰，过马路看红绿灯。开始我感到莫名其妙，全中国变成了一个大幼儿园，后来想想只能如此。变成幼儿园没有什么丢人的，要是连幼儿园都能做好的大人们都不做，那才丢人。

1987年，75位诺贝尔奖获得者在巴黎聚会。有人问其中一位："您在哪所大学学到了您认为最重要的东西？"那位老人平静地说："是在幼儿园。""在幼儿园学到了什么？""学到把自己的东西分一半给小伙伴；东西要放整齐；吃饭前要洗手；做错事时要表示歉意；午饭后要休息；要仔细观察大自然。从根本上说，我学到的最重要的东西就是这些。"

而这些，不就是点点滴滴的细节吗？

我们不必去寻找教育孩子一夜成功的捷径。事实上，没有哪一本书、哪一位专家能完成这项使命。作为父母，要在日常生活中日复一日、年复一年地去发现孩子的与众不同之处，去帮助孩子寻找一条适合自己的成功之路。

没有一成不变或适用于所有孩子的培养孩子的妙方，因为所有的孩子都与众不同。关于教育中的细节问题，父母的身教更重于言教。在耳濡目染间，孩子就会成为父母的一面镜子。

成功的家庭教育始于细节。本书从生活细节、学习细节、爱心细节、道德细节、沟通细节、文明细节、责任细节、品行细节、身心细节、餐桌细节、卫生细节、安全细节等方面，列举了108个教育孩子的细节，不仅介绍了基本的方法，还有具体的操作建议。相信父母们在读过本书后，会高度关注教育中的细节，让每一个细节为培养孩子服务。

习惯养成无小事，教育孩子应该从细节抓起。可以这么说，从细节中可以看出一个人、一个民族、一个国家的文明程度。因此，父母教育孩子必须从小事抓起，并且做到长期坚持。习惯的养成，反映在日常生活中的每一个细节上。对孩子的成长来说，一些细枝末节的小事，可能件件都是大事。

“天下难事必作于易，天下大事必作于细。”于细节可见不凡，于瞬间可见永恒，于滴水可见太阳，于小草可见春天。

作者　杨冰

二〇一四年三月十九日

CONTENTS

目录

第一章 培养自立、自强、有条理的孩子

——生活细节的教育

细节 1　以平等的姿态与孩子对话 002
细节 2　让孩子养成还原的好习惯 004
细节 3　处罚也是一种有效的教育手段 006
细节 4　放手让孩子去做事 009
细节 5　叫孩子做事时，宜用口头传达 011
细节 6　每周至少抽出一天专门陪孩子 012
细节 7　不妨让孩子上学迟到一次 014
细节 8　教孩子自己整理书包 016
细节 9　养成列清单的好习惯 018
细节 10　交代事情只说一次 019
细节 11　千万不要就眼前的事情斥责孩子 021
细节 12　一切要靠自己争取 023
细节 13　不能无条件地接受孩子的任意要求 025
细节 14　让孩子学会自己动脑解决问题 027
细节 15　如果有可能，尽量让孩子自己玩 028
细节 16　每天至少夸奖孩子一次 030
细节 17　孩子摔倒了，让他自己爬起来 033

第二章 培养想象力丰富、勤学好问的孩子
——学习细节的教育

细节 18 鼓励孩子异想天开 036
细节 19 鼓励孩子提问 039
细节 20 培养孩子敏锐的观察力 042
细节 21 激发和保护孩子的好奇心 045
细节 22 鼓励孩子坐在教室前排 047
细节 23 培养孩子的艺术情感 048
细节 24 让孩子做一次老师 051
细节 25 鼓励孩子练一手好字 052
细节 26 与孩子共同讨论问题 055
细节 27 引导孩子看优秀的电视节目 057
细节 28 与孩子一起制订学习时间表 059
细节 29 让孩子全身心地投入学习 061
细节 30 发现孩子兴趣，培养孩子专长 064
细节 31 父母与孩子一起学习 066
细节 32 让书成为孩子的亲密伙伴 070
细节 33 有效地训练并提高孩子的阅读能力 075
细节 34 父母不要总是盯着分数 079
细节 35 创造一个良好的语言学习环境 081
细节 36 学会倾听 084
细节 37 千万不可忽略外语的启蒙 087
细节 38 发现孩子的天赋，培养孩子的特长 090
细节 39 善于挖掘孩子的潜力 093
细节 40 才艺学习要顺其自然 095
细节 41 让孩子把自己的想法写出来 097

第三章 教孩子学会感恩、关爱和善良
——爱心细节的教育

细节 42　给妈妈洗一次脚……102
细节 43　用伟大的母爱拨动孩子奋进的琴弦……104
细节 44　把善良根植于孩子的心中……106
细节 45　教孩子学会感恩……108
细节 46　记住父母的生日……110
细节 47　帮助别人，时常为他人着想……112
细节 48　关照他人，先从关照自己开始……116

第四章 培养懂礼貌、知节俭、爱劳动的孩子
——道德细节的教育

细节 49　遵守规则是一种教养……120
细节 50　不闯红灯……121
细节 51　培养孩子爱惜物品的良好习惯……122
细节 52　珍惜每一分钱……124
细节 53　培养孩子热爱劳动的观念……126
细节 54　让孩子成为做家务的好帮手……128
细节 55　把本子用到最后一页……131

第五章 教孩子学会交往、宽容与幽默
——沟通细节的教育

细节 56　与孩子保持愉快的沟通……134
细节 57　学会爱孩子的技巧与方式……136

细节 58 准确地认识和评价孩子......138
细节 59 尊重孩子，时刻注意他的存在......141
细节 60 培养孩子的合作精神......143
细节 61 学会宽容......145
细节 62 让孩子学会与人交往......147
细节 63 共处是孩子的人生必修课......149
细节 64 不要轻易否定孩子的想法......150
细节 65 让孩子学点幽默......153

□ 第六章 培养守规矩、有教养的孩子——文明细节的教育

细节 66 建立良好的家规......156
细节 67 待人接物要真诚......157
细节 68 对帮助自己的人要真诚地说“谢谢”......159
细节 69 让孩子成为一个有教养的人......161
细节 70 文明上网，学会自我保护......164

□ 第七章 培养孩子负责任、敢担当的品质——责任细节的教育

细节 71 教育孩子学会为自己的行为负责......168
细节 72 不要私拿别人的东西......169
细节 73 教孩子学会承担责任和义务......171
细节 74 让孩子自己剥鸡蛋......172
细节 75 重要的事，最后仍由孩子自己决定......174
细节 76 父母错了，要勇于向孩子道歉......176
细节 77 要正确对待孩子的错误......177

第八章 塑造重信用、有耐心、讲诚信的孩子——品行细节的教育

细节 78　当天的事情当天完成……180
细节 79　对待孩子宽宏大量……181
细节 80　父母千万不要严于教子而宽于律己……183
细节 81　给予孩子一定的独立空间……185
细节 82　一旦做出承诺就要信守诺言……186
细节 83　不要过多干预孩子的事情……189
细节 84　教育孩子做一个诚实的人……190
细节 85　处罚孩子一定要掌握好分寸……192
细节 86　让孩子知道做人的美德……195
细节 87　让孩子自己走路去上学……197
细节 88　培养孩子的良好习惯……198
细节 89　教育孩子不要随意侵犯他人……200
细节 90　让孩子在自信中走向成功……202

第九章 造就一个身心健康、性格坚韧的孩子——身心细节的教育

细节 91　尊重孩子的隐私……208
细节 92　注重孩子心理健康的培养……210
细节 93　教孩子学会解除心理压力……212
细节 94　对孩子进行正确的性教育……214
细节 95　不要让孩子卷入父母的冲突……217
细节 96　培养孩子对运动的热爱……219

第十章 培养孩子爱惜粮食、文明就餐的餐桌礼仪——餐桌细节的教育

细节 97　教育孩子学会餐桌礼仪……224
细节 98　餐桌上，最好不要由孩子说了算……227
细节 99　别在餐桌上教训孩子……229
细节 100　如果不忙，尽量全家在一起吃晚饭……230
细节 101　不要让孩子挑拣饭菜……231
细节 102　餐桌上，要珍惜节约每一粒粮食……233

第十一章 培养孩子生活、学习中的卫生习惯——卫生细节的教育

细节 103　培养孩子爱清洁的习惯……236
细节 104　饭前便后一定要洗手……238
细节 105　注意孩子学习中的卫生……240

第十二章 让孩子学会自我保护、注意个人安全——安全细节的教育

细节 106　让孩子学会自我保护……244
细节 107　有效地增加孩子的安全系数……248
细节 108　千万不要迷恋电子游戏……254

第一章

培养自立、自强、有条理的孩子

——生活细节的教育

细节 1 以平等的姿态与孩子对话

成功的家庭教育，是父母以一种平等的姿态与孩子交流，对孩子正确的想法和行为给予充分的肯定。

人与人之间的交往只有建立在平等的基础上，才可以进行思想和感情的交流。无论是蹒跚学步的孩子，还是已经上学的孩子，都有这种渴求。平等，不仅是大人之间交往应遵守的原则，大人与孩子之间沟通也需要遵守。

做父母的要做到平等地对待孩子，首先就要抛弃那种居高临下与孩子谈话的姿态，要蹲下身子，用平等的姿态与孩子对话，最好与孩子的目光平视。

纪伯伦说："孩子来自你的身体，但是，不属于你。你可以给他们爱，但不能塑造他们的思想。你们是弓，你们的孩子是从弓上发出的生命箭矢。"

李阳宁访问美国归来，那里的许多人和事仍旧历历在目。比如，一些父母蹲着和孩子在一个水平高度上面对面地谈话，这给他留下了很深刻的印象。

他第一次见到这种情景是在外国朋友家。一个周末，他们请了一对青年夫妇及其孩子来吃晚饭。当这个 2 岁多的孩子吃饱了，下地要去玩时，孩子的母亲也立即离开餐桌，面对着孩子蹲下来说："你是不是坐到离餐桌远一点的地毯上去画画？"孩子高兴地坐到那边独自玩去了。当时，虽然他对这位家长蹲下来与小孩子说话的举动感到惊讶，但以为是这位妈妈特有的教育方式而未多问。

又是一个周末，学校的秘书曼琳邀请他到家里做客，他又见到这一幕动人的情景。曼琳有一双可爱的儿女。当他们准备乘车一同去超级市场时，4 岁的儿子因为姐姐先坐进汽车而不高兴。于是，曼琳在车门口蹲下来，两只手握住儿子的双手，脸对着脸，目光正视着孩子，诚恳地说："罗艾姆，谁先坐进汽车并不重要，对吗？"罗艾姆看着妈妈，会意地点点头，钻进了汽车并挨着姐姐坐了下来。这时，李阳宁禁不住同曼琳谈起了这样的教育方式。曼琳说："与孩子说话当然要蹲下来呀！他们年龄小，还没有长高，大人只能蹲下来，才能平视着与他们说话。在我小的时候，我的父母就是这样同我们说话的。我们认为，孩子也是独立的人，因为他们比我们矮一些，我们就应该蹲下来同他们说话。”

李阳宁听了心中十分震撼！大人蹲着说话，和孩子一样高。孩子觉得自己受到了对方的尊重，因为他们的关系是平起平坐的。

可是，在日常生活里，我们却常常可以看到，父母站在那里，大声呵斥孩子：“过来！别摸！”“去！去！去！别烦我。”等等居高临下、命令式的语言语调。从说话的态度来看，中国父母比美国父母威风得多。可在孩子的心目中，父母并不可敬，这反而使得双方的沟通效果很不好。

其实，是否蹲下来与孩子说话，只是一个方式问题。重要的是在父母心中，是否真正把孩子当作和自己一样，具有独立人格的个体，这才是问题的本质。这会影响到家长能否以正确的态度对待有关教育孩子的一系列问题。

我常想，为什么父母与孩子就不能像朋友一样平等相处、互尊互爱呢？为什么大人不能与孩子“一般见识”呢？为什么我们有困难时，不能得到孩子的关心和帮助呢？

一位教育专家是这样处理他和孩子的关系的：10%是父亲，90%是朋友，儿子可以常常拍父母的肩。正因为他和儿子经常有着朋友式的交谈和沟通，儿子能够健康成长，成了重点中学的高才生。这位专家说，随着孩子的长大，孩子也有了自己的自尊心。父母只有尊重孩子，与孩子平等沟通，才会对孩子有影响力。

如果我们总是站在成人的立场，以成人的思维方式为孩子分析问题，告诉他们应该如何去做，就会使他们怯于亲身去体验和探索。如果我们坚持认为自己的知识渊博，总是滔滔不绝地向孩子灌输，不厌其烦地纠正孩子的错误，我们就限制了孩子自己去积累知识的机会。而且这种认为孩子这也不行那也不行的态度，会极大地打击孩子的积极性，使他们丧失自信。父母应学会站在孩子的角度思考问题。我们所要表达的爱，是要对方接受的，千万不可因“爱”而生“碍”。

我们用希望了解、希望倾听的态度与孩子谈话，就是向孩子表示，我们尊重他们的能力，尊重他们的独立性。尽管父母认为孩子所做的许多事情不尽如人意，但是，也不能就因此显出不屑一顾的样子，更不应该过多地挑剔、指责。作为父母，我们应该这样和孩子沟通：“我想听听你对这件事是怎样理解的。”“我想弄清楚你这样做的目的是什么。”如果我们肯丢掉成年人的认识框架，从孩子的角度来理解他们的世界，并给予孩子适当的引导，我们就会使他们通过自己的经验学到知识。千万不要以父母的权威压抑孩子。与孩子平等对话，表达了我们对他的尊重。谈话时可以配合正确的肢体语言进行。例如，脸上露出亲切温和的表情，眼神里充满关爱，语调轻柔和平静。

当我们像面对知心朋友一样，向孩子请教一个问题、与孩子商量决定一件事时，可以想象他一定非常兴奋。因为他感到了自己存在的重要性，并且尝到了平等相处的快乐。由此看来，把孩子当作平等的伙伴、交心的朋友，可以产生意想不到的效果。

细节2 让孩子养成还原的好习惯

提倡把用过的东西放回原处，其实就是一种“还原”习惯的培养。良好的“还原”习惯必须从小培养。

已经12岁的刘海涛有个令人讨厌的坏习惯。他每天放学一回到家，就把书包、鞋、外衣扔到起居室的地板上。虽然刘海涛偶尔也会按妈妈的要求把东西都摆放好，但大多数时间都是随地乱扔。妈妈试过很多方法来矫正他这个毛病，但是，提醒、责备、惩罚都无济于事。刘海涛的东西仍旧随便地堆在地板上。

一天，妈妈终于看到了刘海涛经过起居室时没有乱扔东西。她立即走上前去，轻轻地拥抱了一下刘海涛，对他的做法表示高兴和赞赏。刘海涛刚开始很吃惊，但很快他的脸上就充满了自豪。因为他将自己的东西带入自己的房间而受到了肯定和表扬。于是在这之后，他都尽力这样做，而妈妈也记着每次都对他表示赞许。慢慢地，刘海涛乱扔东西的坏习惯改过来了。

乱放东西既不利于自己，也不方便别人。

不玩的玩具乱扔，一方面很容易养成懒惰的坏习惯，还有一方面，导致环境很不雅观。我想无论什么人，都是爱整齐的。乱放玩具，乱放书籍，是最不雅观的，除了和他有着同样的不良习惯的人无所谓以外，常常容易引起别人的厌恶心理。

东西用后放回原处，以后用的时候很容易找到。倘使东西乱放，就会导致室内乱糟糟的，以后要用什么东西的时候，便不容易找了。

孩子不整理好他的东西，做父母的因为感到不雅观，所以常常替他整理，将东西一一放回原处。到后来，孩子以为做父母的应当替他整理东西，自己便再也不去整理了。

孩子在玩玩具的过程中，常常不注意室内整洁，搞得屋里乱七八糟。有的父母为此很恼火。首先，家庭要给孩子准备一个放玩具的固定地方，也就是常说的“玩具房间”“玩具角落”“玩具箱”，教育孩子树立一种每次玩完玩具都要放回固定地方的认识。其次，不要让孩子把收拾玩具当作额外的负担，而要使之成为游戏的一部分。父母可以在他快结束游戏的时候陪他一起玩，一边玩一边说:“小娃娃玩累了，该回家睡觉了。”然后，把装车的盒子当作车库，说:“汽车到了晚上也该回自己的‘家’‘睡觉了’，小动物们也都找到自己的‘家’了。”如果孩子自己收拾不好，可以和他一起再重新摆放一次。

培养孩子“还原”的习惯，可以从他的衣兜开始。哪个兜放什么，帮助孩子根据使用方便和卫生要求做一个设想和安排，坚持不随意改变自己的安排。然后训练孩子自己收拾书包、书本和用具，做到整齐有序，不随意放置。

大一点儿的孩子，应该自己收拾衣物，自己设计衣物存放的位置。内衣、秋衣秋裤、小件用品分类存放整齐，并持之以恒。孩子的书橱，最能体现他们的个性。让孩子自己设计图书的分类（可以到图书馆、书店去观摩学习），然后坚持分类摆放，使用后坚持放回原处。孩子的抽屉也是一个“万宝囊”“杂货铺”。这里大有文章可做，仍应分类存放物品。可以按照手头用、经常用、必须用分类，还可以按纪念品、小玩具、小电器……分类。计划分类并分装好，关键在于养成物品用完放回原处的好习惯，并一直保持下去。父母应定期并及时对孩子的行为表现给予认真的讲评和热情的鼓励，同时还应引导孩子体会培养“还原”习惯具有什么好处等等。

虽然怎样收拾自己的用品不是什么大事，但是，人生的岁月十分漫长，我们不能让自己的生活总是乱糟糟的，整齐有序的生活不仅会让我们感到舒适，而且也彰显了我们的素质。

细节3 处罚也是一种有效的教育手段

尽量少用惩罚，要以说服教育为主。但是，在惩罚孩子的过错时，5次必须做到有1次真正实施。

著名教育专家孙云晓曾指出：没有惩罚的教育是不完整的教育。惩罚是为了让孩子知道什么该做，什么不该做，为自己的错误承担后果和责任，以后不再犯。可有的父母并不了解这一点。一些父母甚至错误地将惩罚理解为体罚，让孩子因害怕而不敢做事。

相信你一定听过“狼来了”这则故事。有位牧童很喜欢恶作剧，常在牧羊时大喊：“狼来了！”这位牧童每次看到村人惊慌地赶来救助时，就觉得有趣无比。于是他如法炮制，戏弄村人无数次。后来狼真的来了，这位牧童一如往常向村人求救，但村人以为他仍在说谎，没有人前去搭救。结果牧童的羊全被狼吃掉了。

这则故事常用来告诫小孩不可以说谎，因为说谎最后受害的还是自己。其实，父母也可以从中获得启示。只恐吓而不惩罚，会使教育效果大打折扣。在使用恐吓为主的教育时，5次中至少要做到1次，让孩子产生“可能会遭受惩罚”

的不安感。

有一个叫孟濛的孩子，由于他特别调皮捣蛋，令母亲烦恼不已。有时母亲心里一急，就忍不住大声责骂他。可是，无论母亲怎么做，孟濛都不听话。母亲无计可施，就把他关进衣橱。于是，那个衣橱就成了孟濛最厌恶的地方！只要一被关进去，他就害怕得连话都说不出来。

在被母亲关进衣橱几次之后，孟濛说话时开始出现口吃的情况。母亲常想，自己是不是过于感情用事？这种做法会不会过于强硬？尤其是母亲在听到孩子结结巴巴地说话后，更是按捺不住那份心焦。

之所以造成这样的结果，主要是母亲将重点放在"想惩罚孩子"上，却并未将孩子的错误指出来，使孩子在被惩罚之后知道反省。也许她认为，已经骂了孩子好几次，孩子还是不听话，干脆把他关在衣橱中作为惩罚，这样他以后就再也不敢了！

然而，孟濛被关进衣橱后，真的能够冷静地反省自己错在哪里吗？事实恰好相反。孟濛只是感到极端的害怕，同时也无法理解母亲为什么这么狠心，居然会让他遭遇这种恐惧。自此以后，孟濛就因心中过于紧张，以致在母亲面前说话时，出现了口吃的情况。而做母亲的也因为孩子的这种改变心焦难安。

因此，当孩子惹你生气时，父母该想的不是如何处罚他，而是要退一步想一想:"为什么他会这么做？"当使用惩罚手段时，想一想这样会不会让他反省。同时注意惩罚不要过于严酷，伤害了孩子。

当然，管教孩子时奖惩分明是不可或缺的要素。孩子按照父母的命令去做事，就应给予奖赏；如果没有做好，则要给予惩罚。父母常用这种方式要求孩子听从命令，但现代的父母往往奖赏重于惩罚，如:"这次考试如果得100分，妈妈就带你去看棒球比赛。"一旦孩子考取100分，一定会排除万难履行诺言。与之相反，"去收拾好你弄乱的房间，不然不准吃晚饭"。一般如此宣布惩罚孩子的父母，即使孩子没有照着做，也会让孩子吃饭，并说:"你下次再不听话，就真的不准吃饭。"

发现孩子犯错误之后，及时进行惩罚，指出其错误所在及应该承担的后果和责任。如发现孩子将家中的玻璃器具打破之后，要及时告诉他犯了什么错误，怎样改正，并要求他立即将碎玻璃打扫干净，并扔到垃圾箱去；而不是要等到时过境迁，再教育孩子。

在惩罚孩子时，父母经常犯的毛病就是在孩子犯错误之后，将以前的错误都翻出来，前后联系，越想越气，结果没有掌握好惩罚的力度，惩罚过度，对孩子造成伤害。

让孩子清楚地知道他做错了什么才受到惩罚，并告诉他什么是正确的行为。不要让他以为自己生来就犯错，或者自己本身就是个错，惩罚要注意对事不对人。

另外，在惩罚的必要性和方式上，家庭成员言行保持一致性很重要。父亲惩罚孩子时，母亲不要当着孩子的面否定。如果孩子有了母亲的同情，会使惩罚不具任何效力。孩子的同一个错误，不要父亲惩罚过了，母亲再去惩罚。最好是父母商量好了而采取一致的意见。如果孩子再次犯同样的错误，惩罚应当比上一次更严重，而不可因为当时自己的心情好或是其他的原因轻易放过。如果该罚时不罚，孩子就会产生得过且过的心理，或者专看父母的脸色行事，而不会悔过自新。

父母也可商定出一些不同强度的惩罚方式，不轻易使用刺激强度较大的方式，并约束自己不得超过规定的极限。不轻易使用惩罚，最好引而不发，让孩子在被惩罚前，自己中止不良行为。必须记住，在选择每一种惩罚方法时，应始终使之建立在尊重孩子人格的基础之上，以惩罚唤起孩子的良知，启发孩子的自觉性。所以，体罚是应当尽量避免的。也不要当众惩罚孩子。这两种方法都有可能使得孩子产生对抗心理，跟父母对着干，反而让做父母的下不了台。

细节 4 放手让孩子去做事

孩子在父母的羽翼庇护下永远无法学会飞翔。我们必须给他们一个在蓝天下自由翱翔的机会。

如果小鸡在母鸡的翅膀下成长，永远也不可能自己去觅食；如果小鹰总是在老鹰的呵护下长大，则永远也不能翱翔天空。同样的道理，孩子总是生活在父母的怀抱里，就无法形成独立生活的能力和独立的人格。孩子无法做到独立自主，就很难独自去面对生活中的各种挫折，也难以适应日益复杂的社会，就更谈不上建功立业了。

现在的孩子依赖性强，生活上的自理、自立能力较差，主要是我们做父母的平时娇惯孩子和孩子缺乏生活训练所导致的结果。因此，在教育孩子时，父母大可不必大包大揽，对孩子总是放心不下，而是要大胆地放手让孩子去做他们能做和应做的事，培养孩子独立的生活能力。

一位父亲带着 5 岁大的儿子在公园玩。一会儿，儿子牵了一辆做工精致的玩具小汽车回来，父亲大吃一惊。儿子很自豪地说："用纸飞机跟朋友交换的。"父亲不敢相信，疑心儿子说谎，因为两者的价值差 40 倍。于是，他带着儿子去找那个"小慈善家"。不远处，一个外国小孩子正兴高采烈地玩纸飞机，年轻的母亲坐在身边。后来父亲了解到这两个孩子的交易是在对方母亲的眼皮底下进行的。

他问这位母亲为何不干预，她说："小汽车是属于孩子的，应由他做主。他决定交换就让他交换。"这位父亲大惑不解，又问道："这不是明摆着吃大亏的买卖吗？"然而这位母亲坦然地说："不要紧，既然你孩子喜欢，小汽车就归你儿子了。过一会儿，我会领着儿子去玩具店，让他知道这辆小汽车值多少钱，能买多少架纸飞机。这样，他就不会第二次做这种蠢事了。"

这个故事中的母亲十分聪明，也十分懂得教子之道。孩子在自己的眼皮底下做了一桩愚蠢的交易，但母亲并没有干预、阻止这桩交易，而是把发现问题、总结教训的机会留给了孩子，让孩子自己去比较、思考和吸取教训。这显然比家长直接干预、教训孩子的效果要好。

有道是，初生牛犊不畏虎，孩子有时是无知者无畏。当遇到困难或者出现差错时，他们可能会迷茫、困惑，失去信心和勇气。因为孩子年龄小，他们克服困难的能力要差一些，战胜挫折的心理素质弱一些。他们容易具备勇气，又容易失去勇气。为了不使孩子丧失勇气和信心，家长有时明知道孩子做错了或正在做一件错事，但还是有必要放手让孩子去做，允许他们犯错误。如果因为怕孩子犯错，而总是这也干预，那也不许，孩子就什么也做不了，什么也学不会。父母的教育方式至关重要。孩子出错或失败时，他们可能不知道自己为什么会错。父母耐心、认真地去给他们分析，会有利于孩子总结教训，改正错误。父母也可以通过分析自己或别人的失误，让孩子明白生活、学习中出现差错是可以理解的。出了差错之后，再认真改正，这本身就是一种成功。

事实上，一个科学家，他可能会在101次试验失败之后才获得成功。科学家会将他的失败看作是得出了一种排除的方法，以及少走弯路的方法。父母要用宽容的心、热情的态度，使孩子拥有信心，走向成功。

一般来讲，如果不是原则性的问题，比如：孩子少穿了衣服，在雨天里踩水，和小伙伴争吵等，父母都不要给予过多的关注，让孩子自己去做、去想。或者采取冷处理的方法，当孩子碰了壁，吃了苦，有了心理体验，下一次就能避免再犯此类错误了。

如果是原则性的问题，父母要给孩子讲道理，这个世界上哪些事能做，哪些事不能做，对于不能做的事情要坚持原则，决不迁就。

父母还要让孩子逐渐理解自立在生活中的重要作用，进而消除他们身上的依赖性，增强独立性。比如：孩子都喜欢小动物，家长就可以让孩子观察动物为什么不是总缠着它们的妈妈，而大部分时间独立活动；也可以让他们想一想，小鸭子如果总关在蛋壳里，那么结果会怎么样？通过若干小事，使孩子领悟到自立对自己的好处。

总之，只有父母放开双手，孩子的自立能力才能得到提升。要让孩子自己动手做一些力所能及的事情，而不要怕他们在做的过程中出现差错。只要及时地发现错误并纠正，经过多次锻炼，孩子很快就会成熟起来。

细节5 叫孩子做事时，宜用口头传达

吩咐孩子做的事，不用纸条写下，而用口头传述，最好一次吩咐两件以上的事。

父母经常要孩子去买一些东西或吩咐他做一些事情，这样做对孩子各种能力的发展有很大的益处，这点是毋庸置疑的。但如果再给孩子一些思考的机会，更有助于锻炼他的记忆力。

孩子由于年龄小，缺乏必要的知识和经验，所以在他的记忆中，直接形象性记忆和机械记忆所占的比重较大。孩子往往喜欢重复；对故事百听不厌，也喜欢背诵。这对于提高孩子的记忆力，积累知识大有益处。但并不否认此时幼儿已开始有了意义识记。（意义识记是根据事物的内在联系，在反复领会、理解，弄清事物本身意义的基础上所进行的识记。意义识记的先决条件是理解。）

诗人歌德小时候，母亲每天给他讲一个故事，但总是保留了故事的结尾。第二天，小歌德向母亲复述故事，还被要求编一个故事结尾，这样他才能从母亲那儿再听到一个新的故事。在歌德复述故事的过程中，已不可能是逐字逐句地机械背诵，这里已加上了他的理解和想象，有所发挥，有所创造了。也许正是由于童年时期的这种游戏和训练，孕育了一代文豪。

在整个幼儿期，孩子的记忆是无意识记忆占优势，因而，应充分利用孩子的无意识记忆，来培养孩子的有意识、有目的的识记。这一点，家庭教育占有很大的优势。父母是孩子的第一任老师。在整个童年时期，孩子和父母接触的时间最多，这就为父母实施早期教育提供了良好的条件。

吩咐孩子做的事，不用纸条写下，而用口头传述，最好一次吩咐两件以上的事，让他记住并复述要求。这种训练能培养孩子的记忆力。一开始要求孩子这么做比较困难。教育专家指出，可以分三个阶段来施行：

第一阶段，把吩咐的事写在纸上，叫孩子记下来。如果是还不识字的孩子，可以写简单的记号或画图，然后把纸条折好，放在孩子的口袋里，并且对他说："忘记了才可拿出来看。"

第二阶段，如果孩子不用看纸条，便能完成任务，就可以在孩子面前，把纸条撕毁。

第三阶段，孩子已对自己的记忆力有信心了，便不用再写纸条，直接用口头传述。这样，即使年龄很小的孩子，也只要花一个月的时间便能达到这种程度。

细节6 每周至少抽出一天专门陪孩子

每周一定要抽出一天的时间陪孩子。当他得到你全身心的关注时，平静的几个小时比你许诺的一整天要好得多。

有这样一句格言：一个好父亲胜过一百个老师。马克思就是这样一位父亲。尽管他一生都在为人类的解放事业进行着不屈不挠的斗争，却一刻也没有忘记作为一个父亲应尽的责任和义务。女儿爱琳娜在回忆父亲时深情地说："他是儿女们最理想的朋友和最可爱、最愉快的同伴。"

在马克思的家庭里，父母和孩子们的关系真挚融洽，充满了人生的乐趣。在孩子们还很小时，马克思常利用工作的闲暇和孩子们一起做各种游戏。孩子们兴致勃勃地把椅子摆成"马车"，然后把父亲"套"在车前，孩子们挥舞着"鞭子"，"车"上"车"下一片欢腾。"爸爸是一匹好马"，这是孩子们对父亲的评价。

在马克思家里，星期日是属于孩子们的。每逢星期天，即使马克思再忙，他也总是放下紧张繁忙的工作，听孩子们“指挥”。他带着孩子们出去尽兴而愉快地游玩，让孩子们接受大自然的熏陶，既增长他们的见识，又锻炼他们的意志和体魄。

一次，恩格斯来到马克思的家里，见他正在聚精会神地伏案工作，便赶忙提醒他说：“喂，你忘了今天是什么日子吗？”

马克思一听，愣了一下，拍了拍脑门，微笑着说：“啊，对了，今天是星期日，星期日应该属于孩子！”于是，马克思放下工作，和恩格斯一起，有说有笑、高高兴兴地领着孩子出去郊游了。

有个星期日，孩子们在山冈上发现一棵高大的、果实已经成熟的毛栗树。他们要求和爸爸比赛，看谁用石子打下的野毛栗多。马克思虽然不是打毛栗的能手，但还是兴致勃勃地参加了这一游戏。玩了一会儿，他又找来一根棍子去打，直到大多数毛栗子掉下来才罢手。回家的路上，他感到胳膊有些酸疼。但是，下一个星期天，他照常和孩子们一起玩耍。

马克思的孩子们永远不会忘记，他们和父亲一起度过的那些愉快的星期日，尤其是去汉普斯泰特荒原远足，成为他们记忆中最快乐的事情。在郊游的路上，孩子们欢快地奔跑，采来各种野花。到达目的地后，孩子们在花丛里捉迷藏。有时，大人和孩子们一起跳舞、唱歌。马克思常常全神贯注地为孩子们背诵《神曲》或者莎士比亚的名剧。在回家的路上，当孩子们感到疲倦时，马克思就给他们讲故事。他的故事讲得非常生动、有趣。孩子们不断地请求他：“再给我们讲一个吧！”在他绘声绘色的讲述中，大家不知不觉走了一程又一程，忘记了旅途的劳累……

马克思经常和孩子们一起外出游玩，当然不仅是为了满足孩子们好动爱玩的特点和对外界事物好奇的心理，而是有意识地让孩子认识和了解自然与社会，为他们的成长提供一片自由的蔚蓝天空。

作为父母，我们从马克思对待孩子的做法中受到有益的启示：无论自己平时工作有多忙，每周一定要抽出一定的时间与孩子在一起。不仅仅是享受天伦之乐，重要的是让孩子知道，你很在意他。

父母要在生活中做孩子的朋友，积极参与孩子的活动，是极为重要的。特别是在孩子成长中的转折点，尤为重要。如第一天上学，第一次参加体育比赛，第一次考试不及格，第一天上班……总之，从走出家门，一直到成家立业，孩子的生活都离不开父母的参与。

父母要多花时间与孩子在一起，做孩子活动的参与者，认真完成生活赋予父母的神圣职责。父母不仅要在时间、物质上投入，更要在感情、精神上投入，让孩子体会到父母真心的爱，从而健康地成长。

细节7 不妨让孩子上学迟到一次

父母要充分认识到从小培养孩子自理、自立能力的重要性，让孩子及早学会独立。

在生活中，许多孩子爱睡懒觉，因而，经常是叫了几次，才慢慢起来。长期下去，孩子就会感到，反正每天有人叫，上学不会迟到。如果孩子上学偶尔迟到一次，没必要大惊小怪。他会知道用什么办法，下次不会再迟到。

这是一位父亲的教子心得，不妨摘录如下：

儿子上学了，每天坚持步行到校，因为我每天喊他起床，他从未迟到过。一天晚上，已到儿子就寝的时间，可他仍坐在电视机前。他很喜欢那部电视剧，迟迟不肯离开。我再三劝说无效，便警告儿子："你明天起不来，迟到了，自己负责。"沉迷于电视剧而不能自拔的儿子回答说："明天不用你叫，迟到了我自己负责。"

第二天，我没有像往常那样叫儿子起床。嘿，他还真比平时晚了半小时才揉着眼醒来。此时离上课仅有20分钟了，他哭丧着脸，慌慌张张地穿衣、洗漱之后跑了出去。没过一会儿，他又跑了回来，说是忘了带书包。妻子在一旁捅我，小声说："能不能骑摩托车送一下儿子，不然他可就要迟到了。"我白了妻子一眼："我就是要让他自己去面对迟到这个结果的。"

儿子真的急了，拎上书包奔跑起来。儿子胖，跑起来实在吃力，再赶上着急，样子实在狼狈。我心里不免有些紧张，便远远地跟着他。突然，儿子在拐弯处不小心摔了一跤。"儿子小心！"当时，我真想喊着跑过去扶他一把，但还是忍住了。

儿子很快爬了起来，继续向前跑，渐渐地消失在人流中……

我的眼睛有些发酸。我想起我上小学时，有时走到学校迟到了，就不敢进教室，便返回家硬逼着母亲亲自把我送进教室。并且让母亲跟老师说情，别批评我，我才作罢。后来，父亲没少拿这件事批评我："迟到了连教室也不敢进，将来还会有什么出息……"那"没出息"三个字深深地刺痛了我，以致我参加工作后总是早起，上班争取早到。

我小时候的"没出息"，怎么也不能再让儿子"继承"了。

那天，儿子伴着上课铃声闯进了教室。据老师后来讲，儿子满脸通红，一头热汗，坐在那儿，好一阵子喘着粗气。儿子终于没有迟到。他用发了疯似的奔跑换来了他的没迟到。

晚上，儿子跟他妈一阵子诉苦，说是差点把他累死。妻子问他："那你为什么不提出让你爸用摩托车送你？"儿子不好意思地回答："昨天晚上是我非要晚睡觉的，我只好自己想办法了。"看来，儿子这书没白念，开始懂得对自己负责了。我走过去对儿子说："通过这件事，你至少要明白三点：第一，你既然有胆量不按时睡觉，就要做好面对迟到的准备；第二，任何时候都要想办法抢时间别迟到；第三，如果真的迟到了，你要有勇气去接受纪律处分。"儿子眼睛一眨也不眨地盯着我，等我说完了，他说："第四，我以后再也不晚睡了，我要早早起床，不就啥事也没有了？"

这位父亲的教子办法，是很有技巧的，很值得父母们借鉴。

生活中，父母要有意识地锻炼孩子对日常生活中各种事情的处理能力，使他在种种锻炼中逐步提高自己的自理能力。孩子只有从思想上认识到自立、自理的重要性和必要性，才能主动地去学习自立、自理的能力，逐渐长大。

细节8 教孩子自己整理书包

向孩子示范怎样有条理地整理书包。示范后让孩子模仿操作，练习时可提示孩子怎样做到位。要经常监督，让孩子坚持自己整理书包，渐渐养成习惯。

一屋不扫何以扫天下。书包凌乱的孩子，已经体现出他生活中的无序性。想让孩子成为整洁有序的人，就从他的小书包开始吧。

有的父母给孩子买的书包华而不实。过多的小口袋或其他装饰，严重分散了孩子的注意力。有的父母平均每一学期给孩子换一个新书包，越换越好。这样一来孩子只知道互相攀比，而不知道珍惜。也有的父母从学校里接出孩子，顺手就把背在孩子身上的书包接过来，放在自己肩头。每天给孩子整理书包，把他需要的东西都放进去。偶尔家长有疏忽忘记把作业放进去的时候，孩子便会振振有词地对老师说："我妈没给我放进来。"回家后气愤地对父母说："你们没把作业放进来，害我被老师批评！"整理书包变成了父母的任务，而非孩子的责任。

父母可以向孩子示范一下怎样有条理地整理书包，示范后让孩子模仿操作几遍，练习时可提示孩子怎样才能做到位。以后要经常监督孩子，让他坚持自己整理书包，渐渐养成习惯。而且，要坚持让孩子自己背书包。书包里除了学习用品，不放其他物品。

从整理书包可以看出一个孩子做事的条理性。

我曾经和几个孩子玩"整理书包"的游戏，把书包里的东西全部倒在桌上，并要求在最短的时间内重新整理好，然后快速准确地从书包中拿出指定的物品。

结果发现，80%的孩子手忙脚乱，乱塞一气，等要他找指定物品时已经记不得放在什么位置了；或者不急不慢，一本一本地整理，等十几本书完全放进去，一刻钟过去了。

调查发现，这些孩子没有养成自己整理书包的习惯。如果父母不替他们整理，他们也不理会，会一直留到第二天。而早晨起床后时间紧，洗脸刷牙、吃早饭，哪有时间收拾书包。父母们只好代劳了。这些孩子到学校后找不到自己的家庭作业本也是常事。

俗话说，三岁看老，做事的条理性往往是在孩子小时候养成的。整理学习用品是自己的事，而现在，不少孩子的学习用品是由家长代为整理的。这样就养成了孩子严重的依赖性，从而造成孩子自理能力差，影响孩子的成长。

首先，要教孩子学会自己整理书包。指导孩子看着课程表把当天要用的课本、作业本理整齐。先放课本，大书放在下，小书放在上，再放作业本，最后放垫板和铅笔盒。书和本子放进书包时，书的装订处放里边，这样书角不会翘。当天不用的课本和学习用品就不必放进书包。

其次，要教会孩子到了学校再按课程表上的课程顺序把课本和作业本放在课桌里，把书包放在桌子里。如：第一节是语文课，第二节是数学课，第三节是音乐课，整理时就把语文书放在最上面，中间放数学书，下面放音乐书。

再次，在学校整理书包的习惯也很重要。有些孩子往往将学习用品留在学校里，影响了回家写作业，所以在放学时让孩子做到一看二放三检查。一看铅笔、橡皮、尺、书本和作业本是否缺少。二按书本大小放进书包，当天的作业本放在上边。三查是否有学习用品遗留在课桌里。

另外，在家里孩子的书包也要放在固定地方，这样上学时就不会忙乱了。

细节9 养成列清单的好习惯

带孩子外出前，告诉孩子需要带什么东西，一一列清楚，然后按照单子上写的，认真去准备。

孩子在成长过程中，即使出现差错，也没多大关系。重要的是，父母一定要提醒孩子。下面是美国著名教育家斯特娜夫人教育女儿的一个小故事——

一天，斯特娜夫人准备带她5岁的女儿做一次为期2天的野外旅游。临行之前，斯特娜夫人告诉女儿应该带些什么东西。为了培养女儿独立和自理能力，斯特娜夫人让她自己收拾行李。

到了野外之后，女儿发现不仅衣服带得太少了，而且忘记了带手电筒。那天晚上，天气似乎特别阴冷。女儿对斯特娜夫人说："妈妈，我觉得冷，衣服没有带够……我能用一用你的手电筒吗？"斯特娜夫人问女儿："为什么衣服带少了？"女儿回答："我以为这里的天气跟城里的一样，没想到这儿冷多了。下次再来，我就知道该如何做了。"

斯特娜夫人说："是的，你应该先了解一下这儿的天气情况，做好充分的准备。那样的话，你现在就不会感到冷了。那么，手电筒又是怎么一回事呢？"

女儿说："我想到要拿手电筒了，但在出发时忙来忙去，就把这件事给忘了。"

斯特娜夫人说："你一定要记住，以后千万不要粗心大意。如果不细心对待每件事，你就会尝到粗心的苦头。"

女儿说："我明白了，我以后一定要像爸爸出门那样，先列一个物品单子。这样就不会忘掉东西了。"

"没关系，这次我把你忘掉的东西都带来了。你看，这是你的手电筒，还有你的衣服。"斯特娜夫人一边说着，一边把东西拿了出来。女儿高兴起来，并过来亲吻了斯特娜夫人。

年幼的女儿第一次出游，少带了一些东西是很正常的。对于这种失误，作为母亲，斯特娜夫人并没有立即提醒她，帮她弥补，而是让它既成事实，铸成错误。这样就能够让女儿在尝试挫折与体验失败中接受教训，获得经验。后来，斯特娜夫人拿出了女儿忘记带的东西，又充分显示了母亲对她的关爱，更加深了孩子对这件事的印象，促使她以后不再犯同样的错误。

父母可以借鉴斯特娜夫人的做法，带孩子外出前，告诉孩子需要带什么东西，一一在纸上列清楚；然后按照单子上写的，认真去准备。如果孩子马虎，就有意地让他犯一次错，下次他会记得非常清楚。

恩威并重，是中国人推崇的科学的家庭教育原则。教育孩子，我们提倡既要严格，也要充满慈爱与宽容。像斯特娜夫人这样教育孩子，讲究教育的方法和教育艺术，将会培养出有责任心、有爱心、有宽容心、有独立意识的人。美国中学生有句口号："要花钱自己挣！"日本有句教育格言："摔倒了自己爬起来。"咱们中国也应该提倡："失误了自己来弥补！"这也许就是教育家斯特娜夫人带给我们的最大启示。

细节10 交代事情只说一次

与孩子说话或交代事情时，应避免重复两次，这样孩子才会养成专心倾听的习惯。

"听"是人们获得信息、丰富知识的重要方法。会听对孩子来说是相当重要的。父母可以通过倾听来训练孩子的注意力。比如，父母可以让孩子听音乐、听小说，鼓励孩子用自己的话来描述听到的内容，从而培养孩子专心倾听的好习惯。

有位朋友因为做生意忙碌，错过许多喜爱的电视节目，感到非常懊恼。于是他买了一台录像机，结果他反倒对原本喜爱的节目失去了兴趣。他说，以前经常抽空看喜爱的节目，但自从买录像机后，妻子可在他忙时录下节目，以后随时可看，结果他对节目的热衷反而随之消失。当然，录像带也就愈积愈多。

通常，人对随时可看或可听的事物都不很专注，注意力也会分散。而这种情形在管教孩子方面，具有很高的参考价值。

和母亲们谈到教养问题，她们常会如此发问："我家孩子老是不听话，真让人不知该怎么办。""其实，同样的事我也一再重复。"仔细分析这些话，就可以知道问题就出在"同样的事我一再重复"上。孩子之所以不听父母的话，是因为父母一再地说。换句话说，孩子知道父母的话随时都能听到，随时都在重复，不听也无所谓。这情形和前面买录像机的朋友相同，两者的心理是一样的。

基于这一点，父母要对孩子说什么或交代事情时，应避免重复两次，孩子才会专心倾听。譬如告诉孩子吃了零食后一定要漱口，在说前需先声明："听好，妈妈只说一次，你要注意听！"如此孩子便能集中精力倾听。开始时，可以重复一次，逐渐地要只说一次。

有些父母对孩子做事不放心，一件事总要反复地讲好几遍。这样孩子就习惯于一件事反复听好几遍。当老师只讲一遍时，他似乎没听见或没听清。这样漫不经心的听课常使得孩子不能很好地理解老师所讲的内容，无法遵守老师的要求，自然也就谈不上取得好的学习效果。因此，父母对孩子交代事情时只讲一遍，是培养孩子注意力的一种方法。

细节11 千万不要就眼前的事情斥责孩子

批评教育孩子前先要仔细考虑:“为什么孩子会这样做?为什么他不那样做?”这样,才能站在孩子的角度,与孩子共同思考“该怎么办”。

想要培养孩子们良好的生活习惯,就要从幼儿期开始,要使用恰当的批评和表扬用语。然而,我们必须记住,对于幼儿期的孩子,因其年龄小,很难仅靠语言达到教育的效果。

“不是告诉你了吗?别把玩具扔得满地都是。”

如此一味地教训孩子,他们只会理解这种事情“不可以做”。然而,该怎样做,除非父母身体力行地做给他们看,否则,他们永远无从得知。就眼前的事情不停地斥责孩子是愚蠢的。父母批评孩子前先要仔细考虑:“为什么孩子会这样做?”“为什么他不那样做?”这样,才能站在孩子的角度,与孩子共同思考“该怎么办”。

路易斯长得胖乎乎的,大大的眼睛,长长的睫毛,是人见人爱的小男子汉。路易斯不仅长得可爱,而且也很乖巧,很少犯错误。而这一切都得益于妈妈良好的教育。

有一天,妈妈决定带他去姑妈家做客。路易斯听后非常高兴。这是因为姑妈家有好几个孩子,他去了之后能够找到玩伴。

“姑妈好!”路易斯见到姑妈后很有礼貌地问候。

“亲爱的路易斯,好久不见了,你好!”姑妈亲吻了一下路易斯的额头。

很快,妈妈和姑妈到客厅聊起天来。与此同时,路易斯也跑去和表弟们一起玩耍了。由于很长时间没到姑妈家来了,几个小伙伴凑在一起别提多开心了。他们叽叽喳喳地说着各自认为有趣的事情,并且很快玩起了游戏。几个孩子在屋里跑来跑去，别提有多高兴了。正在这时候，只听“啪”的一声，传来了打碎东西的声音。原来路易斯玩得高兴，没有注意到桌子上的花瓶，不小心将花瓶碰到了地上。看到花瓶碎了，路易斯当即就呆住了。其他几个孩子也都站住了，他们互相瞅了瞅，然后将目光投向地上的碎片，都在想花瓶是谁打碎的。原来小伙伴们都将全部的精力投入到游戏中，根本就没有人看见是谁打碎的花瓶。

这时，姑妈和妈妈听到声音也走了过来。她们同时看到了地上打碎的花瓶。

“是谁打碎的？”姑妈看着花瓶碎片问道。

听见姑妈的问话，孩子们都没有回答。

“是谁打碎的花瓶，难道没有勇气承认吗？”姑妈见没有人说话，便又问了一句。

几个孩子先后回答：“不是我！”

路易斯担心受到惩罚，也随即说道：“不……不是我！”

虽然几个孩子都没有承认花瓶是自己打碎的，但在一旁的妈妈通过观察，已经猜到是路易斯打碎了花瓶。因为她最了解自己的儿子，路易斯轻易不撒谎，所以他在说谎时由于心理紧张，往往说话不连贯。

在考虑如何解决这件事情时，妈妈决定暂时不揭穿他，给路易斯一个自我反省的机会。由于没有人承认，这件事情也就过去了。但是，几个孩子却不再像刚才那样快乐地做游戏了。没过多久，妈妈便起身决定告辞回家。

“路易斯，咱们该回家了。”妈妈说道。

“好的，妈妈。”路易斯从房间中走了出来。

在回家的路上，妈妈没有说话。路易斯也不再像刚出门时那样叽叽喳喳了，他低着头，好像有满腹心事一样。回到家，妈妈问道：“路易斯，有什么事情需要妈妈帮忙吗？你怎么一直愁眉苦脸的！”

“妈妈，我……我……姑妈家的花瓶是我打碎的！”路易斯终于说出了自己的心里话，但他随后又说道，“可那不是有意的，所以在姑妈家我没有承认。”

“不管你是不是有意的，花瓶都已经摔碎了。这是事实。而你打碎了花瓶，就是做错了事。这一点你应该明白。”

“我明白了。妈妈，我现在就打电话向姑妈说‘对不起’。”

路易斯的妈妈在这件事的处理上，掌握的分寸非常好，对父母们教育孩子有所启发。

有时候，过分的指责会使孩子畏畏缩缩，产生逆反心理，甚至形成乖僻的性情。最好不通过批评就达到教育的效果。例如，对于已上小学的孩子，要想培养其生活习惯，与其对一件件细小的事横加指责，不如让他帮忙做些家务。根据情况，把一些家务分配给孩子。比如，让他帮着买一些东西、整理桌子、洗碗、做一些简单的小菜等。孩子们会因为发挥了自己的能力，尝到成功的喜悦，从而激发上进心。为使他们做得更好，父母要对日常家务做好安排计划，并自己带头遵守。比如，游戏时间、晚饭前做家务时间、看电视时间、睡觉时间，都井井有条地安排好。这就避免了一整天不停地训斥孩子:“看电视要看到什么时候”“该学习了”等等。

如果孩子完成得好，一定要对他的成绩给予肯定:“洗了这么一大堆碗，真是帮妈妈大忙了。谢谢！”对于孩子来说，得到肯定就如同得到表扬，会信心大增。无论做家务，还是其他方面，孩子都会更积极地去努力。

像这样培养孩子的基本生活习惯，教给他们独立生存的基本技能，是我们表扬、批评孩了时的一个很重要的目的。

孩子的年龄还小，难免会犯各种错误。当孩子犯错误的时候，家长千万不要施予严厉的斥责，而应细致耐心地给孩子讲道理，让孩子懂得事情的对与错。

细节12 一切要靠自己争取

只有让孩子通过自己的劳动，克服困难，付出辛劳，才能体会到劳动成果的来之不易，进而尊重别人的劳动。

许多父母抱怨自己的孩子不懂得钱的价值和工作的目的，殊不知这正是他们长期溺爱孩子的结果。为了让孩子生活得无忧无虑，这些父母极力满足他们的一切要求，不让他们干任何家务。在这种环境里成长的孩子，就不可能理解工作的重要，以及每一分钱都来之不易。这些孩子长大以后，依赖思想严重，生活上不能或者不愿意自立。

李嘉诚信奉儒家“穷则独善其身，达则兼济天下”的处世哲学，一贯勤俭诚信。在教育子女方面，他要求儿子生活上克勤克俭，不求奢华；事业上注重名誉，信守承诺。他特别教导儿子要为别人着想，不要占任何人的便宜，要努力工作。

李嘉诚深知“人生的黄昏取决于黎明”的道理，对两个儿子的教导甚为严格。他一方面让孩子体会到家庭的温暖，另一方面使孩子受到良好的教育。

常言说，“富不过三代”。富家子弟，最容易染上因富而生的坏习惯。因此，李嘉诚有针对性地培养儿女们谦虚、勤奋、节俭的品质，在生活方面不向他们提供用于挥霍的金钱。次子李泽楷在谈到父母对自己的严格教育时，说：“父母从不放纵我们兄弟二人，经常给我们灌输做人的道理。”在谈到在美国斯坦福大学勤工俭学的经历时，他说：“我和其他同学一样，得课余时做兼职挣零用钱。我做过杂工、侍应生。每逢假日就到高尔夫球场做球童，背着装满高尔夫球棒的大皮袋，在广阔无际的球场上满头大汗地跑上跑下。如此足足做了3年多！”

李嘉诚的勤奋给子女们以深刻的影响。长子李泽钜工作非常努力，经常每天工作10多个小时。他说：“压力来自于自己。我喜欢接受挑战，我永远不会让自己停下来！”

为了让两兄弟继承和发展自己的事业，李嘉诚在安排儿子“承继衣钵”的问题上，可谓用心良苦。李泽钜24岁时就被安排在长江实业的办公室上班，跟随父亲学习经营之道，并负责加拿大温哥华的物业发展，同时精心安排前董事总经理周年茂、副董事总经理甘庆林等元老辅佐其开展业务。李嘉诚常有意把公开场合的传媒采访机会让给儿子，说他对这方面比较熟悉，回答更合适。可谓用心良苦。

次子李泽楷在美国斯坦福大学取得企业管理硕士后，回到香港。李嘉诚安排他在和黄集团内工作，跟随李嘉诚的爱将马世民学习。1991年3月，卫星广播有限公司正式成立。时年25岁的李泽楷被委任为执行副主席，李嘉诚出任主席。李嘉诚找来曾任香港电视总经理的陈庆祥出任卫视行政总监，辅佐次子泽楷经营。

李嘉诚对儿子的悉心栽培，没有令他失望。如今，李氏兄弟在香港商界秉承其父风范，做事稳健，同时又表现出新一代的特点。他们喜欢从事有创意、富有挑战性的工作，遇到困难则显出潇洒自如、知难而进的从容风度。

李嘉诚对儿子的培养已结出硕果。李泽钜 1993 年已升任长江实业集团的副董事长、总经理。李泽楷在卫视取得成功后，以 4 亿美元为本自立门户，投资高科技项目，要开创另一番事业。

中国有句老话叫作“由俭入奢易，由奢入俭难”。一个人如果没有艰苦朴素的好习惯，就很难战胜今后所遇到的困难，也很难有拼搏精神。这样的人就很难成为一个有用的人，成不了大器。

父母可以带领孩子参观成人劳动的过程，以此培养孩子爱惜劳动成果的思想观念。如参观服装厂，漂亮的服装要经过多道复杂的工序才能制成或参观装修工人是怎样粉刷墙壁的等等，使孩子了解到每一种劳动成果都是来之不易的。另外，不能孩子要啥就买啥，否则，会使孩子对物品不爱惜，或对损坏物品持无所谓的态度，觉得损失了没关系，反正父母会再买。如果孩子不爱惜食物、玩具、图书等，一方面可通过讲故事来告诉孩子爱护物品的道理，同时可延缓添置物品，使孩子充分体会到损坏东西后所带来的不便。

细节 13 不能无条件地接受孩子的任意要求

必须接受孩子的要求时，最好给孩子设定一个时间期限。这样可以帮助孩子养成克己之心及爱惜东西的好习惯。

朝思暮想而又等待了很久的东西，一旦拥有就会格外珍惜；相反，很容易得到的东西，就不会珍惜。

根据心理学的说法，某一欲求的满足度与等待实现的心理程度成比例。好不容易得来的喜悦和立刻到手的喜悦，可以说有天壤之别。买玩具给孩子时亦同。若是孩子一要求买火车头或布娃娃就马上买下，孩子获得的满足感会降低，也不会产生珍惜的心理。同时，也无法培养出孩子“忍耐”这种品质，而这种品质对孩子将来的成功非常关键。

我们小时候要求父母买玩具，都需等到生日或特殊日子。等拿到了玩具，最起码有一两个月的时间。

某著名大学教授曾以《母亲的礼物》为题在杂志上发表文章，回忆幼年时光。他的父亲也在文坛享有盛名，家里每天都有文人墨客进出，而他母亲则为待客煞费苦心。他记得向母亲要求购买玩具时，母亲总是说：“圣诞节再买。”而他母亲从不食言，在圣诞节前夕，一定会带着他到院子里，告诉他礼物就用线绑在树上。他上小学后，母亲不再把礼物绑在树上，而是放在枕头旁。

他对母亲的行为、亲情及获得礼物的喜悦，在长大成人后仍无法忘怀。同时，他对母亲苦心培养和教导他克己之心，也表示深深的感谢。

日本著名棒球选手王贞治，也有同样类似的体验。即使在年收入超过亿元的现在，他仍不忘小时候想要电动火车头的往事。他回忆说，无论怎样要求母亲，最后还是失望。可是当一星期后他的生日时，母亲把礼物交到他手上时的温柔和关怀以及带给他的喜悦，至今仍历历在目。

对孩子的合理要求，要适当给予，而绝不能无限制地满足。否则，会增加孩子的欲望，一旦父母无法满足，就会无休止地闹下去。

细节14 让孩子学会自己动脑解决问题

父母要郑重地下达自己的命令，但不要随便对孩子发号施令，而且最好让孩子明白自己的用意。

为人父母者，千万不要随随便便地指挥孩子，最好的办法是试探着进行。

命令是思想交通的单行道，孩子会服从父母的命令，但不一定能了解，只是条件反射性地做被吩咐的事情。所以要使孩子运用大脑来思考，进而开展活动，使用探问的方法来一步步诱导比较有效。这种做法是促使孩子自动思考与行动的一种有效提示，并且孩子不会产生抵抗心理，相反，会很心甘情愿地接受父母的安排。

5岁的罗莎总是在妈妈打电话时进行干扰，一会用手摸摸妈妈的头发，一会抓抓电话线，要么就在妈妈怀里钻来钻去。妈妈开始时总是搞不明白罗莎究竟是怎么回事。罗莎一直玩得好好的，一看到妈妈在电话里和别人讲话，就要过来捣乱。其实罗莎的想法很简单，她想让妈妈多花一些时间注意她。她在心里认为，妈妈和别人说那么多话是不应该的，应该时时关注自己才对。这也暴露出妈妈平时对孩子过分注意，而对她讲得道理较少。事后，妈妈将罗莎抱在怀里，亲切又语气坚定地说："妈妈打电话是在办一件更重要的事。孩子是不能随便打扰大人做事的，孩子没有这个权力。"妈妈既耐心又严肃的说教，使罗莎承认了自己的错误。同时，妈妈也答应了陪她去公园玩的要求。一场冲突没等激烈爆发，就中止了。从此，罗莎果真不再打扰妈妈打电话了。

迈克的妈妈从自己的经验中得出：要让孩子们合作，请求与命令的效果完全不一样。迈克的妈妈一边上班，一边读学位。她总是把丈夫和孩子该干的事情列出一张单子，像下命令一样，贴在冰箱上。可她每天到家时发现家人对她很冷淡，该干的活只干了一半，剩下的一半留在那里。有时该丈夫干的丈夫没有干完，有时该孩子做到的孩子也没有做到。迈克妈妈总是不明白家人为什么要这样。他们明明知道，那些是他们该干的事，而且他们有能力去做。

有一次，她要准备第二天的考试，夜里学习到很晚。第二天早晨，她起晚了，赶着去上班，对孩子和丈夫说："我最近实在太忙，顾不上收拾屋子。今晚有几个同学来，如果你们回来得早，请帮我收拾一下。先谢谢你们了。"她没有写下指令，只留下一个请求。下午，她下班回到家一看，饭做好了，楼下的洗衣机在洗衣服，丈夫在用吸尘器清扫地毯，迈克在认真地收拾自己的房间。迈克妈妈不禁纳闷，为什么他们今天表现这么好。

后来，迈克妈妈终于悟出来一个道理：指挥和要求别人做事容易带来反抗和敌对情绪，而诚恳的请求带来了合作和奉献。教育孩子也是这个道理。

细节15 如果有可能，尽量让孩子自己玩

玩，不仅有助于拓展孩子们的想象力和创造力，还可以培养他们坚强的毅力和互助精神，以及学会理解他人、控制自己的本领。

有这么一对年轻夫妇，总是埋怨孩子笨，脑子慢，学习成绩不好，怀疑孩子心理不正常，为此带着孩子去请教一位专家。谁知这位专家和孩子交谈后，给其父母开了这样一个家教偏方："一张笑脸，两句鼓励，三分野餐，须在草地、河边、阳光照耀下全家一起食用。'药'不分剂数，周六、周日常用。"

原来这位专家和那个10岁的小男孩交谈了一个多小时，发现孩子头脑清晰，反应灵敏，用词准确，压根儿看不出孩子有什么不正常。孩子向专家吐露："我每天的生活很枯燥、乏味，早上吃完饭就上学，放学回家吃完饭写作业，然后睡觉。星期六还得去补习学校上课，有空还要练吹小号。好不容易爸妈说带我出去玩一天，爸爸又说有事。我现在就想玩。"他还悄悄地告诉专家：

“你别跟爸妈说，我特想看动画片。爸妈一回家就打开电视看股市行情，不让我看。”根据孩子的诉说，专家得出结论：孩子一切都很正常，不正常的反倒是孩子的父母，于是开出了上述家教偏方。

许多父母对孩子的学习都很重视，一遇到孩子贪玩，便“严”字当先，或斥责或打骂。殊不知，玩是孩子的天性和特点，世间有些发明创造就是天真的儿童玩出来的。

1816 年，在法国巴黎，一群孩子围着一堆木头做游戏：一个大一点儿的孩子用大铁锤在木头的一端敲打，其余的孩子在另一端把耳朵贴在木头上听。这时，法国医生勒内·雷奈克刚好路过，也凑过去把耳朵贴在木头上，立即有清脆的敲击声传入了耳朵。当耳朵一离开木头，声音立即变得微弱了。于是，勒内以此原理试着做了一个木管子给病人听诊。后来，他又做了一个喇叭形的象牙管，上面安装两根柔软的管子，世界上第一个听诊器便由此诞生了。

孩子的爱好，通常是与玩糅合在一起的。玩出兴趣就有提高的欲望，就有钻研的劲头，于是逐渐向专深发展，创造出成绩来。玩耍——兴趣——专长——人才，儿童往往就是这样走上成功之路的。不要以为孩子太小，不需要自己的空间，并且会将空间弄得乱七八糟。其实，孩子也需要自己的游戏空间。一个好的游戏空间，能吸引孩子，产生想玩的动机。

美国飞机发明家莱特兄弟在《我们是怎样发明飞机的》这本书中回忆道：“我们对飞机最早发生兴趣是从儿童时代开始的。一天，父亲给我们带回一个玩具，用橡皮筋做动力，可以使它飞入空中。我们就照着这个玩具仿制了几个，都能成功地飞起来……”就是这个能飞的玩具，使莱特兄弟玩得非常入迷，并引发了他们制造飞机的想法。后来他们几经周折，让世界上第一架真正的飞机飞上了蓝天。其中，他们在飞机上使用的螺旋桨，就是少年时玩具上的那种螺旋桨。玩使莱特兄弟受到了启发，从而发明了飞机。

作为父母，不要泯灭孩子好玩的天性。玩，使孩子拥有一份好奇心。玩是创造的驱动力，没有驱动力，一切创造发明都不可能成为现实。只要没有什么危险，孩子玩耍时尽量不要干涉他。作家老舍先生有一套与众不同的教子“章程”，其中有一条：“应该让孩子多玩，不失儿童的天真烂漫。”他深得顺其自然、因势利导之妙，认为孩子毕竟是孩子，应从孩子的实际出发，给他们营造一个自由的小天地，不必规定过多的条条框框。

可是我们却往往没有注意到这一点。我们可以从孩子爱玩的游戏中发现孩子特殊的才能和天赋。如果能够因势利导地培养、强化这种兴趣，就可以培养出孩子特殊的才能，使孩子在某些方面有所突破，做出特殊的贡献。

比如，英国伟大的数学物理学家麦克斯，他在数学方面的天赋就是他的父亲发现和培养出来的。有一次，父亲偶然发现麦克斯画的画很特别。这引起了他的注意。儿子画了一个插菊花的花瓶，但是，所有的菊花和图形都是由几何图形组成的，大小不一样的三角形叶片，它们的形状搭配得非常巧妙。父亲非常惊异地发现，儿子对几何图形的控制能力很强。父亲继而不断地启发引导，使麦克斯很快对数学入迷，终于成为一代杰出的数学物理学家。

玩，是一种主动学习的态度。玩可以培养孩子的动手能力，启发孩子的兴趣爱好。孩子还可以从玩中发现问题，培养创造力。许多有特长的孩子就是在课余时间玩自己爱玩的东西，从而有了一些小发明、小创造。

细节16 每天至少夸奖孩子一次

教育孩子的全部秘密在于相信孩子和解放孩子。而相信孩子，解放孩子，首先就要学会夸奖孩子。没有夸奖就没有教育。

日本一位儿童教育学家的一项研究表明，经常受到父母夸奖的孩子，与很少受到父母夸奖的孩子相比，前者的成才率比后者高5倍。其实，中国的教育学家陶行知先生，早在半个世纪前就深刻指出：教育孩子的全部秘密在于相信孩子和解放孩子。而相信孩子，解放孩子，首先就要学会夸奖孩子。没有夸奖就没有教育。周弘先生对聋哑女儿周婷婷的教育，即赏识教育，也是夸奖教育。

一般传统的观念认为，努力导致成功，而其实往往是成功诱发努力的动力。周弘教育周婷婷的办法就是让她尝到成功的甜头，而不是失败的苦头。

周弘认为，对孩子幼小的心灵来说，往往看到成功的希望，才会激发出努力的力量。积累小的成功才能化为大的胜利。怎么让孩子尝到成功的甜头呢?

婷婷7岁刚接触应用题时，有一次，10道题只做对了1道。如果是其他父母，早气坏了。错1道题还情有可原，错9道题那真是不可饶恕的笨蛋。

周弘脑海里涌现出美国电影《师生情》里的镜头：

那位优秀的白人老师在给一名长期受到种族歧视的黑人孩子上课时，耐心地对他说："孩子，老师相信你是天下最好的孩子，是一个顶天立地的男子汉！你不要紧张，仔细数数老师这只手究竟有几个手指？"

那孩子缓缓地抬起头，涨红了脸，盯着老师的5个手指，数了半天，终于鼓起勇气，开口说："3个。"

"太好了，你简直太了不起了！一共就少数2个。"老师高兴地欢呼起来。

他的鼓励对于孩子而言，就像久旱的土地降了一场甘霖，孩子的眼睛一下子放光了。她成了一个爱学习的孩子。

这个事例给周弘莫大的启示。婷婷做对了1道题，周弘想到的是鼓励，想到的是她小时候蹒跚学步，自己欢欣鼓舞的情景；想到的是她第一次喊爸爸，自己泪流满面的情景。面对10道应用题9道做错的作业本，周弘没有打叉，而是对那一道做对的题，打了一个大大的红勾。

周弘满怀深情地对婷婷说："简直不可思议，这么小的年龄做这么难的题。第一次居然就做对了一道。"婷婷露出了喜悦的表情："爸爸，你小时候，会不会做？"

"我肯定不敢做。像你这个年龄，这么难的应用题，爸爸连碰都不敢碰。"周弘对女儿说。

婷婷听了这话，自豪得不得了，越来越爱做，一次比一次对得多。她仿佛插上了飞翔的翅膀，自由地翱翔在数学知识的天空。她仅用3年时间就学完了小学6年的数学课程。升初中的时候，她的数学考了99分。

孩子学写作文的时候，很多父母都让孩子读范文，拿孩子的作文和范文比，结果越比孩子越没信心。那些范文，别说孩子了，做父母的也没有几个能写得出来。

孩子的作文再差总会有一个句子写得好吧？周弘就用红笔把女儿作文中写得好的句子划个标记。吃饭的时候，让婷婷当着全家人的面朗读，爸爸妈妈一起为她欢呼。

慢慢地，一句变成两句，两句变成三句，婷婷越来越爱写，这样能写不出好作文吗？

在这种充满激励的环境中，婷婷的学习兴趣越来越浓厚，各方面都有了飞速的发展。

对孩子来说，大人的鼓励和肯定具有特别重要的意义。它不仅具有促进孩子培养自信心的作用，还能让孩子培养对生活、学习的热爱。周弘就是不停地鼓励自己的女儿，让她感受到生活的快乐。

周弘身上其他肌肉不发达，唯有大拇指的肌肉很发达。婷婷从小到大，只要在周弘身边，周弘的大拇指总要晃来晃去。

不同的手指不同的含义。有的父母在教育孩子时，总用食指指着孩子的脑袋："你这个小傻瓜，咋这么笨啊？"

周弘对婷婷使用最多的手势就是竖大拇指。在婷婷心中，大拇指就是"你真棒""你真行"的意思。这就是一道射进孩子心灵的金色阳光。

给孩子找感觉，尝甜头。孩子在顺境时需要，在逆境时更需要。当孩子认为自己不行的时候，父母要想方设法让孩子找到自己能行的感觉。

学会夸奖孩子并不难，关键是你有没有这种意识，能不能认识到它的重要性。夸奖是一种激励。激励比批评和强迫的效果要好许多。但夸奖孩子并不是一件易事，首先要夸得准。如果夸得不准，孩子就会感到受了欺骗，认为大人在故意夸他，也就起不到激励作用。特别要注意不能夸错了，否则，孩子会把错的当对的，以后你想改过来都很难。因为他心目中的是非标准因你的错误夸奖而混淆了。

作为父母，要时刻关注孩子的每一点细微的进步。孩子每一个小小的闪光点，都要及时夸奖和鼓励，让孩子产生成就感和自豪感，促使孩子不断进步。当孩子取得进步时，父母要向他表示真诚的祝贺。有时不一定非用语言不可，有时父母的一个会心的微笑，一个喜悦的眼神就够了。

夸奖孩子是激发孩子自我教育、增强上进心和强化家庭教育的一种手段。

但在夸奖中，父母对孩子的赞语一定要适度，尤其是当着外人的面，更不能言过其实地唱赞歌。如何恰当地鼓励孩子呢？首先，要出于真心诚意，确实发现孩子的优点。其次，要注意事情的过程而非结果。最后，要设法了解孩子的观念、想法与问题。

细节17 孩子摔倒了，让他自己爬起来

遇到挫折并不意味着失败，没有挫折也不一定就是成功。教会孩子权衡利弊得失。

江苏省有一个天资不错的中学生，不仅字写得好，而且在报刊上发表过不少文章。可是高考时，他因为个头矮而没有被自己向往的学校录取，心理承受不了便自杀了。

倘若这位中学生有一种不屈不挠的意志，这一切就不会发生。可见，一个人不仅要有天资、勤勉、进取之心，还要有一种经受得住挫折和磨难的韧性，这样才会使人生臻于完善，走向理想的归宿。

实践告诉我们，要教育好下一代，除了要教孩子掌握一定的科学文化知识和技能外，还必须塑造良好的思想素质，教孩子学会面对困难，面对挫折。这是一堂重要的人生之课。只有学好这一课，才能培养坚强的毅力，从而成为一名生活的强者。

面对挫折的态度，往往是成败的关键。是坚持，还是退缩，便是能否取得成功的决定因素。许多天资聪颖、颇具才能者之所以失败，就在于关键时刻他们放弃了，以致功亏一篑。坚强而有毅力的人决不轻言放弃。有人说得好，成功者不过是爬起来比倒下去多一次而已。

你若希望你的孩子真正有所作为，那么，挫折教育是不可缺少的一课。所

谓挫折教育，并非只是让孩子过过苦日子，干点儿累活。这并不现实，也未必有效。挫折教育的着重点在于，培养一种自强与坚毅的性格与精神。

从孩子小时候起，摔倒了就要让他自己爬起来；自己的过失要自己去弥补；遇到困难时，让孩子自己去面对。

20世纪20年代，在美国有一位11岁的孩子。他在踢足球时不小心踢破了邻居家的玻璃。人家索赔12.5美元。闯了祸的男孩向父亲认错后，父亲让他对自己的过失负责。他为难地说："我没有钱赔人家。"父亲说："这12.5美元借给你，先拿去赔给人家，一年后还给我。"从此，这个男孩每逢周末、节假日，便外出打工。经过半年的努力，他终于挣足了12.5美元还给了父亲。这个男孩就是后来成为美国总统的里根。他在回忆这件事时说："通过自己的劳动来承担过失，使我懂得了什么是责任。"

人只有经历过挫折，从小培养顽强的意志力、忍耐力与坚忍不拔、不屈不挠的精神，最终才会获得成功。给孩子一点挫折，对孩子的人生将是大有裨益的。放开手脚让孩子在生活的各个领域中闯荡闯荡，并适当地给以小小的"刁难"，让其自己解决。孩子几经如此"折磨"，将来就不会像温室里的豆芽，一碰就断。

帮助孩子正确认识"挫折"，父母可以给孩子讲名人成功前的挫折经历，或自己小时候的挫折故事，让孩子懂得生活中随时可能会遇到挫折，只有克服困难，才能取得成功。有时候要适当地让孩子们在莽撞中吃点"苦头"，切身体验一下失败的滋味，但更重要的是适时地帮助他总结失败的原因，鼓励他再去尝试。在日常生活中，鼓励孩子自己的事自己做，不会的事学着做。另外，父母应该教给孩子一些对待挫折的方法。如，自我鼓励："这次虽然没得到第一名，但比在中班有进步了。"补偿法："我跳舞不行，可画画不错，要努力画，争取参加书画比赛。"对娇生惯养的孩子，父母不妨让他受点冷落。父母要注意用一些机会赞扬别的孩子的优点，慢慢地让孩子习惯"有人比他更行"的事实。对孩子的缺点，不管他如何吵闹不听，也要坚决制止，帮助他克服。不管什么原因，当孩子不能面对挫折时，父母应以乐观的情绪感染孩子，和孩子一起分析遇到挫折的原因。

第二章

培养想象力丰富、勤学好问的孩子

——学习细节的教育

细节18 鼓励孩子异想天开

父母的责任，在于帮助孩子打开想象力的大门，并享受到其带来的乐趣。

生活中有许多父母都曾用这个问题考过孩子："树上有5只鸟，猎人开枪打死了一只，还有几只？"

有的孩子回答："一只也没有了，因为都吓跑了。"

也有的孩子回答："还剩3只。因为树上的5只鸟是一家子，有鸟爸爸、鸟妈妈和3只不会飞的鸟宝宝。猎人打死了鸟爸爸，吓跑了鸟妈妈，所以就剩下3只不会飞的鸟宝宝了。"孩子这样回答，也不是没有道理。

也有的孩子回答："不能打小鸟，要爱护动物！"

孩子们的回答，有的合情合理，有的与众不同。每一颗质朴、善良的童心，都充满了强烈的好奇和大胆的想象。

研究表明，不少孩子随着年龄的增长，慢慢地表现出成人化的思维倾向，失去了以往丰富多彩的想象力。也就是说，当孩子们还没来得及对美好的世界表达自己独特的感受时，想象的翅膀没张开，就开始脱落了。

世俗文化大都鼓励顺从听话，不鼓励独立见解；鼓励中庸、随大流，不鼓励冒险；鼓励稳妥可靠，不鼓励异想天开；鼓励"心往一处想，劲往一处使"，不鼓励个人独立性；鼓励儿童把成人的兴趣当成自己的兴趣，不保护和激发儿童天性中潜在的兴趣和求知欲。与产生诺贝尔奖的文化背景相一致的地方也有，只是较少，如与刻苦、顽强、百折不挠相吻合的地方，便是传统文化中的"十年寒窗苦""头悬梁，锥刺骨"等等。

著名诗人金波认为，想象力在少年儿童的生活中无处不在，是顺应它、引导它、呵护它，还是漠视它、抑制它、约束它，已经摆在每一个家庭和父母的面前，成为一个不容回避的问题。

有人搞了一次别开生面的智力测验：用粉笔在黑板上画了一个圆圈儿，让被试者回答这是什么。问到大学生，他们则哄堂大笑，拒绝回答这个只有傻瓜才回答的问题。问到初中生，一个尖子生举手回答“是零”，一个调皮学生大喊“是英文字母o”，却遭到班主任的白眼。最后问及小学一年级的孩子们，他们异常活跃地举起小手回答：“是白兔”“是乒乓球”“是烧饼”“是老师发脾气时的眼睛”。

最后得出的结论是：随着人们年龄的增长，所受教育越多，想象力越苍白。年龄和阅历往往是束缚想象力的绳索，而浪漫的童心才是充溢着想象力的。世界广袤无垠，答案多种多样。保持童心，摆脱框架，人生才会展示出生命最丰富的活力。

有人认为，只有诗人、发明家等才具有“创造性的想象力”，其实，我们做每一件事时都是创造性的。想象力如何推动创造机能，历代的伟大思想家都无法找到答案，但他们都承认“想象力能够推动创造力”这一事实，而且能善加利用。

拿破仑说过：“想象力可以统治整个世界。”想象力这种天赋是人类活动的最大源泉。呵护孩子的想象力，也是尊重儿童。尊重儿童，首先要是尊重儿童的天性。他们从小就在好奇的心态下学习，在探索中学习，在游戏中学习。

思想活跃的孩子更善于幻想和虚构。有的父母难以摆脱传统的思想观念，认为孩子在瞎想瞎说，或者令人费解。而绝大部分想象力，就这样在孩子幼年时期就被扼杀了。父母应当对孩子的想象力加以鼓励，表示支持，引导孩子向正确的方向继续大胆的想象。

我们发现，目前在孩子的视野里，一谈到和“幻想”相关的内容，莫不过是哪吒、孙悟空之类。孩子的想象能力在丧失。在今天的教育模式下，孩子只能按书本上的要求去答题解题，而不允许有一点自己的想象和发挥。

想象力丰富是孩子的天性。父母和社会的责任，在于帮助孩子解除想象力的禁锢，使孩子插上想象的翅膀，让孩子自由翱翔。

想象力不是生来就有的，需要在生活的点点滴滴中培养。

父母可以多让孩子参加有创造性的游戏。游戏是孩子的主要活动。父母可以在游戏时鼓励孩子自己提出游戏的主题和内容。如果形成了习惯，孩子的想象能力就会得到迅速的提高。

父母应多给孩子讲童话故事。童话故事适合孩子想象力的特点，经常听童话故事的孩子其想象能力比不听、少听童话故事的孩子要丰富得多。最主要的是父母讲完后，让孩子马上复述故事。孩子可能在复述中有添枝加叶的地方，只要主题大意不变，父母就应该鼓励。千万不要泼冷水，以免挫伤孩子想象的积极性。父母给孩子讲故事，有时可以讲到一定的地方不往下讲，引导孩子对以后的故事情节进行想象和补充。如讲述《曹冲称象》，当讲到该怎样称这陆地上最大的动物的重量时停住，让孩子想一下，用什么办法可以称象？促使孩子开动脑筋积极思考，久而久之，孩子就习惯边听，边动脑筋，培养和发展了想象力。

父母应让孩子进行“情景描述”的训练。父母可以经常和孩子做这样的游戏。例如，父母说：“这是一个下雪天，想想看是什么样子？”孩子根据他的想象进行描述。反过来，孩子也可以问父母：“这是一个下雨天，想想看是什么样子？”此时父母应尽量认真细致地描述一番，让孩子从中受到一些启发。诸如此类的问题有许多。在想象时，孩子的水平会有差别，父母要引导他们讲述更加丰富的内容，让孩子尽情地说出他的想法。即使他的答案很滑稽，甚至不合逻辑，都不要严加批评，唯有你的倾听、接纳才能引导出更好的答案。

许多父母在看待世界时往往很自信地认为，凭借自己几十年的经验就足以应付得了了。其实这不仅在无意中让自己失去了最宝贵的想象力和创造力，还无知地将这条束缚想象力的锁链套在了孩子们的身上。一些父母固执地要求孩子按照自己的思维方式、思维习惯去想问题、做事情，对孩子独特的想象、创造的萌芽熟视无睹，意识不到要保护孩子的想象力和创造力。俞国良教授指出，一个缺乏想象力的孩子是不健全的孩子，扼杀孩子今天的想象力就是扼杀孩子的未来，培养孩子丰富的想象力就是帮助孩子成才。因此，我们要鼓励孩子异想天开，培养孩子的想象力，而不是扼杀孩子想象的翅膀。

细节19 鼓励孩子提问

面对孩子提出的各种各样、千奇百怪的问题，父母一定要有耐心，千万不要表现出不耐烦的样子。

求知欲和好奇心是每个孩子都天生具有的，只是程度强弱和大小有所差异罢了。这就是为什么每一个孩子在小时候都喜欢不停地问父母：“这是什么”和“为什么”。

孩子在三四岁的时候，是最喜欢发问的时候，也是孩子智力发育的重要时期。到了小学低年级，孩子开始接触书本，求知欲和好奇心增加，于是常问父母：“为什么？为什么应该变成这个样子？它是怎样变来的？”父母如果因一时答不出而斥责孩子，或因有事而嫌孩子打扰，就会说：“我现在很忙，没有时间跟你讲。”或者干脆骂道：“你怎么这么啰唆，别再问了！只有你的问题多，下次不带你出来了！”

父母这种粗暴的态度就会扑灭和冷却孩子开始萌生的求知欲和日益增长的好奇心。如果这种情形反复出现，就会使孩子逐渐对一切都不感兴趣。同样，在学校里对新的功课也就不会产生强烈的兴趣了。尤其是当功课有了一些难度的时候，更是如此。孩子开始变得心灰意懒。其原因是孩子会这样想：“我问你们，你们还嫌麻烦，我不问就是了。”

这当然是极端错误的做法。旺盛的求知欲是孩子成才的先决条件。所以，父母应重视孩子的发问，并加以鼓励。有的父母看孩子对答案难以确定的样子，就想赶紧把答案告诉孩子。岂不知，这样会使孩子感到：“我是这么笨啊，这么简单的问题都回答不上来。”从而使孩子丧失自信心，自己不再独立思考，从此不再独自寻求问题的答案。

曾经有人将美国孩子和中国孩子的教育学习效果进行比较：在美国，课堂上非常热闹，学生遇到不懂的问题会一个接一个地问个不停，然后大家一起讨论；中国孩子在教室里非常安静，大多都是静静地听老师讲课，认真地记笔记，很少有人发问。

哈佛奇女陈宇华小时候也不是特别爱好学习。父母觉得，小时候，宇华和其他孩子的差别并不是很大，无论智力，还是学习兴趣。关键是你怎么培养她，引导她。

像大多数父母一样，在宇华一两岁的时候，父母就给她买了很多的书，比如，《唐诗300首》《幼儿数学》《十万个为什么》等等。一有空闲的时候，父母就给她灌输，但是，她并没有表现出多么大的兴趣。

宇华倒是挺喜欢小汽车的，整天拿着个小汽车摆弄，可这有什么用？

“爸爸，汽车为什么4个轮子？”一天，宇华举着小汽车问。

“4个轮子才稳当么。”爸爸一边看报纸，一边随口说道。

“那三轮车为什么是3个轮子？”

“……有3个轮子，也就稳当了……”爸爸有些不耐烦，因为他正在看一条重要新闻。

“那自行车怎么只有2个轮子？”

爸爸放下了报纸，有些吃惊又有些尴尬地看着宇华。宇华正睁大眼睛看着他。父女对视了一分钟，爸爸才缓过神来。

从宇华乌黑但充满了疑问的大眼睛里，爸爸像是看到了什么！

“这不就是几何的几个基本原理么？”爸爸的脑子里像有个小火花跳跃了一下。当然，这只是实际生活中的几个小小的疑问而已——但正因为是实际生活中的，比教学上的理论更鲜明、更活泼！

爸爸知道该怎么做了，像是大梦初醒一般！

“好孩子，”爸爸一把把宇华拉到怀里，“来，爸爸给你讲！”

爸爸就用最浅显的话，认认真真地给宇华讲着。令爸爸感到特别高兴的是：这次宇华竟然一动不动，昂着脑袋，老老实实地听着爸爸的话，既不乱讲话，也不做小动作了。

爱提问题的孩子比被动接受的孩子知识掌握得快，而且觉得负担轻。孩子好奇，求知欲强，对特别想知道的事情自然记得快、记得牢。父母要培养孩子读书时多问几个为什么。

从此，父母也开始发现，宇华原来是个很爱学习的孩子：她老是在不停地提问。

“爸爸，为什么天是蓝的？”

“妈妈，为什么海水也是蓝的？”

“为什么父母喝的水，洗脸的水，却没有颜色？”

以前，父母会觉得烦，总是要么胡乱回答，要么搪塞不理——其实，还有一个原因，有的问题父母也不知道。这是不是大人的虚荣心在作祟呢？看来得好好看看《十万个为什么》了。

后来，父母就把一切地方都当作了宇华的大教室。

饭桌上——“为什么不吃饭就会觉得饿？”“因为人必须得吸收营养啊。像小树必须得浇水一样……”

玩耍时——“为什么轱辘是圆的？”“圆的才能转啊，方的就不行……”

散步时——“为什么花是红的，叶子是绿的？”“因为叶子里有叶绿素……爸爸也说不清楚，咱们回去再看看书好么？”

甚至洗脸、刷牙、洗澡的时候，父母都相信这也是个课堂。当初那个数学家阿基米德不就是在洗澡的时候解决了如何计算不规则物体的体积问题吗？

总之，就这样，父母认真地对待宇华的各种问题，能解决的就解决，不能解决的，一面让宇华自己考虑，一面自己恶补各种知识，然后再告诉她。宇华的问题得到了认真的回答，求知热情也就更加高涨起来。宇华不断地提问，也在不断地获得知识。

当后来有人把这些归结为自主教育时，陈宇华说：“我是无法忘掉父母从小对我的培养的，但是，他们教育的起点，都是我自己。我喜欢的，他们就愿意教我；不然的话，就看我的表现了。我不喜欢的，他们不会勉强我。”

宇华的好学好问，很合爸爸的脾气。虽然爸爸在生活上给她立下了很多规矩，但是，在知识探索上，非常开通。爸爸从小开始就注重培养宇华多方面的兴趣，让她随心所欲地学习、了解各种知识。到后来，宇华对书法、音乐、体育和文学都有涉猎。

特别是在知识探索上面，爸爸是一个非常开放的人。首先，他自己就是个知识分子，深知科学求真的目标，所以，对于孩子提出的问题他总是饶有兴趣地回答。

宇华在爸爸的鼓励下，对科学知识的追求欲望日益强烈，在一定程度上决定了自己的专业方向。

孩子的智力有限，理解力有限。父母对于孩子们的询问，不一定要解答得很详尽，但绝不可随便编个理由敷衍，更不可违背科学乱讲。有些问题一时实在无法回答，也应该耐心地讲清楚："你好好用功读书，将来你自己就会了解的。"因势利导地引导孩子的兴趣自然发展，这应该是父母在教育子女中的一项首要任务。

细节20 培养孩子敏锐的观察力

观察是聪明的眼睛，没有敏锐的观察力，就谈不上聪明，更谈不上成才。

观察是一个人认识事物的重要途径，是智力活动的基础，是完成学习任务的必备能力。但在现实生活中，有许多父母不注意培养孩子的观察力。这样最大的弊病就是抑制了孩子思考能力的提高。俄国生物学家巴甫洛夫说："观察，观察，再观察。"培养孩子观察的习惯，对发展孩子的智力是十分重要的。

一位医学教授，带着一群临床实习的医学院学生，到一个糖尿病患者的床前讲解糖尿病的症状。为了让同学们明白仔细观察在科学工作中的重要性，他用手指蘸着病人的尿液，然后伸到嘴边用舌头舔手指。他要求学生们也必须照着去做，并回答：糖尿病人的尿液是什么味道？学生们你看看我，我看看你，只好皱着眉头，极不情愿又无可奈何地伸出指头，沾一点尿液品尝。大家异口同声地说："尿液是甜的。"这位教授听后顿时哈哈大笑起来，笑罢对他们说："我教你们这么做的目的，主要是让你们必须学会仔细观察世界上的一切事物。难道你们没有看到我是用食指蘸的尿液，舔的是大拇指吗？”大家的脸刷地全红了。

观察能力达到准确无误并透过现象看到本质的功夫，并非一日养成。比如，艺术家有一种艺术家特有的眼睛，人们认为是白色的墙壁，在画家的眼里却认为是红色的、黄色的、蓝色的……博物学家能一眼认出动物、植物的种类，检测员则能从建筑物的外形上识别其不同的结构。当你沾沾自喜地买到一件“十分满意”的商品时，商品质检员能一眼看出它是一件拙劣的仿制品……

卜镝，8岁时获全国儿童绘画比赛一等奖，9岁时出版新中国第一本个人儿童画集，并先后在青岛、深圳、香港、澳门、台湾、荷兰、德国等地区和国家举办个人画展。我们看看他的父母是如何教育儿子的。

当父母意识到在孩子的脑智开发和心理发展过程中，观察力具有相当重要的意义时，便不失时机地利用游戏对卜镝进行有效的训练，让他的观察力得到快速的发展。当父母发现卜镝热爱观察大自然这一特点时，便经常带着他去参加各种活动，让他感受外部世界，丰富他的感性经验；并不断地诱导他以游戏方式，养成善于观察的习惯，从而引导其走上了画画的道路。

一天，爸爸下班回来，看到地板上涂满了密密麻麻的粉笔道子，便弯下腰仔细一看，不禁高兴地叫起来：“画得太好了！”卜镝画了他自己和森林里的动物伙伴们一起捉迷藏。妹妹卜桦画了一群穿着裙子、头束彩带的小鸟，围着五彩的太阳飞舞，一个小姑娘在花丛中跳跃，而且还起了个题目，叫作“太阳、小鸟、花和我”。而孩子们却说是画着玩的，看来孩子把画画当成了一种开心的游戏。从游戏中得到启发，父母懂得在鼓励孩子勤于观察的同时，还要注意引导教育孩子善于观察。

随着孩子的成长，父母不断地把卜镝送入新的生活中去，让他用自己的眼睛去发现“美”。而正是卜镝在生活中用他自己的眼睛发现了美，然后才表现了这种美，表现出了这种富有创造性的“美”。并且在每次观察活动结束后，卜镝都在美术日记上记录下来，把他的爱，把他的激动，把他眼里的事物、心里的愿望都凝固在纸上。他的日记与日俱增，这些成了他童年生活的缩影，也为他日后的成功打下了坚实的基础。这样做的好处是使他拥有了一双聪明的眼睛，并利用这双聪明的眼睛观察到了别人看不到的东西：用欣赏的眼光去观察世界，用爱的情怀去感受世界，用热情的图画去表现世界。

父母在鼓励孩子勤于观察的同时，还要注意帮助孩子培养善于观察的能力。著名哲学家黑格尔认为，培养观察力的最好方法是教他们在万物中寻求事物的“异中之同，或同中之异”。

首先，要明确观察目的。孩子对观察任务的了解直接影响观察的效果。观察目的越明确，孩子的注意力就越集中，观察也就越细致，越深入，观察的效果也就越好。孩子在观察中，有无明确的观察目的，得到的观察结果是不相同的。比如，父母带孩子去公园，漫无目的地东张西望，转半天，回到家里，对于看到的事物也无法进行具体的描述。如果要求孩子去观察公园里的小鸟，那么，孩子一定会仔细地观察，然后详细地说出小鸟的形状、羽毛的颜色、眼睛的大小、声音的高低等。这样孩子就能有的放矢地去观察，从中获得更多的观察收获。

其次，做好观察前的知识准备，以便让孩子看得懂；同时要激发其求知欲，培养其观察兴趣。兴趣是最好的老师，有了浓厚的兴趣，就会主动去认识事物。父母可以引导孩子观察他最熟悉的、最喜爱的、特征比较明显的、容易辨认的事物，激发孩子积极观察的强烈愿望。

再者，教给孩子正确的观察方法。在观察过程中，培养孩子学会合理的安排观察顺序。告诉孩子如何看，先看什么，再看什么，指导孩子抓住事物的主要特征进行观察。比如父母带着孩子去动物园看大象时，就可边看边提出一系列问题让孩子回答，如大象的身体大不大？牙长在什么地方？鼻子有什么特点？鼻子是干什么的？等等。只有经过父母有意识的启发，孩子才能学会正确的观察方法。

在培养孩子观察能力的同时，还应引导孩子在观察中积极思考，把观察过程和思考结合起来。科学家看到某种奇特现象，也是要经过一番思考才能有所收获的。接收信息而不处理信息就没有创造。当父母的应该教育孩子养成观察与思考的习惯。只有这样，才能使孩子的观察能力一天天敏锐起来。

细节21 激发和保护孩子的好奇心

父母要保护孩子的好奇心，耐心地对待孩子的每一次提问，积极培养孩子的探索精神。

天下的孩子没有不好奇或不好问的，而且当今科技发达，媒体资讯普遍，孩子的心智开发较早，时常会问一些稀奇古怪、异想天开的问题，使得父母无法回答。启发心智是儿童阶段最重要的教育工作之一，启发孩子的心智更是父母的责任之一。

但是，父母不要做孩子知识上的权威，因为即使是有能力的父母，也不可能正确圆满地回答孩子的所有问题。不要以为回答不出孩子的问题，就有失父母的尊严，而随便搪塞敷衍。父母必须诚实，与其用不正确的答案去搪塞，不如继续让他悬疑着。一个孩子的头脑中，如果装太多错误的知识，将会成为他以后心智活动的障碍。身为父母，如果常欺骗孩子，也会导致孩子不信任父母，甚至不信任别人，严重缺乏安全感，也容易造成孩子嫉妒、自私、恐惧、缺乏自信、自暴自弃等负面的心理。

鲁迅非常注意满足儿童丰富的想象力和强烈的求知欲望，并诚实地回答孩子提出的稀奇古怪的问题。

有一次，鲁迅靠在藤椅上，海婴骑在他身上，父子俩一块儿聊天："爸爸，你是谁养出来的呢？""我的爸爸、妈妈养出来的。""你的爸爸、妈妈是谁养出来的？"

"爸爸、妈妈的爸爸、妈妈养出来的。""爸爸、妈妈的爸爸、妈妈，一直往前，最早的时候，人是哪里来的？"

海婴问了一个这样追寻到物种起源的问题，鲁迅告诉他是从子（单细胞）来的。但是，海婴还问："没有子的时候，所有的东西都从什么地方来的？"

这个问题要解释起来就会涉及生命的起源，但至今没有标准的答案。各家有各家的观点，不是几句话就可以说清楚的，而且也不是五六岁的小孩所能理解的。于是鲁迅诚实地回答他："这个问题要解释起来就会涉及生命的起源，但至今没有答案。等你长大后，你可以自己去找出答案，再告诉爸爸，好不好？"

这样，既满足了孩子的好奇心，又激发了孩子对科学的兴趣。

大多数孩子经常把玩具拆开，或者把家中的电视音箱打开。有的父母认为这是孩子在搞"破坏"。

其实，孩子爱搞"破坏"属天性使然，是其创造力萌芽的一种体现。他们对各类陌生的事物充满了新鲜、好奇，并身体力行，欲用自己的双手探求这未知的世界。合理利用孩子这种天性，多方引导、鼓励，孩子的创造力萌芽就会得到进一步发展。反之，老实文静听话的乖孩子，家庭虽少了"破坏"气氛，大人安心，但孩子的天性被抹杀了，培养出的孩子多半循规蹈矩，缺少头脑，依赖性强，泯灭了孩子爱动、好奇、勇敢，甚至冒险的天性。

有这样一个故事：有一天，一个孩子的母亲，因孩子把她刚买回家的一块金表当作新鲜玩具给摆弄坏了，就狠狠地揍了孩子一顿，并把这件事告诉了孩子的老师。

不料，这位老师却幽默地说："恐怕一个中国的'爱迪生'被你枪毙了。"这个母亲不解其意，老师给她分析说："孩子的这种行为是创造力的一种表现。你不该打孩子，要解放孩子的双手，让他从小就有动手的机会。""那我现在该怎么办？"这位母亲听了老师的话，对自己的行为后悔不迭。"补救的办法是有的。"老师接着说道，"你可以和孩子一起把金表送到钟表铺，让孩子站在一旁看修表匠如何修理。这样，修理费就成了学费，你孩子的好奇心可以得到满足。说不定，他还可以学会修理呢！"

这个故事发生在半个世纪前。故事中的那位老师就是我国著名的教育家陶行知先生。故事明白无误地告诉父母，要保护孩子的创造性，让孩子在好奇心的驱动下学会创造。父母可以经常指导孩子做一些小玩具、小实验，关键是让孩子自己动手做，并且要一丝不苟地去做，培养孩子的好奇心。

细节22 鼓励孩子坐在教室前排

尽自己最大努力克服一切困难，做好每一件事情，事事必争一流。这样可以培养孩子一种积极向上的人生态度。

孩子通常不愿意坐在教室的前排，他们害怕老师会提问自己，因为他们就在老师的身边。确实如此，他们会被老师提问。但是，老师们也会记住他们注意的孩子。当孩子主动参与课堂活动时，老师就会对他们印象很好。老师承认坐在前排的孩子们会得到更多的注意，这不是有意的，只是因为他们就在那儿。

父母要告诉孩子坐在前排的好处。当你的孩子坐在前面时，他更可能学到老师讲到的知识——他就在那儿。那里会更少有使他分心的东西，他可以看到板书，他可以听到老师的话，他感觉良好，注意力集中。

而且，坐在前排能使孩子有更多的机会回答老师提出的问题。主动回答问题能使他保持活跃，如果回答正确，可向老师表明他熟悉所学的知识。

20世纪30年代，在英国一个名不见经传的小镇，有一个叫玛格丽特的小姑娘，从小受到严格的家庭教育。父亲经常向她灌输这样的观点：无论做什么事情都要力争一流，永远走在别人前头，而不能落后于人，“即使坐公共汽车，你也要永远坐在前排”。父亲从来不允许她说“我不能”或者“太难了”之类的话。

对于年幼的孩子来说，这个要求可能太高了，但她所受到的教育在以后的年代里被证明是非常有效的。正是因为从小就受到父亲的“残酷教育”，才培养了玛格丽特积极向上的性格，帮助她树立了好学上进的决心和信心。在以后的学习、生活和工作中，她时时牢记父亲的教导，总是抱着一往无前的精神和必胜的信念，尽自己最大努力克服一切困难，做好每一件事情，事事必争一流，以自己的行动实践“永远坐在前排”的誓言。

玛格丽特上大学时，学校要求每个学生要用5年时间来学习拉丁文。她凭着自己顽强的毅力和拼搏精神，硬是在1年内全部学完了。令人难以置信的是，她的考试成绩竟然名列前茅。玛格丽特不单是学业上出类拔萃，在体育、音乐、演讲及学校的其他活动方面也都一直走在前列。当年她所在学校的校长评价她说："她无疑是建校以来最优秀的学生。她总是雄心勃勃，每件事情都做得很出色。"

正因为如此，40多年后，英国政坛上才出现了一颗耀眼的明星，她就是连续4届当选为英国保守党领袖，并于1979年成为英国第一位女首相，雄踞政坛11年，被誉为"铁娘子"的玛格丽特·撒切尔夫人。

"永远坐在前排"是一种积极向上的人生态度，是一种一往无前的勇气和争创一流的精神。在这个世界上，想坐在前排的人不少，真正能够坐在前排的却总是不多。许多人之所以不能坐到前排，就是因为他们把"坐在前排"仅仅当成人生的理想，而没有采取具体行动。

一位哲人说过：无论做什么事情，你的态度决定你的高度。撒切尔夫人的父亲对孩子的教育让我们明白这样一个道理：教育我们的孩子永远都要坐在前排是当父母的责任。

细节23 培养孩子的艺术情感

一个人的能力并不是与生俱有的，是靠后天的教育获得的。在这个教育过程中，父母始终是孩子的第一位启蒙老师。

孩子大多喜欢信笔涂鸦，只要自己高兴，纸上、地上、沙发上、墙壁上，便会成为他们即兴创作的画布。

孩子约从3～6岁，开始画画。在这一段时期，他会把画好的画命名。

根据研究，3 岁幼儿 90％无法给他的画命名，10% 是画好了以后再命名。4 岁的孩子 18％不能给他的画命名，37％是在画的时候才命名。5 岁的孩子，80％画之前先命名。

在这里，值得一提的是孩子在画画之前，还不知道该如何给画命名，需要在画以后或在画当中命名。这时期的孩子，成人虽看不懂他们的画，但是，对孩子而言，他的画是有意义的。只是他还未成熟到可以在画画之前，给画取名称而已。他的画正是他内心所无法说出的印象描绘。

对于这种画，不管它是如何的不成体统，父母仍应仔细地询问他所画的是什么。由于受到父母的询问，孩子会把内心里的茫然的印象，开始通过思考来运用他们熟悉的语言表述出来。结果，因受了命名的影响，他们对自己所要画的事物确定了明确的主题。

孩子看似在信笔涂鸦，但有可能这是孩子走向绘画道路的前奏。

事实上，会画画的父母总是少数，大多数父母既不是画家，也不擅长画画，只具备中小学时学过的一点点美术常识。

当然，父母会画画对孩子会有直接影响，辅导起来也方便，但不会画画的父母也不必为此气馁。因为许多孩子画画好并不是由于父母及祖辈画画好而遗传来的，孩子在幼年时期完全可以借助环境的影响，依靠父母的因势引导，跨进绘画艺术的大门。

孩子乱画的时候，父母要及时引导。作为孩子画画的启蒙老师，父母首先要对孩子进行艺术情感的教育。家庭环境和人际关系中充满了艺术气氛与情趣会对孩子的兴趣、爱好、情绪、性格产生重要的影响。在经济条件可能的情况下，室内的布置力求美观、朴实、整洁大方，富有艺术性，墙上的优美绘画，桌上造型别致、色彩新奇的装饰品，都会给孩子以美的启迪和美的感受。

这里有一个关于小画家的故事。小画家 5 岁时把新粉刷的卧室墙壁画了个乱七八糟，上面有他梦想中的“小人国”，热闹的“海底世界”和大闹天宫的“孙悟空”。小画家的爸爸目睹了孩子的“杰作”，也曾非常生气。但幸亏他没有贸然发火，而是多问了几个“为什么”——孩子为什么爱画？孩子绘画的兴趣怎么去引导和保护？

在思考了上述问题之后，他笑着对孩子说：“你画得真好，你以后是否把这么漂亮的画画到本子上，好让我收藏起来慢慢欣赏呢？”孩子高兴地答应了。

然后，爸爸亲自动手，说笑着把墙上的画擦去，一边擦还一边叹惜地说：“这是多么好的画呀！擦了太可惜了，以后千万别往墙上画了。”孩子既领悟了爸爸的用意，又受到了鼓励，后来真的不到处乱画了，而且画画的兴趣越来越浓。小画家就这样踏上了成功之路。

这位爸爸的做法非常巧妙。他不曾说“不许”二字，却把不许的含义表达得明明白白。

作为艺术情感教育的基本内容，培养孩子对绘画的兴趣、好奇心，则是父母要注意的事情。父母要随时观察孩子的兴趣所在，在他们喜欢画画的时候，要多多地表扬鼓励。孩子做什么事情往往都没有常性。针对孩子兴趣容易转移的特点，父母应想方设法巩固孩子的画画兴趣，经常变换方式、方法来引导他们。

父母常常给孩子讲有趣的故事，可以丰富孩子的艺术情感与想象力。多带孩子到野外去玩，可以扩大孩子的生活视野，通过让孩子感受自然界多姿多彩的变化，培养孩子的观察能力、记忆能力以及对生活、事物的感受能力。要让孩子从小养成眼看、脑想、手练的三结合绘画习惯。

父母应让孩子学会到大自然中观察。带孩子到大自然中，让他多认识新的东西，观察大自然的景象。比如到动物园看了老虎，要引导孩子仔细地观察老虎的表情、动作、形态、图片等，认真地进行比较：颜色、神态、模样及内容、含义等。

父母应启发孩子的艺术感受。父母要鼓励孩子的眼睛、耳朵、手指及全身，储存那丰富的、敏感的经验，培养他们对艺术的感受，启发他们心中对事物的关心、热爱。

细节24 让孩子做一次老师

孩子们天生就热衷于学习，并喜欢谈论他们学到的知识。如果他们这方面得到满足，他们会学得更多。

孩子们喜欢感到自己聪明，那些能够感到自己聪明的孩子往往会成功。孩子们天生就热衷于学习，并喜欢谈论他们学到的知识。如果他们这方面得到满足，他们会学得更多。让孩子当老师，不要打断他，也不要急于纠正他的错误。如果他对做某事有新的想法，不要急于做判断，只要聆听就行了。有时候，因为孩子们不谙世故，会提出令人惊异的想法。

当你的孩子讲述事物时，你给他的最大礼物就是洗耳恭听。当你认真听的时候，他会感到很特别，而且也应教他学会如何去倾听。当他讲述事物时，他就有机会练习组织他的思想和语言，使它们富有逻辑。并且孩子能因为能够表达和理解知识而获得自信。

我的女儿天天四岁半开始学钢琴。她每次学琴回来，都很有兴致地去练习。有时，她当老师，教我。她把老师教的东西，以老师的口吻，指导我，而且，特别有兴致。我越听得高兴，她就说得越起劲。我时常说："嗯，是吗？你经常学这么难的内容啊，真了不起！"孩子得到我的赞许，教我钢琴的欲望更强烈了。而且她上钢琴课时更用心了。因为她知道家里还有一位"学生爸爸"。

让孩子当老师，父母也要向孩子学习。

比如，给孩子一个"荣誉称号"。有的孩子对电脑着迷，父母对孩子玩电脑表示佩服是至关重要的。父母可以经常请教孩子有关电脑方面的问题，请孩子做老师指导自己。另外，送给孩子"电脑博士"的称号，以促使孩子进一步学习和钻研电脑知识。这样的"桂冠"并不需要父母花费一分钱，但是，能促使孩子成为这方面的行家里手。从这些细微的地方入手，不仅可以逐渐让孩子恢复自信，而且，说不定孩子将来还真能成为这方面的专家。

父母要寻找并引导孩子培养与学习有关的技能或特长。我们知道孩子都是一受到夸奖就来劲儿，可是有的母亲却说，自己的孩子讨厌学习，没有什么值得表扬的。这其实是父母没有留心孩子的专长。曾有一位母亲惊奇地发现自己孩子的字写得很漂亮，时不时拿他的字进行夸奖，并说，你也教妈妈写字好吗？孩子从那以后开始把写字作为一种乐趣，并增加了练习的时间，后来果真在北京市举办的书法大赛上拿到了第二名。

细节25 鼓励孩子练一手好字

写得一手好字可以使人受益终身。写字一定要工整、清楚，千万不要潦草。

每个人都希望自己写得一手漂亮的好字，孩子也不例外。但是，字写不好与许多因素有关。对于低年级孩子来说，他们的小手肌肉发育尚不完全，手部精细活动不协调（不同的孩子存在着一定差异，但整体发展的规律是这样的）。因此，写作业时即使有写好的愿望，书写质量依然较差。我们经常看到一些孩子写字非常卖力气，有时本子都被字迹穿透，一有错字就拼命地擦，最后弄得本子又黑又破，字还是歪七扭八的。有的孩子书写差与坐姿、书写姿势不正确有关，比如：歪着（或趴着）身子，本子没有放正，头和书本的距离过近，执笔的姿势不正确等；字的笔顺、笔画、结构掌握不好也是书写差的原因之一。另外，有的孩子为了及早完成作业，只求写完。这种孩子虽然能把字写得较好，但对书写没有一个认真的态度，因而造成作业质量低下。

在学校里各科老师一致认为小衡是个聪明伶俐的孩子。上课他发言积极，思维敏捷，许多问题都有独特的想法。只是一提到作业连小衡自己也感到难为情，他的作业写得又脏又乱，而且字还歪歪扭扭的。所以每次作业评比，他都是榜上无名，还经常被老师、父母批评。每当家里来了客人想看看他的作业时，他总是找许多借口应付过去，就是不让别人看。其实他也想把字写好，也想受到成人的夸奖，可是他无法做到。

事实上，一个学生的书法与他的成功之间有明确的必然联系。如果一个忙碌的老师看不清你孩子的试卷，他就容易迷惑，将试卷的分数打得偏低。如果老师读不懂他的拼写试卷，他就可能把一个单词判错。如果你的孩子看不懂自己的笔记，他就会丢失重要的内容。由此看来，分数会受书写的影响。但是，小学高年级后，老师就不再用课堂时间让学生练习书写。因此，向你的孩子解释书写不清的坏处和书写清晰的好处，让他认识到写好字非常重要。

李大钊不仅是一位伟大的革命家，也是著名的学者。他在繁忙的工作之余，非常重视孩子的教育。在教育孩子写字方面，他注重根据孩子们的心理、生理特点，有针对性地进行教育。

有一年暑假，他给孩子们每人带回一包礼物——笔墨、方格字帖。孩子们很高兴，立即研墨展帖，端正地坐在八仙桌前写了起来。这是李星华生平第一次临帖写大字。她左临一张，右临一张，看看还是不像，气得小脸发红，直想哭出来。她放下笔，躲到后院里偷偷地抹眼泪。这时李大钊和妻子发现了星华在哭。妻子正要张口问星华，却被李大钊拦住了。他说："女孩子的心理是很难揣摩的。你要是问她为什么哭，她不会告诉你的。你不要硬逼她。哭的原因不是明摆在那里吗？"妻子莫名其妙。于是他举了一个女孩子好胜心的例子，妻子才恍然大悟。过了一会儿，李大钊叫来小星华，先表扬了她一番，然后说："你看，你哥哥写得也不是很整齐啊。可是他不着急，沉得住气。只有这样，将来才会把字慢慢地写好。"李大钊的话使星华受到很大的鼓舞，同时也使她了解到自己遇事不冷静、容易急躁的特点。从此，星华天天练字，不仅字写得公公正正，而且性情也变得比以前沉稳多了。

练成一手好字，养成良好的书写习惯，不是一朝一夕可以完成的，因此父母不能急于求成。当孩子产生急躁情绪，甚至想要放弃时，父母要不断地为其鼓劲，对孩子的每一个小小的进步加以表扬，使孩子获得成就感的满足，以强化孩子好的行为。书写是一项需要练习才能提高的技能，它也是需要用心去做的精细活儿。保证每天让孩子练习一会儿书写，一旦他明白这不是最终可以混过去的惩罚，而是他必须练习直到获得提高的事，他就会做出努力，他的书写水平将会提高。

对孩子的书写问题要具体情况具体分析。是态度不端正的，首先应告诉孩子写作业和书写工整漂亮的目的。让孩子知道，作业不单是为了巩固所学的知识，仅仅保证正确是远远不够的。作业还有提高书写能力的作用。写得一手好字可以使人受益终身。有一位书法家是这样总结的：写字时一定要笔画找笔画，做到写上想下，写下看上，写左想右，写右看左。

如果孩子的书写姿势有问题，一定要及时进行纠正。一方面可以保护孩子的视力，另一方面也可以让孩子通过简单的儿歌来记忆书写的正确姿势，并时刻提醒自己注意。比如：书写要求“三个一”，即眼睛离桌面一尺远，胸离桌子一拳远，手离笔尖一寸远。另外，可以给孩子缝制一个“一尺带”（用彩带按一定尺寸缝起的环形带子）。带子的一端套在孩子的脖子上，另一端套在写字的手的腕部，在写字时要让一尺带绷直，使头部与书本始终保持一尺的距离。

孩子的书写能力也可以通过训练使之提高。每天可让孩子专门练习写几个字，每个字书写遍数不求多，少则三五个，最多不超过一行。写的时候要求孩子先看，了解字的间架结构，还可让孩子说说每一笔画的位置、笔顺的先后。父母及时发现错误立即予以纠正。在做完这些准备后再开始动笔书写。经过这一过程，孩子对所要书写的字有了较详细的了解，写起来自然胸有成竹。同时，家长根据他书写的情况可以提一些建议，如：落笔时用劲的大小，用橡皮时要注意轻一点，橡皮一定要经常清洗……

细节26 与孩子共同讨论问题

遇到问题，在充分尊重孩子的前提下与孩子讨论，求得共识或找出正确解决问题的途径。

随着孩子年龄的增长，在喜好和兴趣，甚至交友诸方面看法都会与父母有分歧。这时父母对孩子的一些喜爱与兴趣绝不能简单地禁止。应在充分尊重孩子的前提下，与孩子认真讨论，而不是命令、训斥孩子，以求得共识或找出正确解决问题的途径。

孩子们开始认识世界，接触世界，他们会有很多的“为什么”。

“这是什么？”这是因为外界的一切对他们而言都是新鲜的。他们急切地想认识它们，知道它们。

因而，要回答孩子的“为什么”并不容易。他们的问题常常会使父母无言以对。要回答得当，就有很大的学问了。

父母爱带孩子到公园去玩，看到初春盛开的桃花，母亲会指给孩子看：“你看这桃花开得多好看！”这时，有的孩子就会好奇地问：“桃花是怎么开的呢？”

母亲还不难回答。她可以说：“春天来了，桃花就开了。”然而什么是春天，为什么到了春天花儿就要开，孩子仍然是一团迷雾。于是孩子不免要问：“为什么桃花要在春天开呢？”

孩子们这类天真的问题很多，有些确实还很难回答。这是由于许多事情大人们认为是想当然或非常自然的，孩子们却觉得新鲜稀奇。“为什么？”孩子们想出来的这些问题也正是他们求知欲的表现。如果这时父母对他们的问题等闲视之，随随便便给以搪塞，就会抹杀孩子对周围事物的兴趣，扼杀孩子的求知欲。时间久了，孩子的推理思考能力，也会逐渐降低。

相反，如果父母对孩子说：“是呀，为什么桃花在春天就会开花呢？这个问题问得好。”然后和孩子耐心地解释，并提出一些启发性的问题：“春天的天气是不是暖和些？”“冬天过去了，天气一变暖，树又长出了新的嫩叶，对吗？所以天气一变暖，花儿也就开了。”如果能够这样与孩子讨论，启发孩子思考，鼓励孩子发表自己的看法，那么就会增强孩子的求知欲。同时，也会增进父母与孩子之间的亲密关系。

学会与孩子共同讨论，在孩子的教育中还有更为重要的一个方面。那就是对孩子提出的要求，不能满足或不应满足时，我们不应粗鲁而简单地拒绝：不行！不准你去！或者在我们作为父母提出的要求被孩子拒绝时，我们也不应简单地采用命令方式：这事爸妈已经决定了！

春天来了，孩子早就盼望着有一个节日，父母能带他们到动物园去玩。一个风和日丽的星期天，小宝眼看左邻右舍一家一家地走了，于是嚷着说：“妈，咱们也到动物园去玩吧！我要看河马。”母亲由于那天有事，而且身体也不大舒服，便简单地拒绝了。于是小宝哭了一上午，弄得一家人不痛快。当时如果母亲能够体谅孩子的心情，心平气和地和小宝讲清楚自己的处境，与小宝商量、讨论，那么他们不难达成一项协议：下星期天到动物园去看河马。或者妈妈身体不太舒服，动物园太远了，到较近的公园去赏一赏花。

父母学会与孩子共同讨论问题，既可以增加相互的理解，也可以避免家庭中一些无谓的争吵；而且更重要的是它可以教会孩子在社会上怎样做人和与人共事。因为我们在日常生活和工作中，只要与人相处，分歧是不可免的。而讨论可以让大家沟通、协调，最终解决矛盾。

细节27 引导孩子看优秀的电视节目

看电视对孩子来说是一种有教育意义的活动，它能丰富孩子的习作素材，激发孩子的学习兴趣和动机。但看电视一定要有节制。

如今，电视的普及，可谓是每家至少一台。而且，很多家庭装了有线电视，可以收看几百个频道。如果父母知道如何利用它，电视会变成一种无价的教育手段。

为了给孩子争取更多的学习时间，于是有的父母给孩子下了“不许看电视”的禁令。其实，消极地控制孩子看电视并非上策，正确的做法应该是引导孩子看优秀的电视节目。比如一些有意义的纪录片、历史剧、人物介绍，一些新闻、动画、喜剧，还有些体育、文化、科学节目，都可以有选择地引导孩子看。

要引导孩子观察电视中有特点的东西，如山峰、树木、花朵等。另外，看完一个节目后，父母也可以让孩子写一下节目的内容提要，然后再与电视报刊上的介绍对比一下。当孩子对节目特别感兴趣时，父母还可引导他写一下观后感。这些对切实提高孩子的写作能力，丰富孩子的习作素材都大有帮助。

有的父母自己忙，就打开电视，让孩子无节制地看。这对孩子的身心发展也是不利的。

首先，成天让孩子看电视，势必减少户外活动和人际交往，对孩子的视力也有不良影响。其次，看电视所需要的是被动注意力，若看得太多，不利于培养孩子认真学习的主动注意力，以致学习时注意力不能持久集中，做事易于出现疲劳。我们注意到，一些父母之所以禁止孩子看电视，主要是怕耽误孩子的学习。

诚然，孩子考试主要是考课本知识，我们认为学好课本知识是正确的。但看电视也是一种学习。再说家庭不是学校，孩子需要在家中享受家庭环境的温馨，总是把孩子禁锢起来，难以培养、发展孩子的良好人格。

当然，如果看电视成瘾，把电视作为逃避现实生活的唯一方法，那就不好了。有一个孩子在学校里受到歧视，回到家里也不被父母喜欢，便痴迷上了电视上的人物，竟离家出走到少林寺学武术去了。

对于如何引导孩子看电视，新加坡前总理李光耀的经验值得借鉴——

为了不让孙子孙女在电视机前浪费宝贵的时间，李光耀支持小儿子李显扬家里不买电视机的做法。但这不是彻底解决问题的方式，因为孙子孙女可以跑到附近的爷爷家去看电视。要解决好这个问题，李光耀认为，关键在于父母的行为和对孩子的正确指导。一方面父母的行为对孩子的示范性、引导性很强，即父母自己不要一到晚上就坐在电视机前一个频道接一个频道地看节目。另一方面，孩子的行为也需要父母的正确引导，即当孩子们在盲目地看电视节目的时候，父母应该耐心地告诉他们，与其这么消磨时间，不如去多读些书，读书对他们有好处。

为此，李光耀建议制定一些相应的对策，来解决青少年毫无节制地看电视的问题。比如，在孩子们应该学习和休息的时间，新加坡的电视机构可以取消儿童节目等等。这样，使孩子们在适当的看电视之余，有更多的时间去学习、读书和做其他有益的事情。

有时，通过看电视获得知识是最直接的办法，因为它比读书看报要快捷得多。

不仅如此，孩子看电视还可以定位人生价值，甚至还可以通过看电视，发现转移自己的兴趣，获得学习的动力，丰富人生，发展自我。

所以，孩子看电视也要有选择。一般地说孩子喜欢儿童电视连续剧、武打片、侦探片、科幻片和综艺晚会等。当然孩子的性格不同，对电视节目的形式和内容的要求也不尽相同。父母如果发现孩子对暴力、色情感兴趣，就要及时提醒孩子。另外，孩子看电视时间不宜过长。

电视是孩子了解世界的一个窗口，是一个多学科的知识之窗。看电视其实与学习并不矛盾，关键是给孩子讲清如何掌握时间比例。建议不许孩子看电视的父母解除禁令，同时注意以下几个问题：设法把孩子看电视的时间控制在每周 10 个小时之内，这是有关学者研究得出的结论；电视不要放在孩子的房间里，以防孩子随意收看；吃饭时不要看电视，那样会影响孩子进餐；引导孩子把看电视同讨论问题结合起来。电视可以激发孩子的某些兴趣，父母可以借机进行启发引导。比如，孩子看了“动物世界”，对天鹅余兴未尽，你不妨带孩子到动物园走走。建议让孩子有选择地看电视节目。对于电视节目的选择，父母要当好参谋，让孩子多看一些益于身心健康的儿童节目、知识性节目及其他优秀的文艺节目。

细节28 与孩子一起制订学习时间表

时间安排要有张有弛。不要把时间全部都安排在学习上，连星期天也不准许玩。要有劳有逸，劳逸结合。

文慧是一个普通的中国女孩。当她刚从北京大学毕业时，就拿到了剑桥大学研究生的录取通知书。

文慧是勤奋的，她看不起那些守株待兔，凡事总想不劳而获的人。她信奉一条原则：百分之九十九的汗水加百分之一的天分才会成功。小时候，父母就用“头悬梁，锥刺骨”的故事来教育她。上高中后，她制订了自己的学习计划。

实践证明，不论是学习还是其他活动，如果想要取得成功，就要制订一个切实可行的计划。这是一种比较理性的态度。

只有把时间和精力都有一个比较合理的分配，才能够一步一步逐渐地接近自己的目标。制订计划的好处还在于能够坚持学习下去。因为计划对自己是一个约束，容易养成好的习惯，而且在学习中取得的每一点进步都能够清楚地看到。这也是鼓励制订计划者坚持学习的动力。

制订一个好的学习计划要注意计划的切实可行性，而且计划中的时间安排要保持一定的弹性。学习成绩优异、工作成绩突出的人，对于自己的时间和活动几乎都有一个相当理性的安排，而且他们都能够坚持按照计划中的安排去做。

文慧作为一个优秀生，爱学习，还爱给老师做参谋，出谋划策，帮助老师改进老师教学中的不足。可是现在文慧却感觉到生活真是没劲。

是不是上了中学以后，老师和同学的关系都变得不一样了？文慧一看见老师那张严肃、从不带一丝笑的脸，心里就害怕。文慧现在每节课都上得心惊胆战的，总怕老师叫自己回答问题。要是自己回答不上来，挨一顿骂可是太丢人了。

于是，文慧和同学们就都在这种状态下活着，像一头头勤奋的牛，没有思想。唯一的特点就是整天忙忙碌碌，可是，晚上回想一天的收获时，却是一片空白。

文慧每天都要从早忙到晚。早晨5点多起床，要在6点半之前赶到学校上早自习。早上的一二节课，都是在半睡眠的状态中度过的。为了不被老师呵斥，提心吊胆，书挡脸，手托腮地小睡一二分钟，是她最惬意的时候。

中午不敢睡午觉，总怕晚上写不完作业，而且一定要在中午抓紧时间写作业。每堂课都在不停地记笔记。记得第一次期中考试的时候，除了死记硬背和见过的题目之外，一律不会做。文慧一下惊醒了："如果照此下去，自己不但考不上大学，很可能连高中都考不上。爸爸妈妈对自己实在是太好了，他们把希望都寄托在自己的身上。如果自己考不上大学，他们该是多么难受啊！我一定要摆脱这种被动的状态，制订一套自己的学习方案。"

后来，文慧制订了一套学习计划。这期间，文慧经常为了理解没有弄懂的知识点而又必须坚持学习计划，没有完成作业，于是，被老师批评在所难免。

可是，文慧上课时不再是盲目地记笔记了，只要把不知道的或以前没有理解的东西记得详细一些就可以了。这样，上课时记笔记的时间少了，理解老师讲课内容的时间多了。

后来，文慧常常在老师讲例题时做一些补充，把同学们惊得目瞪口呆。终于，在期终考试中，文慧名列全校第一名。当同学们以特殊的眼光看文慧时，文慧却认为自己不过是比较走运才考了第一名。

然而，班主任却没有忽视文慧在学习中的明显进步。他仔细研究了文慧的试卷，发现文慧的许多解题方法都不是老师讲的。他问文慧平时是怎么学习的，文慧就告诉了老师自己的学习方法。另外，文慧还告诉班主任："老师，我想给同学们介绍一下自己的学习经验。"

"好样的，文慧！这不是一个普通的孩子能够做到的，你将来一定非同凡响。我支持你。"班主任老师高兴地说。

父母可以帮助孩子制订一个时间表，在家什么时间起床，什么时间上学，什么时间放学回来，什么时间休息、睡觉，复习功课用多长时间等等，要通盘考虑，合理安排，忙而不乱。要教育孩子认真遵守，持之以恒。要学会利用零碎时间。茶余饭后的零碎时间是最容易被人忽视的合理而充分地利用这些零碎时间，背一些单词、诗文，是很有益的。要充分利用最佳时间。儿童时期，孩子的大脑发育尚不完善，比起成人来，容易疲劳。他们记忆力好，但不宜进行过长时间的学习。一天中最佳的学习时间是在上午9~11点，下午3：30~5：30，但在中午应让孩子有2个多小时的休息时间。晚上做作业，复习功课，但不宜时间过长。时间过长，会影响孩子入睡。要及时检查孩子对时间的使用。有了一个时间表，可以使孩子学习、生活有秩序地进行，但要注意及时检查，确保计划的正常实施和时间的有效运用。

细节29 让孩子全身心地投入学习

让孩子在一定时间内专心做好一件事，做到全身心地投入。因为只有专注，才能把事情做到最好。

学习专注是所有学者的共同特征。每个孩子的头脑里都有着专注的成分，只不过由于引导上的差异才导致了后天在这方面的差距。

孩子好奇心强，可能对许多事物都有兴趣，但往往很难专注于某事，浅尝辄止，结果一事无成。有的父母也存在浮躁心理，喜欢攀比，见别人的孩子学啥，也要让自己的孩子学，恨不得天下所有的知识都要孩子知晓，所有的技能、特长都要孩子掌握。这只会造成孩子看起来什么都会，却无一技之长。培养孩子的专注力十分重要。父母在孩子小的时候就应该注意培养孩子的专注力。当孩子做某事时，应要求他在规定的时间内完成，并帮助他排除外界的干扰；让孩子对感兴趣的问题不断地寻根问底，深入思考；让孩子在兴趣广泛的基础上，选择最着迷的对象深入下去，并且有意识地强化孩子这方面的兴趣。

培养孩子善于集中自己的注意力，这对劳动，尤其是脑力劳动具有很大的意义。能做到注意力集中的儿童，不但完成作业比较快，而且完成得比较好，效率高。那些作业马虎、粗枝大叶的孩子主要是因为注意力不够集中，没能仔细地看准习题的要求和提供的条件。而且，善于集中注意力的孩子学习起来比较省劲，效果比较好，也因此有更多的时间来休息和从事娱乐活动。在小学阶段，低年级的孩子学习知识并不是最重要的，重要的是养成良好的学习习惯，而稳定持久的注意力是学习习惯中最重要的一方面。老师总要求一年级的孩子坐姿端正，目的就是训练他们集中注意力。那些坐姿懒懒散散、东倒西歪的孩子显然不可能专心致志地听课。

有一次，法国大作家巴尔扎克写作时朋友来访。他很长时间也没有发现。中午仆人送来饭菜，客人以为是给自己送的，就把饭菜吃了。后来客人发现巴尔扎克还是那么忙就走了。天黑了，巴尔扎克觉得该吃午饭了，就来端碗端盘。看到饭菜已被吃光，他责备自己："真是个饭桶，吃完还要吃！"

法国昆虫学家法布尔为了解蚂蚁的生活习惯，曾连续几个小时趴在潮湿、肮脏的地面上，用放大镜观察蚂蚁搬运死苍蝇的活动。当时周围有许多人围观议论，他竟毫不理会。

事实证明，专心可以集中精力，调动整个大脑神经系统来解决问题，高效率地完成任务；相反，分心就会降低学习效率，甚至对本来可以弄懂的问题感到迷茫。

因此，要想提高孩子的学习成绩，培养和开发他们的智力，第一步就要注意培养和训练他们的注意力，养成专心致志的习惯。要不然，其他的训练只能是事倍功半，甚至徒劳而无功。

培养孩子的注意力，首先给孩子一个安静整洁的学习环境。孩子的书桌上除了文具和书籍外，不应摆放其他物品，以免分散他的注意力。抽屉、柜子最好上锁，免得他随时都可能打开，在没完成作业的情况下去清理抽屉。书桌前方除了张贴与学习有关的，如地图、公式、拼音表格外，不应张贴其他吸引孩子注意力的东西。女孩的书桌上也不应放置镜子，这会使她有时间顾影“自美”或“自怜”。更不能允许孩子一边看电视，一边做作业。

其次，要求孩子在规定的时间内完成作业。如果作业太多，可以分段完成。有的父母因为孩子的注意力不够集中而在旁边“站岗”。这不是长久而行之有效的办法。因为长期这样，会使孩子产生依赖心理。此外，孩子的注意力跟孩子的情绪有很大关系。因此父母应该创造一个平和、安宁、温馨的学习环境。声音嘈杂的环境，杂乱无章的屋子，不正常的家庭生活，所有这一切都严重地影响着孩子的注意力。同时，父母应该了解，能否集中注意力也与孩子的年龄有关。研究表明，注意力稳定的时间分别为：5～10岁的孩子是20分钟，10～12岁的孩子是25分钟，12岁以上的孩子是30分钟。因此，如果想让10岁的孩子60分钟坐在那里去专注地完成作业几乎是不可能的。

再者，要劳逸结合。常听有些父母说：“我的孩子做事效率低，做作业慢，一边写一边玩。”父母要注意培养孩子在某一时间内做好一件事的能力。对于家庭作业，父母要帮他们安排一下，做完一门功课可以允许休息一会儿，不要让孩子太疲劳。有些父母觉得孩子写作业慢，不允许孩子休息，还唠叨个没完，使他们产生抵触心理，效果反而不好。

另外，合理安排学习内容的顺序。研究表明，开始学习的头几分钟，一般效率较低，随后上升，15分钟后达到顶点。根据这一规律，可建议孩子先做一些较为容易的作业，在孩子注意力集中的时间再做较复杂的作业。除此之外，还可使口头作业与书写作业相互交替。

细节30 发现孩子兴趣，培养孩子专长

根据孩子特点，发现孩子的兴趣，让孩子感受到学习的乐趣。

大多数父母都懂得对孩子进行早期教育的重要性。也正是因为这样，在生活中，许多父母想方设法、省吃俭用，为子女添置设备，创造条件，让孩子去学钢琴、学书法、学舞蹈、学英语……

然而，并不是所有的孩子都适合去做音乐家、演奏家、书法家、舞蹈家。很多孩子可能根本对音乐、书法、舞蹈就没有什么兴趣，父母的强迫反而造成孩子性格的扭曲，甚至导致了悲剧。所以，音乐、书法等才艺学习虽然可以成就孩子的身前身后名，但并不适合所有的孩子，父母不可期望值过高。如果孩子对音乐兴趣索然，不怎么“知音”，就该允许孩子另有选择，切勿牛不吃草强按头。

生活中有这样的例子：一对年轻夫妇勒紧裤腰带，四处筹款，为儿子购置钢琴后，便如监工一样督促孩子苦练，剥夺了孩子所有的游戏时间。渐渐地，孩子视弹琴为无尽无休的苦役，有一天用刀剁下手指，作为对父母苦心的答复。另一户人家，孩子虽未自伤，却利用一个机会，挥锤砸毁了钢琴键盘。

事实上，我们所看到的很多天才、神童，都是在某一方面有浓厚的兴趣，并有这方面特长的人。当他们对某一问题产生强烈的兴趣后，就会集中精力钻研下去。

傅雷对傅聪的培养也正是遵循着这样的一个原则。傅聪是当今世界著名的音乐家、钢琴大师。他的琴艺获得了世界大奖，并为华人争得了荣誉。傅聪的父亲傅雷是我国著名的学者。傅雷在傅聪小时候，发现了他对音乐特殊的兴趣以及特别的反应，并对他着意培养，造就了一个世界级的大师。傅雷在自己的文章中写道：

傅聪3~4岁之间，站在小凳上，头刚好伸到和我的书桌一样高的时候，就爱听古典音乐。只要收音机或唱机上播放西洋乐曲，不论是声乐还是器乐，也不论是哪一派的作品，他都安安静静地听着，时间久了也不会吵闹或者打瞌睡。我看了心里想："不管他将来学哪一科，能有一个艺术园地耕种，他将来一辈子受用不尽。"我是存了这种想法，才在他7岁半，进小学四年级的秋天，让他开始学钢琴的。

的确，在每天背着琴，骑着车，带孩子上少年宫、培训班的父母当中，有很多是为了让孩子从小多受一些文化艺术陶冶，启发孩子的智力，提高孩子的自身素质，使之成为聪明、高雅、健康和有用的人。持着这种平和的心态，培养孩子的兴趣，挖掘孩子的潜能，这些父母不单是在培养自己的孩子，实际上也在为提高民族的整体素质做贡献。

作为父母要根据自己孩子的具体特点，发现孩子的兴趣，让孩子专心在某一领域开拓。

首先，让孩子尝到成功的滋味。孩子一旦对成绩灰心、失望就会产生厌倦情绪，只有循序渐进才能使他们树立自信心。例如，孩子的语文成绩好但数学差，就让他先做语文，后做数学。做数学的时候，首先让他做一些简易的题目，增加信心后，再去做那些较难的。

其次，让孩子从努力中不断地体验到成功。学习是一个苦差事，如果只是一味地苦读，尝不到一点成功的回报，时间长了势必会厌倦。所以，对孩子的点滴进步和成功，我们都应看到并给予适当的表扬或鼓励，哪怕是一句"今天很不错"的话。让孩子体验到成功的快乐，从而激励自己，再下苦功夫去争取更大的成功。

再者，帮助孩子在奋斗中不断地瞄准新的目标。带孩子登山，我们总会经常指着前面某一处说，加把劲爬到那里歇一会。每次作业，每次考试，每次寒暑假，我们父母都应该帮助孩子定出应该完成并且努力后能完成的目标来。如：今天作业争取8点前做完，这次考试力争平均分数达到80分，比上次高2分等。让孩子学习有目标，有奔头，这样不仅让孩子从完成目标的压力转为动力，更能让孩子从努力超前或超质量完成目标中经常体验到成功，为以后攀登更高的人生目标打好基础。不过在设置目标时一定要防止要求过高，否则，孩子努力了也完不成，会打击他学习的积极性？

细节31 父母与孩子一起学习

父子同学，母子同学，孩子会在潜移默化中受到影响。言传身教，说的就是这个道理。

随着时代的进步、科技的发展，人们已越来越清醒地认识到“学习”是提高生活质量、体现生命价值的重要条件，利用业余时间抓紧充电，提高和完善自己各方面技能已成为不少父母的自觉行为。但随着生活节奏的加快，如何处理自身进修、家务与教育孩子之间的矛盾已成为父母们的棘手难题。那么，是否有家庭、事业两不误，以自身进修激发孩子学习欲望，以家庭浓郁的学习氛围促进孩子全面素质启蒙的两全妙方呢？

朱诞旦小朋友家中一段“父子同学”的佳话也许能为我们提供一些有益的启示：

父亲朱云忠是香花小学音乐老师。工作后他仍然坚持学习。他参加声乐进修，为的是做个受学生欢迎和爱戴的好老师。他参加公共关系专科进修，是为了更好地挖掘自己的潜能，广告、文案、主持使自己生活得绚烂多姿。教养儿子，也是他学习的重要内容。

爱人在医院工作，上三班倒，还要参加业务进修。他作为父亲除了照顾儿子，还要负责开发小脑瓜。他欣赏卡尔·威廉父亲的一句话：“每个孩子生下来不一定是天才，但父母应尽可能使他们成为天才。”作为老师，他了解教育的原理。作为父亲，对于早期教育他从头学起。他自己小时候的遗憾使他更加珍惜与孩子玩耍嬉戏的时间。因为这是一项多么有意义的工作！朱云忠相信“常与父亲相处的孩子智商高”这个说法，而且乐于亲身尝试。而他更相信浓郁的家庭学习氛围对孩子一生的影响巨大。因此，在家中两个大人学习进修的同时，他们有意无意地把儿子也带入了学习的天地。

他们和孩子一起学习看书。动物、植物、日常用品、世界名著，看得懂的，看不懂的，儿子都爱看，当然看的同时还要父母为他讲解。朱云忠认为儿童早期的阅读父母指导是十分必要的，仿佛教会他使用开门的钥匙一样。

每晚给儿子讲故事，这是他们家雷打不动的习惯。朱云忠宁可自己每天2小时的自学时间挪后，以至挤掉宝贵的睡眠时间，也要坚持给孩子讲故事。因为给儿子讲故事这个任务还真不简单，故事不能重复，不能遗漏，还要创编。由儿子命题，或者儿子开个头，爸爸口头作文，稍不留神便让儿子抓住把柄推倒重来。为此，他经常光顾少儿书店。与儿子一起研究“奥特曼”和“宇宙大战”，留意各种新式武器、车辆、玩具时，父子俩会有饶有兴致地评论上好一会。越是与儿子讨论“十万个为什么”，越是要翻找大量的教育学、心理学著作，而且时时将育子感悟记录下来。在这样一位爱钻研的爸爸的影响下，儿子对幼儿园花坛里的芭蕉根也会浮想联翩：“这是地上的鸟窝，还是蚂蚁的游泳池呢？”

朱云忠没有把开发智力当作孩子学习的唯一内容，他的教育方法往往是“自成一体的独创”。比如，他为孩子讲了这么多故事，并不是要把孩子培养成小小故事员。在1999年县少年宫举办的迎新幼儿故事比赛中，他只是希望让儿子去承受台下几十个大人、小孩的注目，去看看别人的本领，去大胆地讲述自己创编的新故事《怪兽访问地球》。

他听老师反映，儿子有点傲气，发言动脑筋很行，上绘画课做作业漫不经心。双休日全家看花草、喂金鱼、去乡下捉蜻蜓、看刚刚结蒂的小西瓜，父亲信手画下来，回家向儿子展示手艺，告诉儿子把大自然中这些奇妙的景象画下来多有意思！只要学会观察，就会有东西画。学会把心里的想法画出来，就是一个画家。只要你用心画，自然就能画好。儿子的每一张图画，父母都视如珍宝，及时展示和讲评。这样做让儿子知道这是父母对他付出劳动的尊重，是对他努力学习的鼓励。

家中添置了一台电脑，爸爸在上面打字、画画；妈妈可以查到很多资料，玩扑克牌。那么儿子呢？每每外出做客或参观回来，爸爸就让他把感受讲出来，输入电脑，一会儿就打印出一篇文章，配上儿子的插图。这样一张张积累起来，就是儿子的大作了！

爸爸要声乐考试了，按键听音还得儿子帮忙，稍有走音儿子的小耳朵就听出来了。

“从儿子身上，我学到了很多。小孩的眼光、小孩的感觉真值得大人回味。无邪的童真、无畏的探险、奇妙的创造，这些都是我们大人应该对他们肃然起敬的。孩子，真是一本讲不完、读不透，需要我们不断探索的教科书。

“我们学习，给孩子一个榜样。让孩子知道人为什么要学习，为什么每个人都要学习。只有学习，才会令你更聪明，才有本领建设我们的国家，才会是一个处处受人欢迎的人。

“大人有书桌、厚厚的书籍，儿子有角落、小天地，有玩具、童话书、磁带、剪刀、蜡笔。当我们认真复习迎接每次考试时，儿子也知道了要开动小脑筋，克服困难，自己解决问题，而且体会到自己解决问题的快乐和自豪。

“看到我们的一张张奖状、证书，儿子问我们这是什么。我们告诉他，这是爸爸妈妈学习的结果，就像农民伯伯辛辛苦苦劳动后获得的果实，就像老师奖励你的一颗颗五角星。儿子说，他长大后得到的奖状，比爸爸妈妈的奖状还要大，还要多。

“儿子还小，他有自己的想法，有自己的追求。儿子今后的人生道路还得由他自己走，现在爱学习并不等于他将来会有大的成就。但有一点可以肯定，爱学习的人一定是一个能适应今后社会飞速发展的人。我们做父母的，不可能教会他很多东西，以后甚至无法继续传授他一些先进的东西，反过来我们还要向年轻人学习。但现在我们至少为他创造了一个适宜的、利于他学习的教育环境，培养了儿子爱学习的一种意识。

“我们觉得，学习是一个过程。每个人要学习，这是一种生命观、价值观的体现。只有学习，才会发现你的不足，才能促进我们几代人共同进步。”

这是朱云忠父母的学习心得。“父子同学”这份生动的案例提供给我们的启示恐怕远不止于此。

父母仅告诉孩子上学很重要是不够的，还必须向孩子说明学习并不能因获得一张文凭而终止。学习是一种生活方式。

你不必花许多钱去提高孩子的学习兴趣，而要让孩子们看到你在读书。你可以带他们去博物馆或展览会，这些丰富的课外活动会让孩子们对知识产生浓厚的探索愿望。

父母必须参与孩子学校组织的活动。这样做会向他们表明，你对他们的所作所为真的很关心。你不必具有一项特长，或是用许多业余时间帮孩子们做什么。多数老师欢迎父母陪伴孩子们郊游，与其他父母通通电话，以及打印孩子的学期特别报告等，经常向老师询问他们需要什么帮助。

找出时间与老师进行交流，同时询问、观察孩子正在学习什么，得到这些确实信息是十分重要的。父母可以给老师打电话得知孩子在课上学了什么内容，并且留了什么作业。

作为父母不要给孩子太多的压力。父母需为孩子创造一个无忧无虑的学习环境。许多时候父母只看重分数。如果孩子是个全优生，却不能告诉你他为获得这样的好成绩都做了些什么，那么，这时父母还要对他的学习过程进行全面的了解。当孩子需要帮助的时候，父母可以给他们一些启示，让他们自己找出答案。与其直接告诉他们答案，不如问他："你认为在哪儿能找到答案呢？在字典上还是在因特网？"考试成绩差是该同孩子谈一谈的信号。是什么原因使他落后了？他需要辅导吗？还是因为他没有做作业才使成绩不好的？这些父母都要清楚地了解到，之后，才能找到帮助孩子提高成绩的方法。

有一种鼓励孩子为他的未来着想的方法是设立家庭目标。父母写一份自己家本年度应取得哪些成就的任务书，其中包括孩子应取得怎样的进步。老师也有自己的任务，不要让任何学生落后，尽力帮助成绩差的学生取得好成绩，帮优秀生更上一层楼。父母对孩子持有较高期望，并让他们知道这一点，能鼓励他们对自己充满信心，并不断进取。

细节32 让书成为孩子的亲密伙伴

书是人类成长进步的阶梯。好书最能开发和引导孩子培养良好的兴趣。

一个人是否有读书的习惯，能否体会到“阅读的喜悦”，其人生的深度、广度，会有天渊之别。有不少父母，自己没有阅读习惯，也无从体验读书带来的乐趣。他们甚至怕孩子因为读课外书籍影响功课，只盯着孩子的分数，不鼓励孩子阅读课外书籍，甚至禁止孩子课外阅读。这实在是短视而近于愚蠢的做法。阅读可以丰富知识，开发智力。只要引导得当，将会促进各门功课成绩的提高，并促进孩子全面地成长。

王欣华原是北京大学中文系学生，现在东京大学攻读新闻学硕士学位，并领取全额奖学金。这个学位在中国地区只招4个人，其中北大就有3个，而王欣华是其中唯一的男生。

他的父母在受教育方面实在没有什么值得夸耀的地方。爸爸上过8年多一点的学，而妈妈则只受过1年的正规教育。夫妇二人算在一起，在学校的时间也不过9年而已。可以说，他们的文化水平是很低的。

对于教育，他的爸爸妈妈有一个根本性的原则：父母应该有一颗平常心，不要逼孩子。让孩子感觉到父母都为了自己好。他们让欣华明白，他们为当初没有得到受教育的机会而感到遗憾，而这种遗憾是一辈子的事情。这样他就会从心里认为自己有了机会就应该珍惜。爸爸妈妈没有给他讲什么大道理，而是用自己的亲身体验和言行来教育他。

在引导孩子读书的问题上，欣华的爸爸妈妈并不要求欣华一定要为学习和“读书”背负太多的压力。他们从欣华接触读书，就培养他发现读书的兴趣，这种苦心得到了回报。欣华并没有要爸爸妈妈做出什么解释，要爸爸妈妈督促什么，他已经习惯了从读书中寻找乐趣。而关键在于，他所能找到的乐趣，对于他自己来讲是真实存在的，而且不是大人强加给他的。

欣华已经养成了良好的读书习惯。读书，不再是负担，不再是令他感到劳累和害怕的了。欣华喜欢上了读书，这是让父母真正可以感到欣慰的地方。因为他们清楚地知道，读书可以带给他怎样的好处。

学校里的读书，并不像平时读书那么单纯了，它与平时的读书行为最大的区别在于它会强制性地定期检验读书的效果，并且会给大家做一个评比。这就是考试。这几乎是所有孩子都害怕的。欣华也不例外。欣华害怕考试，因为考试会让一些人失望、沮丧。

为了得到好的成绩，欣华勤奋地学习。他希望用比别人多付出汗水和辛苦的方式，获得更多的回报。爸爸妈妈也希望欣华勤奋地学习。

他们告诉欣华，读书必须首先做到：兴趣第一，勤奋第二。

首先，你是否对读书有兴趣呢？欣华的答案是肯定的。这一点，欣华的爸爸妈妈也是很清楚的。于是他们告诉他："虽然我们都希望你可以在学校里取得好的成绩，也希望你勤奋学习，但勤奋是应该排在第二位的。兴趣，则始终要排在第一位。"

大量阅读的必要性可以从这个角度理解。欣华很小的时候，他接触更多的是童话和儿歌。在童话的世界中，欣华很快乐。他感到幸福，觉得很有意思。

到了大一点的时候，他就开始接触少年文学了，包括科幻小说、历史故事，以及适合他的少年小说。这对他的成长是很有帮助的，读科幻，继续发挥想象的空间；历史故事，使他了解世界的发展；写同龄人故事的小说，使他了解自己和身边的朋友。

再大一点，欣华就开始接触世界文学、古典诗词、科技常识、社会学和心理学的读物，以及在他理解范围之内的哲学读物。这时候，他就像鱼儿一样自由自在地漫游了。不管他以后从事什么职业，读书的乐趣都会伴随他的一生。如果只接触范围很小的某一类图书，他的兴趣不会总停留在那里。一旦孩子的耐心到了尽头，恐怕他以后根本不会再去读书，就失去了读书的兴趣。在培养欣华的读书观念上，妈妈一直坚持的是水到渠成的观点，保持活泼的读书状态。

在欣华成长的不同阶段，给他看不同的书籍。让欣华总能接触新的未知领域，使他认识到在书的世界里，没有尽头。他只要愿意，总能不停地发现新的东西，发现以前从来没有接触过的神秘地带。

到第三个阶段，在欣华开始接触各类书籍以后，爸爸妈妈觉得没有必要去为他设定界限了。欣华自然会主动寻找、探索。

在欣华能把自己的想法表达出来以后，爸爸妈妈就鼓励他这样做。欣华在开始的时候是发表对书中人物的看法。那时欣华还小，在爸爸妈妈给他讲完童话故事，或者到他可以看童话的时候，他会表示同情、喜欢、憎恶书中某些具体的人物。再后来，欣华就可以用读书笔记的形式记录下自己对于书以及书中人物的评价。

爸爸妈妈并没有要求欣华一定要在看完一本书后写下他的看法。这同样是在主观上，欣华自己觉得有必要表达自己的感情，把自己的感情写出来，目的不一定是非要给别人看，是因为活泼的思想使然。

保持活泼的读书状态，的确是不容易做到的事情。它需要恒心，需要孩子对读书的兴趣和喜爱。但孩子一旦做到了，父母也就不用担心欣华是否喜欢书籍了。这时，书就成了孩子真正的亲密伙伴，陪伴孩子的一生。

在对欣华读书兴趣的引导上，爸爸妈妈不只挑名著给他看，而禁止他接触野史之类的书籍。因为野史之所以可以与名著并存，或者说分庭抗礼，自然有它存在的价值和道理。我们没有权利去忽视它，并且剥夺孩子的阅读权利。其次，要想让孩子了解整个文化历史的全貌，野史也是必要的补充，不然将来孩子难免对文化历史的认识出现偏颇。

欣华对于野史的兴趣，丝毫也不亚于对名著的兴趣。这可能是因为既然野史是道听途说来的，它的文字极具大众化，很容易被欣华接受。如《聊斋志异》虽然用文言写成，但稍微具备一些文言知识的人就可以顺利阅读。

还有，野史表达的主题大多是以故事的形式出现，正好符合了欣华的阅读习惯，野史的文章氛围也极容易引起欣华的阅读兴趣。欣华的阅读为他后来的专业方向奠定了基础。

爸爸经常把自己看过的一些文学书籍找来给欣华看。读书要读名著，这是爸爸的一贯准则。在短短的几年里，欣华几乎囫囵吞枣地读完了图书馆的名著。爸爸经常锻炼欣华的跨越性思维，从中国古代的秦始皇到当今美国的克林顿，他带领欣华自由地畅游上下五千年。读书，为他后来的成功奠定了不可磨灭的基础。

在家中摆满各种有趣的书籍，让孩子可以顺手拿来翻看与欣赏。不过可别忘了即刻对孩子给予鼓励。可以通过与孩子一起享受阅读的喜悦，培养孩子的阅读兴趣。要使阅读成为孩子生活中不可缺少的内容，使阅读成为一种享受而不是负担，这需要身教。天天大约 3 岁时，曾对妈妈说："爸爸一看书，为什么就不理我呀？书比我还漂亮吗？书比我乖吗？爸爸干吗那么喜欢书呀！我也要看书，我要读书。"这一段天真幼稚的"孩子话"充分说明，如若父母视阅读为生活乐趣的一部分，孩子自然会乐于读书。你经常津津有味地读书看报，对待书报总是兴趣盎然，孩子便会觉得读书一定很有趣，对书籍充满着好奇。这时，你可以先选择孩子能听懂且有兴趣的内容给他讲，孩子稍大些就可找一些童话故事念给他听。当孩子慢慢喜欢上这些美丽的故事后，就可以教他自己去看书了。

把读书作为一项消遣活动。在茶余饭后闲暇时间，在轻松的气氛下，安排一小段时间，与孩子一起读几分钟书。也可以在外出游公园时，带上一两本书，在公园里，在郊外，在河边，在清新的空气中，鸟语花香的环境里，与孩子一起读上几段书。这样，自然而然地把孩子引入图书世界，使读书成为孩子的消遣之一。

大多数的孩子都善于模仿。如果你们家中一屋子都是书，而你也是爱书人，相信孩子在此熏陶下，一定会很快进入情况。不妨经常拨冗陪孩子一起回忆，他坐在你的怀里，聆听你小时候听来的，或最近读到的故事。不要勉强孩子看书。读书是一种习惯，必须培养，不能强迫。如果你使用暴力，多半只会令他更厌恶阅读。

德国哥廷根大学儿童教育发展研究中心在《快速培养孩子的秘诀》一书中向父母们提出了 11 条如下建议：

● 在婴儿牙牙学语时，就可以让他们接触五颜六色的书本。不妨让"书"一词作为孩子最先学习的单词之一。

● 6~7 岁的孩子可以拥有自己的小书架。最好教他们爱惜图书，书页如有损坏，不妨让他们学会自行修补。

● 鼓励孩子利用零花钱来购买图书。

● 支持孩子与小伙伴们交换图书阅读。

● 大力表扬孩子用“压岁钱”给孤儿院的同龄人赠书。

● 经常带孩子上书店或参加书展。在观看电视节目时，有意识地引导孩子注意有关新出版儿童读物的广告或信息。让孩子自己选购和借阅图书。节日或生日给孩子送礼物时不妨首先考虑送书。

● 好书可摆放在孩子容易取到的地方，以便他们能反复阅读。

● 时不时和孩子对某本刚刚读完的书做出评论，特别要鼓励孩子说出与原书作者不同的意见。要让他们知道，书上说的东西也并非百分之百的正确，重要的是学会分析。

● 如果家附近有图书馆，可以为孩子办一张借书卡。孩子们由此会懂得，并不是想看的书非得全部买下。同时一定得要求他们对借来的图书更为爱惜，以便让每本图书都能拥有更多的读者。

● 注意引导孩子将书本知识与实际结合。比如，读了一本有关动物的故事书，就可带领孩子上动物园看看，并鼓励他们与书本对照，自由发表对各种动物的外貌、品性、特征等的看法。外出旅游时，可以利用书本上的历史、地理等知识“活学活用”。

● 当孩子稍大，也读过不少书时，不妨鼓励他们自己写一本薄薄的书出来。这样做一可以消除孩子对书籍的神秘感，二可引导他们既爱书又不做书的奴隶。当然，孩子写书并非一定要“出版”，可在家庭或亲友中传阅。据悉，美国每年有10万多名儿童在尝试写书。

细节33 有效地训练并提高孩子的阅读能力

仅仅会读书是远远不够的，还要培养阅读能力。阅读能力的高低是一个人能否成才的关键。

有人曾做过统计，发现正常人90%以上的信息来源于阅读。在信息量飞速增长的今天，阅读能力的高低已成为个人能否成才的重要条件之一。乐于阅读、善于阅读正是成功者的重要品质。然而，从小培养孩子的阅读能力却被不少父母有意无意地忽略了。

有的父母认为，阅读，只要认得字自然就会了，没什么要培养的，多教孩子识字就成了。其实不然，识字和阅读能力并不等同。而且光教孩子识字，不重视让孩子阅读，往往使孩子很快忘记认识的字。即使勉强记住了也不会用或用得不好，使一个个字成为僵死的符号，对孩子的智能发展意义甚微。

有的父母认为，孩子在学校里上语文课就是培养阅读能力。这并不错，但是，如果认为这便足够了，那就太危险了。课本的阅读从题材到数量都过于局限，远远不足以满足孩子的阅读需要，远远不足以让孩子善于阅读。而且，在学校中以集体形式的教学使老师在客观上难以深入分析每一个孩子的实际情况，难以有针对性地训练孩子的阅读能力。倘若父母完全忽略家庭中的阅读训练，那么有可能造成天资颇佳的孩子阅读能力徘徊不前，甚至产生厌读、不会读的恶果。

有的父母认为，时代的进步使知识媒体多样化，电视、网络都可以让孩子获取知识，何苦让孩子费劲读书呢？

当然，也有部分父母自己并不喜欢阅读，他们对读书的厌烦也多少削弱了孩子的读书兴趣。

所有上述对孩子阅读能力训练的不正确态度，都是阅读能力提高的障碍，也是客观上阻滞孩子智力发展的不利因素。

人们对孩子阅读能力的影响因素进行调查发现，阅读能力发展好的孩子，多数对阅读有着浓厚的兴趣，乐于读书。而阅读能力差的孩子，常常说他们讨厌读书，觉得没意思。可见对阅读的兴趣直接影响着孩子阅读能力的发展。

与此相对，成人阅读水平受其兴趣的影响却要小得多。在他们面对自己厌烦的材料时，成人往往能克制自己，依然有效地阅读。成人常常可以为了达到某个目的，违背自己的兴趣，而多数孩子则由于大脑皮层一直发育不够完善，难以做到这一点。但是，一些父母有时并不能意识到孩子的特点，而以己度人，忽视诱发和培养孩子的阅读兴趣，结果事倍而功半。有一位母亲叙述了自己孩子的故事：

她的上小学四年级的孩子烦透了读书。怎么讲道理、请求，甚至打骂均不管用。细问情况，这才发现孩子厌读、读不好的原因。在孩子上小学二年级之前，这位母亲对孩子是否读书几乎从不过问，更谈不上对孩子阅读兴趣的培养。当孩子上了三年级之后，这位母亲意识到让孩子多读书的重要性，便给孩子定了不少阅读任务。而且一旦孩子读书，母亲的“弦”就绷得紧紧的，常数落孩子“这也不会”“怎么那么笨”，使孩子把阅读和痛苦不快相联系，对于阅读毫无兴趣，自然也就厌读，也就读不好了。

兴趣是孩子阅读的最好老师。宋代文学家苏轼、苏辙的父亲苏洵在诱发孩子阅读兴趣方面堪称典范。据说，当苏洵想要儿子们读某本书时，他常常先把那本书放到案头上。在儿子们跑进书房找他时，他就拿起那本书认真地看。然后假称有事外出，把书合上放到抽屉里，离开书房。两兄弟见状以为父亲有本奇书不让他们看到，因而更为好奇，趁父亲外出，偷偷地取出细加阅读。在好奇心的支配下，兄弟俩看书认真而迅速，苏洵喜不自胜。

小雨是个听话的孩子。可是，最近一段时间，小雨的妈妈却对女儿很不满意。原来小雨在读书时眼睛看着书本，确实在好好地读，可是读后却一问三不知，好像没读过似的。小雨自己也挺委屈的——为了读这些书，出去玩的时间都没有了！

问题出在哪里呢？

从表面上看，阅读就是用眼睛看。实际上，阅读是一个处理信息的复杂的心理过程。有效的阅读要求不仅眼睛看，而且用心“看”、用嘴“看”、用手“看”。小雨的问题就出在没有“四到”（眼到，心到，嘴到，手到）上。

“四到”，这是文豪鲁迅先生最为推崇的阅读之道。现代阅读心理学也证实有效阅读离不开“四到”。对于孩子而言，“口到”更有独特作用。

在阅读中，令父母伤脑筋的问题之一就是孩子常常走神分心，不能坚持阅读。出现这种情况并不完全是孩子不听话，故意捣蛋，而是与其神经系统发育有直接关系。由于孩子神经系统不够成熟，他们对于自己行为的调控能力有待发展，这时候要求他们像初高中生那样保持注意力，一以贯之地读下去，这就有些勉为其难了。

不过，改善孩子阅读情况，减少甚至避免分心，也并非不能为。要做到这一点，可以运用“三到”原理，以孩子的“口到”带“眼到”“心到”。也就是说，在训练孩子阅读能力时，遵循从出声地读到无声地读这样一个不断内化的阅读能力发展规律，用出声的朗读克服“眼睛串行”“心神涣散”的情况。

出声的朗读可以促使孩子对自己读的过程不断进行反馈并积极思考，因此“口到”在孩子开始阅读训练时极为重要。但是，朗读往往使阅读速度较慢，而且在一些场合下并不适宜。所以又要注意引导孩子及时转化到无声阅读阶段。此时边看边思考尤为重要。在读的过程中，适时地插问，或事先确立阅读要解决的问题，让孩子眼到、心到，从而保证无声阅读的效率。

眼到、心到、口到，基本上解决了孩子阅读过程中注意力集中的问题。要达到良好的阅读效果还离不开“手到”：记录要点，记下疑问、感想，使阅读更为积极，而且加深理解和记忆。

读死书，死读书，读书死。让孩子成为被动接受信息的容器，不仅有碍于孩子的心智发展，而且也会遭到孩子的反感，因而是训练孩子阅读能力的大忌。

孩子很喜欢新奇，也富于想象，更愿意有机会参与，因此引导孩子创造性地阅读无疑是有效和受欢迎的阅读训练。

所谓创造性地阅读，就是不停留于书本、文章本身的信息，而要积极调动已有的相关知识经验，多问几个“为什么”，多多设想“怎么样”，在深入理解的基础上，展开想象的翅膀，多角度地进行联想，或者对原文大胆地质疑，大胆地尝试改动，使孩子不仅是接受信息的读者，而且也是补充新信息的创作者。

“拔苗助长”的故事可谓是家喻户晓。那位可笑的宋人以他的失败昭示了欲速则不达的道理。

孩子阅读能力的训练如麦苗的成长一样也是急不得的。根据孩子的心理发展规律、目前阅读水平以及阅读心理规律，训练孩子的阅读能力应当循序渐进，才能终有所成。

张柯上小学二年级了，爸爸决定通过阅读儿童文学作品培养他对读书的喜好。于是，父子俩拟订了一个读书计划：头一个半月里，父子俩每天一起阅读彩图儿童故事书，目的是养成读书的基本习惯，并且学会基本方法；接下来的两个月里，由张柯自己读彩图故事书，读完后爸爸请他讲一讲读了什么，有些什么词或句子特别有意思等等；然后，张柯开始每天坚持自己读不带图的《格林童话》《安徒生童话》。一学期下来，张柯读了好几本书，阅读兴趣和能力都提高了。

无疑，张柯的爸爸很好地运用了“循序渐进”的原理，对孩子的阅读能力进行了成功的训练。具体来说，培养孩子的阅读能力可以采取以下几种方法：

先扶后放。孩子阅读能力的发展经历从低到高的过程，需要父母教给他们基本的阅读方法，帮助他们培养良好的阅读习惯，引导他们进入阅读的“大门”。在训练开始之际，父母应当通过示范、提醒、启发等方式“扶”他们一把；随着孩子对阅读基本方法的掌握及阅读水平的提高，父母则应该减少帮助与干预，慢慢地放手。

先易后难。孩子只有在尝到成功的喜悦，从阅读中找到了乐趣才会乐读、善读。如果一开始就让孩子啃他啃不动的“硬骨头”，那么他们只会畏惧、逃避阅读。所以，根据孩子的实际水平，选择恰当材料，由易到难是极为重要的。一般而言，阅读材料中的生字词不超过字词总数的5%。在体裁上，学龄前的孩子以童话故事、短小的诗词为主，小学生阅读材料应以记叙文为主，以简单的说明文、论说文为辅，意义明了、朗朗上口的短诗、儿童诗也可以。在文体上，童话、传奇、民间小故事也是为小学生所喜欢的。另外，也可以让孩子看报纸上的短新闻。

先单篇短章，后读成本的书。有时父母抱怨孩子读书没有常性，一本书读了个开头就搁下。其实，让孩子硬着头皮攻读“大部头”原本就是不恰当的。“大部头”中信息量大，其中关系错综复杂，要求读者有较好的记忆力、连贯能力，否则读到后头忘了前头，始终一团乱麻。而孩子抽象思维能力刚刚发展，即便坚持读完“大部头”，也免不了糊里糊涂，不知所云。所以，应让孩子读单篇短章，再视具体情况指导孩子读简本巨著或“大部头”中的某些章节。

先精读后略读。精读侧重于阅读理解、领悟与分析；略读侧重于快速地捕捉某些信息。精读与略读都是最终应掌握的阅读方法。不过，由于孩子阅读能力有待发展，而且其任务侧重于获得坚实的基础知识，所以精读的训练在先。精读训练基本过关，才可以进行略读训练。否则，容易导致孩子一味地追求高速度，而影响理解与知识掌握。

多多益善。孩子阅读能力的提高确实需要在大量的阅读实践中完成。相当一部分父母倾向于孩子读好课本、读好老师发的阅读材料就行了，反对孩子读小说、杂志等“闲书”，认为这是不务正业。殊不知，许多“闲书”并不“闲”，而是开阔孩子视野，锻炼孩子思维，提高孩子阅读能力的很好的“课本”。如果对孩子看“闲书”的举动一味地管、卡、压，那无异于扼杀孩子的阅读兴趣，抑制孩子阅读能力的提高。

细节34 父母不要总是盯着分数

不必盯着孩子的分数而嬉笑怒骂，真正应该关心的是孩子面对陌生领域是否有正确的方法去得到他想要的答案。

父母要培养孩子积极的学习心态，勤奋刻苦的学习精神，得当有效的学习方法与自学能力，牢固的知识基础与全面的知识结构，以及稳定并善于自我调整的心理素质，而不要只盯着分数。

有一位母亲是老师。她的儿子中考没考好。知道孩子分数后，这位母亲难过得寝食不安，自尊心受到很大的打击。她觉得自己没脸见人。过去每当有人问起孩子考试成绩时，她心情非常好。而如今碰到楼上楼下的邻居，人家问起来怎么说呢？这位母亲很怕熟人询问孩子的成绩，居然一个假期很少出门。

有许多父母都像这位母亲一样，孩子考试分数高，心里非常高兴，眉飞色舞，情不自禁。当孩子考得不好时，许多父母往往遮遮掩掩，情绪低落，感觉脸面无光。

现在的家庭重视分数教育，这是应试教育的反映。一般来说，我们并不反对分数，如果考试方法科学，那么学生考试的分数在一定意义上也能反映出学生掌握知识的程度，反映出学生运用知识解决问题的能力。合理、科学的考试方式所评定的分数还是有相当重要价值的。

现在的问题是即使考试的方法比较合理，由于父母望子成龙心切，只盯着孩子的分数，从而走进了教育的误区。

应该说父母关心孩子的考试成绩是正常的，是父母关心孩子学习的表现。对孩子的成绩不闻不问才是不正常的。问题在于我们现在的父母把精力和兴趣主要都集中在孩子的考试分数上，而家庭教育的主要任务——培养孩子成才被忽略了。

一个中国母亲的孩子在美国小学接受教育，这位母亲问孩子的老师："为什么不让学生背一些定理、公式？"这位老师回答："对人的创造能力来说，有两个东西比死记硬背更加重要，一个是他要知道到哪里去寻找他所需要的比他能够记忆的多得多的知识；再一个是他综合使用这些知识进行新的创造的能力。死记硬背，既不会让一个人知识丰富，也不会让一个人变得聪明。这就是我的观点。"

许多父母对孩子的成绩单常常反应过度。成绩单上的评语只不过是老师借以提醒父母的简单附注，希望父母留意孩子并给予适当的辅导。至于分数不理想，则可能是孩子暂时的不适应，这是进入一所新学校、面对新生活及新教学最可能遇到的问题。光靠分数和评语并不能提供给父母足够的信息。如果父母能常和老师会谈或保持联系，或许能够澄清父母对成绩单抱着的某些错误看法。然而，父母多半对约谈不甚积极，眼中看到的又只是分数的表面意义，并将分数的高低视为成功与否的最佳评判标准。一旦达不到理想的水准，父母便责怪起孩子或自己。

对待目前孩子考试的分数必须具体分析。我们不能完全否认，孩子的考试分数高，在某种意义上表明孩子掌握的知识比较好。死记硬背，也能反映记忆能力水平，何况我们现在考试也不能说全部都是靠死记硬背。我们现在的考试是正在由应试教育向素质教育转变。现在考试的分数反映着应试教育向素质教育转变过程中学生的知识和能力的掌握情况。现在关键的问题是父母把分数看得高于一切，这才是问题的要害。

为培养孩子的创造性学习能力，父母不要把眼光仅仅盯在孩子的课堂学习上，盯在孩子的作业上，而应该让孩子扩大知识面。孩子作为社会的一个成员，应该了解社会所发生的事情。况且教育改革后，根据加强学生素质教育的要求，许多教材的新增内容、考试内容等，都涉及一些时事政治问题。如果孩子仅仅是作业完成得很好，但缺乏对时事等社会信息的获取及对此类信息的分析、判断能力，那么他将很难在涉及时政内容的考试时取得较好成绩，以后也将难以在社会上立足。

当您的孩子领会到生活的 切时间和空间都是他学习的课堂时，我们可以相信，您对孩子的教育已经取得成功。

细节35 创造一个良好的语言学习环境

如果把孩子比作一只小鸟，那么，口头语言和书面语言就是孩子的两只翅膀。

在孩子学习过程中，语言是一个最为方便快捷的工具。孩子的喜怒哀乐以及各种需要，都是通过语言的表达来实现的。可以说，孩子早期的发展过程，受语言的影响最大。

孩子在生命成长的最初6年，是语言智能发展的关键期。而在这期间，父母要促进孩子语言智能的发展，就要给孩子提供丰富而良好的语言环境，为孩子创造语言运用的机会。在这方面，哈佛女孩刘亦婷母亲的做法，是非常值得我们借鉴的。

1980年，刚刚怀孕的刘卫华得到一本《早期教育与天才》。她如获至宝，从头到尾地读了一遍。当时刘卫华没有想到，她后来也会充当“民间教育家”的角色。这本书的作者其实很复杂，最早应该是19世纪初德国“神童”卡尔·威特的父亲。他是个很有创造力的乡村老师。当卡尔·威特出生后显得比常人傻时，父亲仍按计划进行早期教育。结果当然是令人吃惊的，大家眼中的傻孩子在八九岁时就能熟练自如地运用6种语言，9岁考上了莱比锡大学，23岁成为优秀的法学家。大公无私的父亲把他值得庆贺的试验经验大力推广，但并未引起人们重视。

当时刘卫华女士手里拿着的是1916年一名日本人写的《早期教育与天才》。这位学者把西方人对早期教育的研究著作，也就是有关卡尔·威特及其后来几位“民间教育家”的教育理论一丝不苟地写在了纸上。这本书传到中国，已经有许多父母按此方法培养出了早智儿童。

孩子出生不久就产生了与父母交往的需要。父母满足了孩子的交往需要就会激发孩子学习语言的积极性。刚出生的孩子虽然还不会用语言进行交际，但父母可以通过非语言形式与孩子进行交往。比如，父母在与孩子的接触和抚爱中，用自己的身体接触孩子，能把爱和关心传送给孩子。孩子就能从父母的触摸、温度、气味和面部表情中，获得安全感和愉悦感。你向孩子微笑，他也用笑来回答你。这些行为，就是孩子在能说话之前与成人进行的非语言交往。这种交往越多，孩子就越想说话。所以这些非语言形式的交往对激发孩子学习语言的积极性极为重要。

按照卡尔·威特的方法，在刘亦婷15天大的时候，妈妈刘卫华开始给女儿“输入”词汇。刚开始，小亦婷除了专注的凝视和身体的兴奋以外，并没有表现出是否记住了这些词汇，但刘卫华仍然坚持不懈地这样做。她很清楚从15天大开始教语言，并不是指望孩子尽早开始说话，而是为了给孩子提前输入信息，让孩子尽早开始积累词汇。因为人类的思维是以语言为载体的，而语言最基本的材料就是词汇。当孩子掌握的词汇达到一定数量的时候，不论他会不会发音，他的认识能力和理解能力都将出现一次飞跃。等到孩子的发音系统发育成熟，他早已懂得的那些词汇和语句会像喷泉一样冒出来，他的表达能力将远远超过这个时候才开始学习词汇的孩子。就像刘亦婷所经历过的那样。

比如，在给刘亦婷输入词汇方面，对她说的都是规范的语言，基本上不用许多大人对婴幼儿常用的那种“奶话”，比如“嘎嘎”(肉)、“汪汪”(狗)、“咕咚咕咚”(喝水)之类。因为刘卫华懂得：对孩子来说，记住“狗”和“汪汪”所花的时间是同样的。前者是迟早总要学的语言，后者则是不久就要抛弃的语言。教“奶话”很有趣，但这是代价高昂的浪费。为何要用说“奶话”的时间给孩子输入一些准确无误的词汇呢？不教“奶话”的好处是十分明显的。只教规范化的语言避免了在孩子头脑里堆积废物，能有效地促进孩子理解能力的发展。刘亦婷9个月的时候回奶奶家过春节。妈妈试着对小亦婷发出“把这袋糖果送给奶奶”的指示，并不指出奶奶在哪儿——这是一道3岁孩子的智力测验题呢！小亦婷居然接过糖果袋，在学步车里转过身来，连蹬带滑地挪到几米以外的奶奶跟前，举起糖袋“哎——”地叫着要奶奶接——她听懂并执行了超过她月龄许多倍的智力测验题。

刘亦婷满1岁半那天，刘卫华试着教她背唐诗。刚开始，刘卫华2个字不断地教她，没过几天，小亦婷就可以和妈妈流利地对诵“朝辞、白帝、彩云、间”了。虽说她并不懂诗的含义，但唱歌一样的朗诵，却能使她感悟到诗歌韵律的美妙。刘卫华深信，提前输入的所有信息，都是春天里撒下的一颗颗种子，将在人生的各个阶段陆陆续续地发芽开花。事实证明，刘卫华的心血没有白费。

由此看出，好的语言环境，需要父母为孩子创造。孩子学习语言，主要通过模仿和练习。父母的语言是孩子最初的模仿对象，要提高孩子的语言水平，父母的语言修养是一个关键。

父母要善于把握生活中的每一个细节，将平淡的生活变成有趣的游戏，变成促进孩子语言发展的“生活课堂”。父母有可能对孩子说的每一句话，孩子视线里的每一样东西，都事先写好卡片。在家里留一片固定的空间，作为文字区。父母在和孩子说话的同时将文字指给他看。最好的方式是随玩随写，用笔写在大人或孩子手上，或写在地板或纸上。不强迫孩子去记，只当这些举动都是自然发生的。

给孩子讲故事以提高孩子对语言的兴趣。讲故事是最古老、最生动的语言技巧之一。童话故事具有优美的语言，有较强的逻辑结构，对孩子早期的语言训练极为有效。如果把孩子的大脑比作一个容器，那“故事贮存法”则是不停地向这个容器注入新鲜的东西。有不少父母认为，讲故事是最容易不过了，只要看一本书，再消化一下，然后讲出来就行了。其实不然，讲故事是有很多学问的。不过，故事的内容一定要适合孩子的年龄特点。这表现在时间上以 20 分钟内为宜。内容上，可讲一些有关动物、植物等的故事，篇幅不宜太长，故事中的形象应生动，情节不要太复杂。讲故事时，语言要生动。必要时应手舞足蹈，表情要丰富。讲故事的活动中还有一个十分重要的培养孩子语言能力的环节就是让孩子复述故事。即让孩子用自己的语言，叙述故事里的人物和情节。这是对孩子的语言、记忆、思维、逻辑等方面能力的最好锻炼。另外，父母可以和孩子一起做游戏，并和孩子一起谈论活动内容。如轮流敲桌子，轮流说话等。

细节 36 学会倾听

父母要在倾听孩子说话上多花一些时间，做个有修养的听众，用心倾听孩子的心声，用心走进孩子的世界，积极发现孩子的优点。同时，父母也应培养孩子专注倾听的能力和习惯。

学会倾听是会说话的基础。

培养孩子学会倾听，要从一出生就开始。而且，孩子出生以后，父母不仅仅要多给孩子说话，还需要认真倾听。认真倾听孩子的说话，会有效地鼓励孩子表达，从而增强孩子表达的自信心，激励孩子表达的欲望，促进语言能力的发展。下面的例子可以给父母一些启示：

冬冬是小学一年级的学生，因上课经常说话、乱动，严重影响课堂纪律，被学校开除。妈妈没有告诉冬冬她已被开除，只是说换个学校，并带着冬冬来见新学校的校长。

冬冬和妈妈一走进校长室，一位男士立即从椅子上站了起来。冬冬连忙向他鞠了一躬，兴冲冲地问道："您是校长先生，还是电车站的人呀？"那人抢先笑着答道："我是校长呀！"冬冬非常高兴地说："太好了！那就求求您吧，我想上这个学校！"校长让冬冬坐到椅子上，然后转过身对妈妈说："好，现在我来和冬冬谈谈，您可以请回了。"

校长把椅子拖到冬冬跟前，和冬冬面对面地坐下来说："好，随便给老师说点什么吧！把你心里想说的话，全都讲出来。""心里想说的话？"冬冬立刻兴致勃勃地讲了起来：来时乘坐电车，曾向电车检票员叔叔要一张车票，但是他没给；家里有一只褐色的名叫洛克的狗，会做出"伸爪"和"对不起"的姿势，吃完饭以后还会做出"吃饱了"的样子；鼻涕流出来的时候，总爱嘶拉、嘶拉地抽鼻涕；爸爸在海里游泳游得真棒，还会跳水……校长一会儿笑，一会儿点头。因此，冬冬更高兴了，便一个劲地讲了下去。每当冬冬停下来时，校长就问："讲完了吗？"于是，冬冬就在脑海里紧张地思索着下一个话题……

最后，冬冬实在想不出什么可讲的了，她心里觉得有些难过。这时校长站了起来，用温暖的大手抚摸着冬冬的头说："好，就这样吧！你就是这个学校的学生啦！"这时，已经到了吃饭时间，就是说，冬冬已经讲了四个小时。

冬冬感到有生以来第一次碰上了真正可亲的人。因为她长这么大还从来没有人用这么长的时间来听自己讲话，而且一个呵欠也没打，丝毫也没有厌倦的表示。她心里感到踏实、温暖，心情也愉快了。她想："若是能和这个人永远在一起也不错呀！"而更为难得的是，校长当时也有和冬冬相同的感想。

这位校长真的是一个合格的校长。如果父母也像这位校长一样，倾听孩子的话，该有多好啊。反过来，孩子也会因此而积极地倾听他人的谈话。

曾有许多孩子反映，每到期末把通知书拿回家，父母都只盯着"学习成绩"一栏看，而漠视"表现"和"生活"方面的进步。大多数父母会说："功夫不要下在这些方面。”“就在那些没有用的东西上逞能。”“一点儿也不用功学习。”孩子的成绩没有提高的话，即便在“生活”方面表现得再出色，父母也不会给孩子一点赞美和鼓励。这不是在扼杀孩子天真的心灵吗？

在孩子的心灵成长方面，父母们要像上例中的校长先生那样，首先要认真地倾听孩子讲话。这对于父母来说，是最好的交谈方式，即“无声的交谈”。借助于此，你才能让孩子发泄情绪，表达情绪，才能知道孩子到底有什么样的烦恼，并帮助他排解。

仔细倾听孩子的诉说，并回答孩子的问题，对加深亲子关系大有裨益。这可以加强孩子的自信心和安全感。要引导孩子对别人的语言和谈话内容感兴趣，对和别人交谈感兴趣，并且在双方交谈时对对方的讲话感兴趣，对父母讲的故事感兴趣，对儿童电视节目感兴趣，对外语和其他的方言感兴趣。如果孩子能够专注地倾听一段谈话、一个故事和一个电视节目，这说明孩子已经养成了倾听的习惯。

倾听别人的谈话需要有一定的耐心，需要克服其他因素的干扰，尤其需要孩子要做到自我控制，尽量不要打断别人的谈话。

孩子说话时，无论你有多忙，一定要用眼睛看着孩子，不要随意插嘴。尽量表示你听得很有兴趣。让孩子发表他们的观点，认真地听完他所讲的话。如果你在某一项重要原则上表示不同意他的看法，应告诉他你不赞同他的什么观点，并说出理由。在提出反对意见时，不要过于武断，不应否定一切。即使孩子是在胡说八道，也要控制你的火气，不下定论，直到完全理解和彻底弄清楚。

让孩子参与谈话。交谈需要花费每个人的一些时间，最好是在一种让孩子与大人一样有同等机会参与的轻松气氛中进行。而且，谈话应自由自在，任意发挥。不要有什么仪式安排或预期达到的结果，尝试着与孩子随意地交流观点和看法。

父母应尽可能地与孩子交流。而且，应该试着用不同方法使得孩子愿意与父母交流。作为父母，在倾听孩子说话时，理应更加细心，更加富有同情心。父母应该努力尊重孩子，从而营造出更加友好的语言氛围。

与孩子做亲子游戏或进行亲子阅读。与孩子一起做富含指令性的亲子游戏，如“小手拍拍”可以让孩子通过熟悉歌曲歌词，配合做出相应的动作，来培养孩子专注性倾听能力。通过亲子阅读，让孩子养成倾听别人说话的习惯。在亲子阅读过程中，还可以用提问、追问的方法，提高孩子倾听的专注度与理解能力。

细节37 千万不可忽略外语的启蒙

孩子学会外语不外乎一个语言环境，多听、多说、多看。学习任何语言都需要这样一个循序渐进的过程，才能熟练掌握。

在信息社会，不懂外语的人就是个半文盲。地球已成为一个村落，各地联系正日益紧密、广泛，语言是我们与他人交流的必备工具。中国的科技、学术、文化教育都还很落后，最新的文明成果都是用外语特别是用英文记载的，计算机里绝大多数是英文。有一位文史老专家曾对笔者说过，你们真幸福，懂外语可以看很多书，我们不懂外语，已经没书可看了。

外语是如此之重要，而婴幼儿期，具体来说3~8岁是语言发展的关键期，过了十一二岁，学外语的难度就骤增了许多，因此在婴幼儿期重视外语的学习也就顺理成章了。（本书为简明起见，我用英语代替外语。）

早期开始的英汉双语教育可以开发大脑潜能，促进儿童的大脑发育。孩子处在英语和汉语两种语言环境中，两套语言信息同时输入孩子的大脑，进入短时记忆，经过反复多次刺激，产生生物化学变化，留下鲜明深刻的双语痕迹，转入长时记忆，形成两套神经网络。这两套神经网络分散编码，在大脑神经系统的许多地方，相互对应，相互借用，相互强化，相互共振。这样，接受双语教育的孩子，从一开始就比受单语教育的孩子动用了更多的脑细胞和脑神经，记忆能力得到更多的锻炼，负责语言信息接收、加工处理、分区储存、综合调用、语言输出的各个大脑区域或部位都得到了更好的开发利用，促进了孩子大脑的总体发展。

早期开始的英汉双语教育可以使英语基础打得稳固扎实。孩子能和汉语同步接受英语，至少在听力理解上避免了以汉语为中介体来接受英语。英语的语音、词汇、语法、语言使用习惯的接受有空间上和时间上的充分保证，少受或不受汉语的干扰。存储在长期记忆中的英语材料就像汉语材料一样是自然获得的，易于形成牢固的神经网络系统。英语听力可与汉语听力相媲美。英语口语到6岁左右能达到讲故事的水平，可形成英汉两种语言的思维，英汉互译得心应手。这样能为孩子打下稳固而扎实的英语基础。

一个年仅6岁的小孩，却能讲7国的语言，你听过吗？在台湾，就有这么一个天才儿童。家住新竹的李嵩声，除了中文母语外，还能讲西、英、德、俄、日、法语6种语言，虽然不是非常精通，但对一个6岁小孩而言，已是非常难得。李嵩声的父亲李念祖说："儿子有语言的天分，但绝不是天才；而是掌握了学习的机会与方法。"令人最好奇的一点是，6岁的小孩如何会7国语言？这正是李念祖深感自豪的地方。

孩子1岁半时，李念祖被选派哥斯达黎加工作，他带着妻子与孩子举家赴任。为了教育小孩，在当地聘请了保姆，边陪他玩，边教他学习西班牙语。2岁时，李嵩声就能与当地同年龄的小孩一样讲流利的西班牙语了。

李念祖与妻子则负责教中、英文。2岁半时，李嵩声被送进美籍儿童的幼稚园，3岁半进入当地美国私立小学试读。此时，李嵩声的英语与西班牙语已同样流利，可随时以两种语言变换交谈。

儿子4岁时，李念祖又帮儿子请了日文家教。4岁3个月开始学习德文，4岁6个月又请了俄文家教，4岁9个月学法文。平均3个月，李念祖让儿子多学一种语言，采用渐进式的语言教学，从而开发儿子的语言潜能。

"为什么那么小就让孩子学多种语言，孩子吸收得了吗？"李念祖常被问到这一问题，他说："我们太小看孩子的潜能了。事实上，愈早学习语言，愈容易学会，而且，三四岁的小孩玩电脑太小，运动容易受伤害，只有学习语言最适合。只要方法对，任何小孩都可以学会多种语言。"李嵩声随着父亲在哥斯达黎加住了3年6个月，这期间他学会了英、西、德、法、日、俄6国语言，也跟各国老师相处得很融洽。在5岁生日时，李念祖帮他举行了一个生日宴会，邀请所有教过他的外籍老师为他庆祝。李嵩声发挥他的语言天分，以各种不同的语言跟不同的老师交谈，让所有的外籍老师听了非常惊讶。

由于台湾的资优跳级制度，只能减少1年，而李嵩声在4岁已经越级就读哥斯达黎加国小一年级，而且以第一名结业。李念祖觉得台湾的资优制度弹性不够，于是决定采用在哥斯达黎加的教育模式，自己教育儿子。

首先，他自己教孩子中文，把台湾小学的教科书从一年级到六年级全部买齐，一科一科教。再请了两个家教，一个教电脑，一个教英语。每天花两小时复习各国的语言。

李念祖利用1年的时间，把小学6年的教科书全部教完。当然，他不只是教，也随时测验孩子吸收的程度。他认为李嵩声现在应该有小学四年级的程度。而且，李嵩声能够利用电脑跟台湾清华大学连线。

如果台湾的教育制度不改，李念祖准备自己教小孩到高中。然后，再由孩子决定自己的将来。李念祖说："父母只能帮他准备好，最后还是要靠他自己。"在7国语言中，李嵩声最喜欢德语，英语与西班牙语也相当流利，并且在回到台湾1年多以后还能流利地朗读各国教科书，在各种语言转换之间，毫无障碍。

而且他不觉得学习这么多语言很辛苦。在父母眼中，李嵩声是一个很灵巧的小孩，活泼好动，又很听话。他做任何事之前，会先征询大人的意见。念书之余，他也会帮忙做家务。

虽然他没有进小学就读，但每天功课依旧排得满满的：复习各国语言2小时，还要学电脑、弹钢琴，教4岁的小表弟讲英语，感觉比一般正常上学时间还紧凑。他心情好的时候，也会用各国语言向父母问好。长大后的李嵩声，最希望能当一名科学家或太空人，到太空绘画。

父母对孩子讲英语应该和他讲汉语一样，结合事物和环境，使孩子身临其境，而不是为了教育而特意讲的英语。这样容易使孩子的英语与生活中的具体事物联系起来，形成概念联系，使这种记忆生根。这是我所提倡的生活英语，而不是课本英语、学校英语。孩子只可能对这种生活英语感兴趣。

循序渐进地对孩子讲恰当的汉语和英语。孩子的语言和心理的发展，自他一出生就开始了。孩子从哭、喊、叫、笑，牙牙学语发展到发音的组合，单词句"单报式"语言，最后用语言表达自己的思维，是一个循序渐进的过程。父母不应操之过急，要求过高。对孩子讲英语只能略为超过孩子所能接受的水平。比如，当孩子还不能分辨颜色时就不必过早过多地对孩子讲有关物体的颜色；当孩子不能掌握数字时，不必过多地对他讲具体的数字。

父母尽量用英语和孩子多交谈，多带孩子去接触大自然。在孩子接触世界的时候对他讲英语，让他在自然环境中听到更多的英语单词和句子。随着孩子年龄的增长，他的英语听力在发展。这时父母可以用英语讲叙述性的故事，讲流水账式的生活故事。故事的内容可以是当天或前一天他所经历的事。这样的故事让孩子和他的经历联系起来，便于理解。现在有许多关于少儿学英语的书籍，可作为教材，在孩子感兴趣的时候运用它。

要巩固学习成果，最好的办法是让孩子过好阅读关。现在的外语书越来越多，从简单的读物到原版小说都不难找到。孩子学会阅读后经常有东西可读，外语就可以转化为一种生活技能，可以得到不断地巩固和发展。如果有可能，可以让孩子去上一个英语班，让孩子跟几个小伙伴一起学英语、讲英语，这样孩子的兴趣会保持得长久，相互促进。

细节 38 发现孩子的天赋，培养孩子的特长

发现孩子的天赋并不难，难的是将天赋变成实实在在的能力。

有这样一个孩子，他出生的时候体质很差，脑袋出奇的大，医生断定他得了脑炎症。孩子终于上学了，可是老师讲课的时候，他总爱问问题。比如，“为什么 A 要念 [ei]”“为什么 1+1=2”。各种各样的怪问题激怒了老师，以为他存心捣蛋，对他自然少不了冷眼。于是他被认为是坏学生。孩子的自尊心受到了伤害，从此更加不愿意学习老师所教的知识了。

考试时，他考了倒数第一，终于被学校开除了。

如果这是我们的孩子，是不是就放弃了，是不是会在孩子面前以及别人面前说：“我们家的孩子没有希望了。”因为老师都这样说了，因为他被学校开除了，这些“事实”不是判定这个孩子没有希望了吗？

而这位孩子的母亲并没有责怪他，她深知孩子的性格，只不过是好奇心强罢了。既然他好奇心强，那就从好奇心培养开始。

她决心挑起教育的重担。

母子俩一起，边晒太阳边上课，从自然科学到政治历史，科学家的故事和实验深深地吸引着这个被学校遗弃的孩子。

由于对什么都好奇，书本中关于科学实验的事例，他就照着琢磨，亲手做实验。12 岁的时候，他就在火车上自己卖报纸开始赚钱，并利用空余的时间做实验。没想到在一次实验中不慎失火，险些酿成大祸，他被赶下了火车。

灰溜溜的他回到家里的时候，母亲的理解和原谅给他增添了无穷的力量，并帮助他建立了相对“安全”的实验室。

这个当初被学校开除的孩子就是大发明家爱迪生。

爱迪生的好奇心被老师认为是捣蛋，因此他被开除。而正是由于母亲的善于发现，正确认识和引导，保护了孩子的天赋。母亲对于爱迪生的爱好给予了理解和支持，并且尽可能地为他创造了探索的环境和条件。

很多人之所以取得人的成就，和小时候的兴趣、爱好有密切的关系。

有很多的父母只知道让孩子考大学，却从没有把具体学习什么专业和孩子的兴趣联系到一起。所以才有很多的学生考上了大学，所学专业和自己的特长、兴趣一点都没有联系，结果学生厌学，学习成绩也不怎么样。

学习兴趣的培养才是未来学习的原动力。因此，学习兴趣的培养及提升一直很受一些优秀父母的重视。

但是，我们却发现一些孩子似乎对什么都有兴趣，也都没什么兴趣，三天喜欢这个，两天喜欢那个，学习上所表现出的持续力真是令人失望。孩子在学习上所呈现出的“广而不深”的现象，究竟是哪一个环节出了问题呢？

现在孩子被各式各样的学习填满了生活，而父母焦躁的心态又常常催促着孩子。因此，孩子在既没有自己的时间，又有父母过分干扰等因素影响下，没有办法去培养学习兴趣。

兴趣是要父母去发现，并根据孩子的特长加以培养的。莫扎特 3 岁就对音乐表现出极大的兴趣。一个孩子如果对音乐没有兴趣，我们硬逼着他弹钢琴，那么弹的曲子仅仅是为了应付父母的要求。孩子就不可能全身心地投入，就不会走入音乐的圣地。

人们常说："兴趣是最好的老师。"一旦孩子对某事产生浓厚的兴趣，就会产生积极而强烈的渴望并以极大的热情投入。积极性和创造性随之产生。作为父母应该去发现孩子的志趣和天赋，并加以培养。

如何发现孩子的天赋，是每个父母都关心的问题。有科学证据表明，每个孩子都有自己的特长、天赋，关键在于是否表露出来，父母如何发现。

父母们平时可以从以下几个方面细心观察孩子——

孩子是否善于背诵较长的诗句篇章？

当你第二次给孩子讲述同一个故事时，如果不小心说错了某一个地方，孩子是否能立刻察觉？

当你带孩子走街串巷时，孩子是否能指出曾经到过的地方？

如果一些类似问题你都答"是"，说明你的孩子记忆力相当不错，在语言方面应该有一定的天赋。

你还可以注意，孩子是否一听到音乐就会跟着翩翩起舞或小声哼唱？

孩子的日常举止动作是否优美协调？

孩子是否能很快学会骑自行车、滑板车之类？

显然，答"是"的父母可以相信，孩子有一定的音乐天分，平衡能力也相当不错，舞蹈、武术也许是发挥他的长处的地方。

当孩子在玩玩具时，你是否发现他会自动按颜色大小分类？

当孩子开始涂鸦时，你是否观察到孩子对色彩有鲜明的喜好，喜欢用鲜艳的色彩涂色？

甚至异想天开都不要紧，因为这些都说明他具有观察力和想象力。

不过，比发现孩子天赋更重要的，是挖掘和引导，就是要在具体的实践中去寻找、比较和鉴别，了解自己孩子的先天基因的特点、强点和弱点。常见一些父母牵强附会，自以为是，任意夸大孩子的特点，并沾沾自喜。其实，《伤仲永》的故事大家都耳熟能详了。发现孩子的天赋并不难，难的是将天赋变成实实在在的能力。

发现孩子兴趣的同时，也应端正心态。挖掘孩子的天赋最忌拔苗助长，一定要从孩子的实际出发，根据孩子的年龄和心理特点提出切实可行的培养计划，并加以实施，循序渐进，持之以恒。

我们当父母的要寻找到孩子智能的最佳点，及时发现孩子的潜能，精心培养。而对于孩子某些方面的无能和缺陷，要给予更多的宽容和理解。

了解孩子，因材施教，是成功教育的开端。但仅仅了解孩子是不够的，还要做到理解孩子，这是成功教育的基础。

细节39 善于挖掘孩子的潜力

每个孩子都具有自己的长处。想让孩子出类拔萃，你必须相信孩子的潜能，并且发现和挖掘孩子的潜能。

爱尔维修有句名言：“即使是普通的孩子，只要教育得法，也会成为不平凡的人。”所以，想让孩子出类拔萃，你必须相信孩子的潜能，并发现和挖掘孩子的潜能。如果能最大力度地开发潜能，每一个孩子将来所能达到的智慧高度、人格高度、成功高度也许都是难以估量的。

作为父母，为了把你的孩子培养成为他能够达到的最成功的人，你的目标就是帮助他把潜能全部挖掘出来，认清哪个领域更适合他。不要对他过分地要求，让他成为他本来的样子吧。当然，你要坚持让他遵守一般的行为准则，如诚实、忠诚和负责。但是，在个人特性和爱好方面，你应该让他自己发现什么适合他，放开手脚让他去做。你无须担心他的核心个性似乎不适合做他选择的那些事，因为一旦他在一方面如鱼得水，也许他就会决定开拓其他领域。

要细心发现孩子身上的每一个闪光点。当孩子在幼年时期对某个事物表示感兴趣的时候，父母千万不要反对，哪怕他是在观察蚂蚁搬家。这也许有悖于家教的初衷，或妨碍了你的教育计划，但这很可能是孩子天赋萌动的时候。

德国著名作曲家贝多芬小的时候，祖父常常把他带到莱茵河边散步，讲些有趣的故事。小小的贝多芬被这大自然的秀丽景色迷住了，被祖父的故事迷住了。他常常坐在马铃叮当的乡下马车上，情不自禁地哼起歌儿来。祖父见孙子喜欢唱歌，便送给他一架旧羽管键琴。4岁的贝多芬对这个东西非常喜爱。只要家里没人，他就揭开琴盖，趴在上面，用小手指按那琴键。奇怪的声音使贝多芬着了迷，他越弹越有兴趣。

贝多芬的父亲是音乐方面的行家。凭经验，他感到孩子这样热爱音乐，将来很可能有所作为。他想：孩子的天才在于开掘，等待天才的出现是不可能的。于是他走到贝多芬跟前，指着钢琴说："哎，你喜欢这个么，孩子？"贝多芬点了点头。父亲说："来，我教你弹！"

贝多芬高兴极了，每天一吃过晚饭，父亲就把他带到钢琴面前，耐心地教啊教啊，直累得贝多芬眼睛睁不开了才休息。有时贝多芬不用心，父亲就用戒尺轻轻地敲一敲他的小脑袋。要是弹错一个音符，就要不停地练，直到弹准为止。早上3个小时，晚上3个小时，天天坚持练。祖父对家里人说："为了人间最美最高尚的艺术，小时候吃些苦是值得的。"

父亲知道，光把孩子关在屋子里教是不行的，还要让他见见世面，开开眼界。父亲便带他去大剧院看歌剧。贝多芬感动极了，他进了剧场不想再出来。父亲说："你瞧，做个音乐家多了不起！创造出这么奇妙的场面，不是最大的光荣吗？"

贝多芬不禁大吃一惊：这种动听的音乐竟是人创造出来的，是一个音乐家创造的，不是天造地设的。哎呀，自己要是能有那么一天，也成为一个音乐家多好呀！于是，一颗幼儿的心灵嵌进了这样一个美好的理想：我将来一定搞音乐，一定的！

11岁时，父亲给他在乐队里谋了一个位置，为他进一步深造创造了条件。13岁，他就当上了大风琴手。随后，贝多芬离开了故乡，来到了维也纳，拜见过莫扎特和拜伦。3年后他在维也纳举行了首次钢琴演奏会，轰动了全城。一个音乐天才就这样降临了。

这两则故事解开了神童诞生之谜，其实神童并不遥远，神童也不是神话。家庭以及家庭的主要成员，也就是我们这些父母亲，就是神童的缔造者。

众所周知，孩子具有很强的可塑性。如果每位父母在孩子幼稚的童趣里，精心地播种上一些神奇的“种子”，那么，强烈的好奇心和模仿本性，就往往能激发出孩子的神奇潜能，使他（她）成为一颗耀眼的“天才之星”。

也许你的孩子学习成绩不好，但你仍会发现他身上的闪光点。抓住这些闪光点鼓励孩子，他就可以为塑造一个良好的自我形象而建立起自信，进而在学习上取得成功。因此对于每个孩子来说，缺少的不是成功，而是发现。

细节40 才艺学习要顺其自然

让孩子接受才艺教育，父母首先要有一颗平常心，最好能顺其自然。忽略孩子的兴趣，只会为孩子的成才之路埋下隐患。

顺其自然就是实事求是。身为父母切勿为了自己的虚荣，让孩子失去本应快乐成长的童年。教育子女，最忌讳的是父母代设“远大目标”，然后以不怕牺牲的精神拽着孩子往前撞。明智的父母绝不这样干，他们的不变原则是顺其自然。

众多对孩子怀有殷切希望的父母，都希望自己的孩子能够在接受正常教育的前提下，再接受一项或几项特长教育，以便于孩子掌握更多的技能，去迎接未来的挑战。父母们的心愿是美好的，但是，由于一些思想认识上的错误，致使特长教育陷入了歧途。有些父母只要是自己认为好的事，便不问合适与否就强迫子女去做，最常见的例子是学乐器和跳舞。也有的父母见孩子很有某方面的天分，即认为不可错过，强迫孩子努力向这方面发展，势必要他们将来成大器。这样做有时反而令孩子对乐器或音乐生厌。如果这些并非孩子的意愿，父母便应慎重考虑，权衡轻重，究竟你想让他成为出色的舞蹈家，还是希望他有一个快乐的童年?

这样忽视孩子的兴趣和爱好，硬性安排孩子学习某一门技艺，孩子可能会因为好奇而摆弄一段时间。但是，要作为一种职业，而孩子又不具备这方面的先天的悟性，则无异于一种身体和精神的双重折磨。这种硬性的强求，不仅会掩盖一个人真正的才能，而且还会抑制他们自我选择和独立思考的能力，为孩子的成才之路埋下隐患。

江西南昌市有一对夫妻到中年才喜得贵子。于是他们把自己所有的希望都寄托在儿子奇奇身上。奇奇3岁的时候，夫妻二人就买了一整套唐诗宋词教他背诵。4岁的时候请老师教他书法、小提琴、钢琴。他们嫌幼儿园的教育太简单、太肤浅，所以干脆不送儿子上幼儿园，而是每天把他关在家里，就给他留下一点饼干和一大堆的书。于是，日久天长，奇奇上小学前甚至连上厕所这种基本的生活技能都不会。

好不容易儿子上小学了，夫妻二人又迫不及待地请老师教儿子英语、补数学、补作文。奇奇从小就戴上了眼镜，而且显得抑郁和沉默。每到周六周日，他们又带着儿子去少年宫上艺术班。所有的空余时间都逼着孩子在家练琴练画。只要一听不到琴声，他们就怒气冲冲地指责儿子，甚至把他绑到钢琴椅上看着他弹，还经常说:“我们都是为了你将来更有出息……”

据同学讲，奇奇特别胆小，不爱说话，找不到学校的厕所和食堂，还不愿意和老师、同学交往，小朋友喜欢的动画片他哪个也不知道。

等到奇奇四年级的时候，父母依然对他“痴心未改”，给他定下每门功课都必须达到90分的标准，一旦达不到便罚他抄10遍试题。终于有一天，胆小的奇奇不知哪来的勇气，他趁父母不在家，从6层楼上跳了下去，只留下一张小纸条:“爸爸妈妈，我一点也不喜欢钢琴、书法，也不喜欢学习。老师同学都说我怪，你们也不喜欢我，我不想再见到你们了。”此时，奇奇的父母纵然痛不欲生，也是追悔莫及。

奇奇的父母错在把孩子当成客体，忽视甚至无视孩子的主体意识，教育方式专制，态度粗暴。结果使奇奇失去了童真和快乐，背上了沉重的精神包袱，最终酿成悲剧。这种专制的外表，有时还穿着“仁慈”的外衣，相当“和顺”。

孩子一旦流露出异议，父母就抬出“为你好”的挡箭牌。既然是“为你好”，你不接受也得接受。因为在孩子面前父母始终是高明的，听父母的话没错。照父母的话去做，一定不会吃亏。孩子心灵尚未发育成熟，哪会有理、有力争辩？只有默默地承受。长此以往，伤害是刻骨铭心的。这种不尊重孩子个性的做法，与其说是教育，不如说是折磨。

孩子接受特长教育，父母首先要有一颗平常心。不要总想着让孩子成这个“家”那个“家”的，整天逼着孩子练琴、画画、下棋，似乎巴不得孩子马上就能一步登天，一举成名。这样做，孩子不仅会背上沉重的思想包袱，对学习也会感到厌倦，而且这让他们感觉练琴、画画、下棋成为一种折磨、煎熬。孩子毕竟不同于大人，不能用成年人的标准去要求孩子。让孩子接受特长教育，应根据孩子的心理特点加以引导。父母不宜将特长教育看得过重，因为特长教育只是学校教育的一种补充。所以，特长教育一定要在孩子力所能及的情况下进行，不要喧宾夺主。

细节41 让孩子把自己的想法写出来

书面语言是一种成熟的语言，它能更好地表达我们的想法。而表达这些想法时，最好用自己的话写出来。

语言，就像眼睛，如果不能把事情弄清楚，就会使它更模糊。

交谈是一种组织化的想法，而书面语言则是一种较口语更深思熟虑的表达或沟通的方式。

例如：当我写这本书的时候，我必须要考虑您——读者的情况，找出一种鼓励、支持的方法，来使我的内容能对您的家庭有益。如果我们在电话中交谈，那会怎么样呢？也可能会以失败而告终。 比如，您会认为我是一个爱管闲事的无所不知的人，或者因喋喋不休而漏掉了重要的信息等等。

写作能力是孩子未来成功所需要的最重要的技巧之一。父母要抓住一切时机，引导孩子观察生活，捕捉作文素材。生活中的写作素材是非常丰富的，随时随地俯拾即是。

有位父亲在阳台上发现一个蜘蛛正在结网，便抓住这个难得的机会让孩子来观察，一边看一边讲网的结构，网和纲的关系，蜘蛛是个精工巧匠……孩子听得津津有味，看得认真仔细，兴致很高，还不时地提出问题。这不仅增长了知识，积累了素材，也学习了怎样观察事物。

我国当代著名文学家、教育家叶圣陶有三个孩子，一个叫至善，一个叫至美，最小的叫至诚，都小有名气。说起叶老对孩子的写作训练，对父母们很有启示。

一天，吃罢晚饭，碗筷收拾过了，植物油灯移到了桌子中央。叶圣陶戴上老花眼镜，坐下来开始给孩子修改文章。至善、至美和至诚兄妹三人，各居桌子的一边，眼睛盯住父亲手里的笔尖儿，你一句，我一句，互相指责、争辩。父亲并不责怪他们，说是改文章，实际上是和孩子们商量着共同措辞，提炼思想。

叶圣陶给孩子改文章不像老师那样在文章上画画改改，而是边看边问：这儿多了些什么，少了些什么，能不能换一个比较恰当的词儿？把词儿调动一下，把句式改变一下，是不是好些？……遇到他不明白的地方，还要问孩子：原本是怎样想的，究竟想清楚了没有？为什么表达不出来？怎样才能把要说的意思说明白？有时候，至善、至美他们让叶圣陶指出了可笑的谬误，孩子们就尽情地笑起来。每改完一段，叶圣陶就朗诵一遍，看语气是否顺当，孩子们也就跟着默诵。

叶圣陶的训练是严格的，但又是生动活泼的。三个孩子不觉得枯燥、乏味，十分喜欢父亲这样的训练。叶圣陶从来不出题目，硬逼着让孩子们去写。不过叶圣陶有个要求，即使是练习，也应该写自己的话，表达自己的真情实感。孩子们照父亲的要求去做，觉得可写的东西确实很多，用不着胡编，也用不着硬套，写出来的东西不会雷同，多少还有点新意。叶圣陶看了孩子们的习作，总是很喜欢，鼓励他们继续写作。

叶圣陶教孩子写作，循循善诱；孩子们自奋其力，自然进步很快。兄妹三人很小的时候，他们的文章就得到朱自清、宋云彬的好评，出版社还出版了他们的习作《花萼》和《三叶》，宋云彬和朱自清分别为两本集子写了序。

写文章要用自己的话，不光文章的观点是经过自己用脑思考而得出的，文章的表达形式也应该是自己独具风格的。

高尔基初学写作时，曾多次遭到失败。有一次，他准备写一首长诗《老橡树之歌》，下了好多功夫，阅读了大量的意大利和英国诗歌。为了使这首诗"美"起来，他从读过的意大利和英国诗歌中挑选了许多诗句，写进了《老橡树之歌》。高尔基看着自己的作品，十分满意，就把它给了著名作家柯罗连柯。可是，出乎意料，柯罗连柯读了诗之后，只有一句回话："请您用您自己的话，写您自己看到的东西吧。"柯罗连柯的话如同当头的一盆凉水，使高尔基清醒过来。他终于明白了写文章应该用自己的话的道理。于是，高尔基毅然一把火烧掉了这首长诗，只留下了两句："我到世界上来，就是为了不妥协！"

因为这两句话是他自己的语言，写出了他自己的性格。后来，高尔基把这两句诗的精神体现在他的第一部小说《马尔加·邱德拉》中，并试着用自己的语言来写作，终于获得了成功。

这个故事告诉我们，写作必须用自己的话。初学写作，是可能有不"美"之处，但是，不写就永远得不到提高。心里怎么想，笔下就怎么写，不要顾这顾那。

父母要通过各种手段，调动孩子写作文的兴趣。当孩子写作文有求于父母时，不管是一个字、一个词或怎样开头结尾，都要满腔热情地给以帮助。父母不要因自己有事或心情不快而表现得不耐烦，使孩子扫兴。当孩子作文有了进步时，哪怕是一个好词、好句或某一段写得生动具体，都要给以肯定、鼓励。

多带孩子接触社会和大自然，使之开阔眼界，增长知识，观察生活，了解社会，发展思维，受到教育。如有的父母利用双休日，带孩子参观博物馆，观看名胜古迹，使孩子在娱乐中学到知识，提高能力，陶冶情操。对于孩子写作，要引导、指点，不要包办代替。刚开始，可多一些具体的帮助，逐步放手让孩子独立完成作业，切忌让孩子过于依赖父母，离开"拐棍"走不了路。更不要让孩子背范文，死记条条框框，要引导孩子逐步摸透写作的规律。

积累的目的在于丰富、充实孩子的头脑，使孩子提高认识能力，为写作文提供材料。事实证明，会积累与不会积累大不一样。

某班最近转来一名新同学。开过欢迎会后，老师给他分配了座位。没想到临时给的椅子，椅背掉了一颗螺钉，坐着很不舒服。这事儿小组长看在眼里记在心上。下课了，小组长悄悄地把自己的椅子换给了他，而中队长又把这坏椅子留给了自己。又下课了，这把椅子又到了班长的位置上。后来这把椅子不知谁修好了。过了十多天，老师让大家写一篇作文，题目是“记一件好事”。有的孩子选了这个材料，写得很成功。有的同学则不会选材料，认为没有事情可写。

所以父母要让孩子多留心身边的人和事。时不分古今，地不分中外，人不分老幼，事不分正反，都可以随时积累，以便写作文时选用。积累作文素材时只要简短地写上时间、地点、人物、事情的经过就可以了，最后要写上一两句感受。坚持这样做便可以解决“没有东西可写”的困难。

另外，让孩子学习写信。虽然现在的电子邮件、短信是非常有诱惑力的，但是，不要太依赖它。鼓励孩子给亲人写信，爷爷、奶奶、叔叔、阿姨都非常乐意收到孩子们的信。鼓励孩子打电话。与写信相比，打电话既快又方便，可以锻炼孩子的口头表达能力，有利于写作能力的提高。

第三章

教孩子学会感恩、关爱和善良

——爱心细节的教育

细节42 给妈妈洗一次脚

对于孩子来说，爱自己的父母是一种血脉相传的本能。

有一位7岁的女孩不懂什么叫牺牲。有一天，她请教父亲。

这位父亲想了半天，终于想到一种女儿也许能听懂的解释，牺牲就是把自己最心爱的东西给别人。

女孩似懂非懂地点点头。

生日那天，父亲收到了女儿的礼物，一根棒棒糖。还有一张用拼音写的纸条：爸爸，我牺牲了。

这位父亲说，这是他一生中收到的最好礼物。

中央电视台播放的公益广告中，有这样一幕：一个年轻的妈妈一边给五六岁的儿子洗脚，一边讲小青蛙的故事。故事讲完了，脚也洗完了。妈妈对孩子说，等一会儿，妈妈再来给你讲故事。

画面一转，年轻的妈妈蹲在地上给一位老人洗脚，一边洗一边说：妈妈，我给你洗洗脚，解乏。

这时，孩子探头进来看到了这一幕，一转身就跑了出去。

妈妈给老人洗完脚回到儿子房间，却不见儿子的人影，正诧异着，发现儿子端着一盆水晃晃悠悠地走进来。原来他也要给妈妈洗脚解乏。

孩子一边给妈妈洗脚一边嫩声嫩气地说：妈妈洗脚，我也给你讲小青蛙的故事……

这让疲惫不堪的妈妈感慨万分。这则公益广告触动了不少人的心。

中华民族的文化传统中，“孝”一直占据着很重要的位置。爱父母是一种美好的品质，而且是许多重要品质的基础。

母亲节那天，许多学校都开展了“给妈妈洗次脚”的活动。然而，许多大人感觉不好意思让孩子洗脚，平时都是她们给孩子洗，忽然让孩子给她们洗脚，觉得很别扭。

乌鸦有反哺之情，孩子与家人的亲情可以通过有意识的家庭教育增强，比如帮父母洗脚、做家务、过生日。这些温馨的生活细节以及亲情暖流都会感化孩子，提升爱心。

一位中学校长说，学生高中毕业时，学校通常会邀请父母一同为学生举行毕业典礼。典礼上，学生拿到毕业证书后做的第一件事就是向父母深深地鞠一躬，表达自己对父母养育之恩的感谢。学校希望通过这种形式让学生们感受到，自己的成长离不开家庭和父母。这位校长说，只有懂得疼父母的孩子，将来才知道关爱他人。

生活中的许多场合、许多事情，都有一个对孩子进行关心他人教育的问题。只要父母以自身的行为施以积极的影响，善于抓住时机，正确引导，孩子们的爱心就一定会逐步培养起来。

父母应该在日常生活中注意培养孩子关心别人的习惯。如：当爸爸下班回来，教育孩子："爸爸，您辛苦了，我给您拿拖鞋！"等爸爸换完拖鞋，再及时提醒孩子给爸爸端杯水。吃饭时，爸爸没回来，要提醒他给爸爸留饭，或耐心等待爸爸。当他们学着要给父母做一点事时，哪怕是给妈妈倒杯茶，给爸爸拿支笔，父母都应该给予鼓励。经常让孩子进行一些力所能及的劳动很有必要。只有他们有了切身体验，才能领会父母照顾他们的辛苦，从而知道体谅父母，尽自己的力量帮父母做事，为父母分忧解愁。

独生子女在家庭中，物质和精神方面都享受到最大的关爱。如果这种爱仅仅是向儿女的单向倾斜，而不能实现爱的双向交流，那么这种爱就是畸形的溺爱，甚至还没有脱离动物的本能。只有把大家给予他（她）的爱转化为他（她）对大家的爱，这才是理性的爱，才是爱的升华。当年幼的孩子学会了爱父母、爱他人之后，在未来的时间里才有望做到爱岗位、爱祖国、爱人民。

细节43 用伟大的母爱拨动孩子奋进的琴弦

母爱，是世界上最伟大、最无私的爱。没有真正的爱就没有真正的教育。但是，爱要有节制，最好藏起一半。

爱孩子，这是天下父母心。可是，要善于教育他们，需要教子有方和渊博的教育知识。

如果有人问我，教育孩子需要哪种资格，我的回答是：需要异乎寻常的耐心和适量的爱心。

这是一位著名母亲用生命填写的教子答卷。17年前，医生就告诉她仅剩下5年的生命。面对死亡的威胁，她不仅以母亲的坚强超越了健康，还在病榻上培养了一个优秀的孩子：女儿刘苏多次被评为市级三好学生、十佳少年、舞蹈特长生、优秀小编辑等，并被保送升入南开大学。

这位伟大的母亲叫苏杭。她是一位作家。其成功经验曾作为“苏杭教子”广为传播，至今已应邀作各类家教报告一百余场，并先后被评为天津市优秀父母和全国三八红旗手。她的家庭也被评为全国五好文明家庭标兵户。

她因长期住院，不能与女儿日夜厮守。她把对女儿的爱浓缩成一个个音符，时刻拨动着女儿奋进的琴弦。我们来看看这位伟大母亲的表述——

我虽长期住院，不能与女儿日夜厮守。然而，作为一个母亲，总会找到表达牵挂与爱心的途径。于是，我就把千叮咛万嘱咐的话浓缩简练成两句，写在纸条上，让家人贴在女儿床头。

后来家里还为此买了黑板，多年来形成了“每月一句妈妈赠言”。从幼儿园到大学，如今已积累了近200句，内容大部分是我自己编写的，也有少数是摘取的名言佳句。每一条都埋藏着一个女儿成长的故事。它就像妈妈从病床上伸出的一只手，领着女儿学习做人，学习做事，学习共处，学会审美，学会幽默。

幼儿园时代，为了鼓励女儿自己的事情自己做，我写下：“我有一双小小手”，旁边画着两只小手。还有：“自己有的不挥霍，别人有的不眼热。”女儿参加健美操比赛获奖后，我又写下了这样的赠言：“不求别人乱拍手，但愿别人暗点头。”女儿当上班长后，我告诉她：“为集体、为他人做贡献是高尚的生活”，“在人之上要视别人为人，在人之下要视自己为人”。

我认为素质教育一定要尊重其内在科学性，不要推之极端。比如：培养孩子节俭的习惯，要防止他变得抠门儿，要引导孩子达到“自奉要俭，待人要诚”的境界。“节省而不抠门，简朴而不寒酸”，我编了这一句话给孩子。

又如：对待被人嫉妒的问题，我首先告诉女儿：“不遭人嫉是庸才。”其次，告诫女儿：“莫在失意人面前做得意状。”人家考试不及格，偏有人总炫耀自己的双百分。人家没亲娘，非要显示母亲的宠爱，遭恨又怨谁呢？最后，教给女儿摆脱嫉妒的良方是：“要学会用真诚的简单对付虚伪的复杂。”女儿心领神会。有了这三层的界定，就不会跑偏。

伴随着女儿的成长，留言的内容总在适时地变化。近来，女儿大了，我担心女儿可能因性格的柔顺随和而失却了自我。于是在留言板上写下了这样的话语：“对于父母，你应该大胆地说：‘不！’这是维护你独立人格的最美妙的肯定词。”

更富有意义的是，留言板上现在记录的不再是我单纯对女儿的关爱了，它已经加入了新的声音。最近上面就出现了这样一条忠告：“老爸：千万别去学校看我，回家也别对我太亲，注意离家在外的人的感情！”

原来去年被保送到南开大学的女儿，不愿意让宿舍里家在外地的同学和家中的小保姆因此而触景生情。善解人意的女儿还在留言后面用红笔体贴地写着：不好意思。别伤心！！！女儿对平等宽容、尊重分享这几个词汇有着自己的理解。她已经学会了与别人换位思考。

每当我翻看着“每月一句”，它们就幻化为女儿的一只只脚印，由小到大，每一只脚印都是那么清晰。“每月一句”正是一串串“母爱”的音符，使刘苏一步一个脚印地走向成功。

爱的原则，就是要给孩子真诚、健康的爱。不但要给孩子爱，还要明白怎样爱才有利于孩子的健康成长。没有真正的爱就没有真正的教育，爱是家庭教育的灵魂。我们父母教育孩子，不是让他们毫无理由地服从，而要动之以情，晓之以理，让他们明辨是非，懂得廉耻。

细节44 把善良根植于孩子的心中

没有同情心就没有善良。没有善良就没有人道。要培养孩子做一个善良、富有同情心的人。

善良，是生命中最为宝贵的财富。善良是人性的光辉中最美丽、最暖人的一缕。没有善良，没有一个人给予另一个人的真正发自肺腑的温暖与关爱，就不可能有精神上的爱。善良的情感及其修养是人道精神的核心，必须在童年时细心培养，否则难有效果。

曾有一位伟大的医学家，他叫小塞德兹。

小塞德兹小时候和一群小伙伴在外面玩耍，一帮小捣蛋用石块和木棍追打小动物，以此来取乐。他们看到一只小猫，便开始打。可是小猫没有跑，蜷缩在一个墙角下，一动不动，全身打着战。

小塞德兹看到小猫受了伤，便劝小伙伴们不要再虐待小猫了。他走上前去把小猫抱起来。小猫因骨折而惨叫不止。小塞德兹赶紧把小猫抱回家中，请求爸爸帮他把小猫医好。爸爸找到早年的同学。这位同学是一位出色的外科大夫，治好了小猫的腿。小猫后来成了小塞德兹的好伙伴。

小猫受伤这件事对小塞德兹的影响很大。看到被医治好的小猫不再痛苦，他由衷地感叹医生的伟大。因为他知道，如果没有医生，那只小猫就永远也不会走路了。

鉴于这只小猫对小塞德兹的震动，爸爸便顺势引导他，说："如果没有医生，不但小猫不能康复，人类也会有吃不完的苦头。"这件事便让小塞德兹产生了当医生的念头，并对医学产生了浓厚的兴趣。14岁时，小塞德兹在行医行业考核的初试中获得了合格的成绩。后来，小塞德兹也对其他学科产生了浓厚的兴趣，成为一个学识广博的人。

小塞德兹事业理想的出发点是他的善良，以及对他人痛苦的深刻同情，并力图解除他人的痛苦。

父母是孩子第一位“爱”的老师，孩子正是从父母彼此相爱、忠诚相待那里感受到家庭之爱，并且学会爱别人。父亲尊重并热爱自己的妻子，教育孩子热爱并尊重他的母亲，因为孩子正是从爱母亲开始扩大到爱老师、爱科学、爱他人、爱祖国。连自己的母亲都不爱的人，是不可能去爱别人的。父亲对母亲的一言一行都影响孩子对母亲的态度。从父母恩爱、彼此尊重的家庭里走出来的孩子，他们对家人温和亲爱，对外人也谦让有礼。

苏联著名教育家苏霍姆林斯基每当一年级新生入校时，总要在校门口悬上大幅红字标语：“孩子，请爱你的母亲！”因为“人生最圣洁、最美好的就是母亲”。爱母亲是“爱”的萌芽，“善”的开始。父亲教孩子尊重母亲，不要对母亲高声大喊。不要嫌弃母亲的唠唠叨叨——因为这也是母亲的爱。父亲教孩子关心母亲，关心母亲的身体，体贴母亲的困苦，在母亲遇到困难的时刻，站在母亲的身旁说：“母亲，不怕，有我在这里。”父亲教孩子感谢母亲，感谢母亲为了他付出了自己美丽的青春和宝贵的一生。如此可以培养孩子细腻温柔的情感和爱心。

父母对周围的人应表现出真挚的同情，并帮助我们身边正在遭受痛苦和不幸的人。父母还应以自己的善良感染和陶冶孩子，在孩子的心中播下善良的种子。要热忱地支持孩子的“献爱心”活动。为了培养孩子的爱心，学校、社会经常举行为希望工程、为身边不幸的同龄人献爱心的活动，父母应支持和参加。

细节45 教孩子学会感恩

常存感恩之心的人，才会拥有一个成功的人生。

感恩是爱的根源，也是快乐的必要条件。

生活的经验告诉我们，生命的回报和付出差不多。如果我们为某个理由拿一张臭脸面对世界，世界也不会给我们好脸色看。如果我们对拥有的一切心存感激，便可能得到他人温柔的回应。班尼迪克特说："受人恩惠……不是美德；报恩才是。当他积极投入感恩的工作时，美德就产生了。"所以常存感恩之心的人，才会拥有一个成功的人生。

有这样一个故事——

从前，有个地方闹饥荒。一位富有的面包师把城里最穷的20个小孩召唤来，对他们说："这个篮子里的面包你们一人一条。在上帝带来好光景之前，你们每天都可以来拿一条面包。"

这些饥饿的孩子蜂拥而上，围住篮子你推我搡，因为他们每人都想拿到最大的面包。最后，当他们拿到了面包，也没有向这位好心的面包师说声谢谢，就走了。

但是，格琳这位衣着贫寒的小姑娘，既没有同大家一起吵闹，也没有与其他人争抢。她只是谦让地站在一步以外，等那些拥挤争抢的孩子离去以后，才拿起篮子里最小的一条面包。她还亲吻了面包师的手以表示感谢，然后才回家去。

第二天，那些孩子同先前一样没有教养，抢在前面。而羞怯、可怜的小格琳只得到一条比头一天还小一半的面包。

当她回家以后，妈妈切开面包，许多崭新、发亮的银币掉了出来。妈妈惊奇地叫道："立即把钱送回去，一定是人家揉面的时候不小心揉进去的。赶快去，格琳，赶快去！”

当小姑娘把妈妈的话告诉面包师的时候，他说：“不，不，我的孩子，这没有错。是我把银币放进小面包里的，我要奖励你。愿你永远保持现在这样一颗平和、感恩的心。回家去吧，告诉你妈妈，这些钱是你的了。”

滴水之恩，当涌泉相报。生活的逻辑是先失才有所得，给予而后必有所获。其实人类就是在不断地丧失中一步步发展过来的。现在我们提倡竞争，目的是充分释放人的潜能和创造性，推动社会进步。越是竞争，越需要和谐的人际关系，越需要人情味的美。

引导孩子学会付出爱，首先要让孩子懂得感恩，学会体谅父母。

父母不要给孩子“开小灶”。应该是父母吃什么，孩子也跟着吃什么。除了一些孩子专用的营养品，所有的东西都应该大家分享。你可以注意一些细节，比如，妈妈分水果，不要让孩子先挑，而是先给孩子的爸爸，等等。

一家人上街购物，不要只考虑孩子的需要。比如，孩子穿的鞋小了，要买一双新的，而爸爸也需要买一件新衬衣。你不妨在上街之前先把情况向孩子说明，比如说：“我们先去买爸爸要的衬衣，然后去给你挑鞋子，好吗？”你甚至可以让孩子帮着爸爸挑选衣服。

有时，家里会出现这样的情况，因为经济不宽裕，买了鞋子，可能就没有足够的钱买衬衣。这个时候，父母也要向孩子说明。比如说：“因为你的鞋子实在不能穿了，需要买新的。爸爸虽然也需要新衬衣，但可以等一段时间。这次先给你买鞋，你应该谢谢爸爸，对吗？”有的时候，如果孩子的需求不是非常紧急，应该教孩子先暂时放弃自己的一些利益，满足家人的需要。而且为了教育孩子，即使家庭经济条件比较宽裕，也可以这样做。不要让孩子认为，他的需要永远是第一位的。

孩子看到同学、朋友穿名牌，用名牌，难免不羡慕。父母一想别人的孩子有，自己的孩子为什么就不能有？再多的钱也愿意掏。其实这样的做法，对孩子并没有什么好处。孩子的衣着用具，应该以简单实用为上。一个原则就是基本与父母的用品处于同一档次，或者略低一些，不要让孩子认为他享受好东西是天经地义的。

另外，父母可以经常给孩子讲一讲自己的工作艰辛。其实，父母在工作中都是摸爬滚打过来的，都很不容易。但是，如果父母在孩子面前永远摆着一张笑脸，给孩子一些超纯净的环境，怕艰难的生活现实会给孩子压力，孩子就可能误以为一切都来得很容易。如果父母能经常告诉孩子一些自己的苦恼，那么孩子会在体谅和感恩中渐渐长大。

比如，有位爸爸在孩子的心目中是个“大懒蛋”。原因就是，每个星期六早晨，爸爸都要睡懒觉，一直睡到中午12点才起床。所以她一点也不觉得爸爸好，并有意在爸爸睡懒觉的时候弄出很大的响声。

后来孩子的妈妈知道了这件事，才告诉她：“你爸爸是个作家。每天晚上，当你睡觉的时候，爸爸在工作。因为晚上没有干扰，你爸爸容易产生写作的灵感。星期六早晨，你起床的时候，爸爸才开始休息。所以不是爸爸懒，爸爸每天都在辛苦地工作。”从此，女儿有了爱心。夏天爸爸睡觉的时候，她还在外面驱赶蝉，目的是不让蝉声影响爸爸休息。

我们应当培养孩子常有一颗纯真的心、体贴的心、反省的心、谦逊的心、服务的心以及感恩的心。不但对父母的教养、师长的教导要知道感恩；对社会、人群也要多一些关怀，并要有所回馈。父母应在日常生活中注意培养孩子感恩、惜福、奉献的良好品德，这对他的一生都会起到重要的作用。

细节46 记住父母的生日

中国有句古语：“百善孝为先。”意思是说，孝敬父母是在各种美德中占第一位的。

每个孩子都期待着过生日的礼物和快乐，掰着手指头算着生日还要等多久。那么父母的生日孩子是否也同样重视？孩子是否会有所表示呢？

在一次对20名中学生的类似调查中，不知道父母生日的约占七成以上，但他们对自己的生日都记得清清楚楚，并都很在乎家长是否记得。一位女生几乎可以说出班里所有同学的生日，但唯独不记得父母的生日。在不记得父母生日的原因中，回答“父母从来不提醒，或者家长不喜欢过生日，所以记住父母的生日就不太容易”的孩子约有80%。另有少数学生表示，家长曾经说过日期，但是自己没有记住。

在这些调查中，所有记住父母生日的孩子都表示，自己是用心给父母过生日的。他们有的用零花钱给父母买礼物，有的替父母做家务，还有的给父母唱生日快乐歌。在他们看来，给父母过生日是快乐和自豪的事。

前美国总统里根，在每年夫人南茜生日时，总要送一束鲜花给南茜的母亲，并在贺卡上写道：“感谢您生养了南茜。”里根的故事感动了许多的美国人，也许这正是里根竞选总统获胜并能连任总统的原因之一：一个如此情深义重的总统怎么会不去爱他的人民，报答他的人民呢？常言道：不做父母亲，不知父母恩。

在日本，人们把自己的生日称为“母难日”，自己过生日那天要请母亲吃饭，向母亲鞠躬。

我们的国家将进入老龄社会，孝敬老人是我们每一个做子女的应尽的义务。一个有责任感的孩子，一定会牢牢记住父母和长辈的生日，并以自己的方式祝他们生日快乐。因为没有父母就没有自己。

一个有责任感的孩子，在自己过生日时，一定会以自己特有的方式感谢父母，感谢抚育过自己的人。因为他知道，长辈把自己抚育大有多么不容易。

所以，我们不要忽视对父母的关心。当他们过生日的时候，别忘了用一颗真诚的心去祝福他们。

首先，感谢母亲。因为母亲既给了孩子生命，又哺育孩子成长。母亲应该多向孩子讲述他们成长的故事，使孩子从小意识到自己并不是石头缝里蹦出来，也不是从山上拾来的，而是母亲一点点养大的。当然母亲在讲述时要自然，感情要真挚，不可让孩子觉得你在“居功自傲”，要让孩子体会到无私和高尚的母爱。做父亲的心要细些。孩子们都很重视自己的生日，早早就在策划自己的生日怎样度过。我们很多父亲给孩子做生日很大方，花很多钱把孩子的伙伴请到饭店开一个晚会，烛光闪闪，笑语欢歌，好不热闹。可是心细的父亲不应该忘记在给孩子切生日蛋糕前，告诉孩子选一支鲜花送给母亲，感谢母亲在这一天送他来到这个世界上。

其次，感谢父亲。所有的母亲要教育孩子尊敬和热爱他们的父亲。告诉孩子父亲的辛劳，父亲为这个家庭所做的种种牺牲和努力。父亲是家庭这艘大船的船长，感谢他给了我们安全和温暖的家。教育孩子好好学习，好好做人，以报答父亲的辛勤付出。

再者，了解父母。记住父母的姓名、年龄、生日与工作单位，知道父母工作的职务与内容，他们平时的兴趣与爱好。同时，要亲近父母。外出或到家时要跟父母打招呼，跟父母一起活动，讲述自己的见闻、欢乐与烦恼。最后，还要关心父母。在父母疲劳时，要学会用自己的方式照顾父母，他们生病时要主动问候，端水送药；在父母生日或取得成绩时热情祝贺。

懂得回报的人，会得到更好的回报。父母如果只是无私地给予孩子以无尽的爱，而不注意培养孩子知恩图报的品德，孩子就会视父母对他的关爱为理所当然。尤其是集众多关爱于一身的独生子女，更容易养成娇惯、自私的心理。将来一旦父母老矣，不能为他所用了，他与父母之间的联系也就恩断义绝，最终变成忘恩负义之徒。

细节47 帮助别人，时常为他人着想

关心他人，帮助别人，会使人变得慷慨；时常为他人着想，会丰富自己的生活，增加自己的涵养。

父母要培养孩子帮助别人的好习惯，教育孩子，帮助别人，其实就是在帮助自己。有一位叫黄苏的母亲，是这样培养孩子帮助别人的：

小A上小学时，正值“文化大革命”。因为他年龄小，身体瘦弱，在学校

经常受到大孩子的欺侮。后来爸爸妈妈下乡，虽然小A得到奶奶的照料，却缺乏父母的慈爱。这样的环境使他感情比较冷漠，只知道自己保护自己，不知道关心别人，无论在家中、在学校，都是独来独往。

小A12岁时，妈妈才把他接到身边。怎么改变他的孤僻性格，唤起他对生活、对家人、对同学、对朋友的热情呢？妈妈多次找他促膝谈心，效果都不大。最初他根本不愿将自己的内心活动吐露出来。妈妈要他多关心别人，他的回答是："谁关心我呀！"或者是"自己管自己就行了""反正我不做坏事就得""谁关心谁呀"。

有一次，小A去颐和园玩，把一串钥匙丢了，回来后十分懊丧。爸爸妈妈上班去了，没有钥匙怎么开门呢？那上面还有小抽屉的钥匙，现在家门进不去，抽屉也打不开了，真是别扭。妈妈叫他到失物招领处看看，他根本不信有人会管这样的闲事。后来妈妈给失物招领处打了电话，果然有这么一串钥匙。妈妈领着他来到颐和园的失物招领处。那里的工作人员把钥匙交还给他，并告诉他，这是一个十二三岁的孩子拾到后交来的。妈妈又带他参观了失物招领处。那里有许多各种各样的物品，都是游人拾到后送来的。在事实面前，他似乎有所领悟："果真有这么多人管闲事。"这时妈妈再给他讲，人世间都应当互相关心，互相帮助。谁都离不开别人的帮助，所以谁都应当尽力去帮助别人。他不再像以前那样听不下去了，还说："可不是吗，就是那位小朋友做了好事，使我找到了钥匙。如果再去配钥匙，该有多麻烦呢！那位小朋友的举手之劳，省了我多少事！"妈妈告诉他："以后你也要关心与帮助别人呀。"此时妈妈的话，在小A听来句句入耳，频频点头。因为事实教育了他。事实的教育是最深刻、最有说服力的教育。

不久，小A去体育馆看球赛。散场时人很挤，他看到地上有一张月票，是一个中学生丢的。他就捡起来拿回家了。妈妈问他准备怎么处理时，他略加思索后说："月票上有地址，我马上把它从邮局寄给这位小朋友。"他当即找出信封把月票装进去，写上地址，贴上邮票，高高兴兴地把它丢进了邮筒。妈妈问他为什么办得这么快时，他说："今天才4号，月票还是新的，小朋友丢了月票该多着急呀！我的钥匙不也是一位不相识的小朋友及时交到失物招领处的吗？我为什么不这样做呢？如果是以前，我才不管它呢！"

妈妈不失时机地悉心教育，总算在小A身上见到了初步效果。当然，要培养乐观、热情的性格，不是通过一时一事就能完成的。但从上面的例子，可以看到抓住实例，耐心引导，就能取得显著的成效。

批评、表扬孩子时，体现了父母基本的是非观、道德观与价值观，也就是父母内心希望培养出怎样的孩子。

大多数父母都会说希望自己的孩子懂得体贴人；顽皮些也没关系，但希望他们充满朝气、充满活力地茁壮成长。然而，从他们的实际行为来看，这只是表面的说法。其实他们内心的真实想法是："不能输给其他孩子，要做人生的强者。"

孩子们长大成人要在二三十年之后，我们谁也无法预料那时的社会仍与今天相同。在一味强调竞争的环境下成长起来的孩子，将来很有可能成为人际关系紧张、极其孤独寂寞的人，再没有比这种结果更不幸的了。

其中，"只要我的孩子好就行"，这种想法是最有害的。我们必须从这样一种角度考虑问题，教育孩子，就是他们生活的未来社会应充满人间情义，并使他们成为建设这个美好社会的一分子。如果我们大家都憧憬这种美好社会，为什么我们不抱着这种目的来教育孩子呢？这就是我们批评、表扬孩子时应参照的标准。另外，站在他人的角度考虑问题，不给他人添麻烦，也是教育孩子的内容之一。还有一点很容易被人们遗漏掉，那就是必须教育他们从小学会保护属于自己的"权益"。

要帮孩子了解如何助人，光是告诉他哪些事不可以做是不够的。你应该鼓励他行事积极、懂得冒险。就像孩子得由大人告诉他们打人、骂人是很不好的一样，他们也有权利知道帮助别人是多么好的一件事。譬如："如果你也把你的小车让妹妹玩，你就不会让她觉得好伤心，她会很高兴！"

给孩子机会，让他去帮助别人。培养孩子对周围人事与情感的敏锐，并让他们去尝试自己所学到的。例如：假设哥哥或弟弟不舒服，或小熊生病了，让他去照顾，从经验的累积中，他会了解到什么是"帮助"。在幼儿园，应教育孩子关心帮助别的小朋友。当小朋友摔倒了，要主动扶起来，并加以安慰。在这种举动中，孩子将会体验到帮助别人的快乐。孩子和妈妈一起坐在公共汽车上。这时，上来一位孕妇，孩子要起身让座，可是妈妈不准，而且把头转向窗外。乍看之下，也许只是件小事，但在孩子的心灵上，却有可能留下很不好的影响。也许他会和妈妈一样，不会因不给老弱病残孕让座而感到羞愧，因而失去了关心别人的美好品德。帮助他们形成“利社会”的自我形象，也就是让他们分享帮助人的感觉与快乐。

有这样一个故事。一位植物学家的儿子手拿着一株不知名的小草去问老师。那位老师说不知道。谦虚而诚实的老师和蔼地对孩子说：“你爸爸是很有名的植物学家，你回去问问他。我也希望知道这株小草的名字呢！”第二天，孩子拿着小草对老师说：“爸爸说，他也不知道这株小草的名字。他说，老师您一定知道，可能一时忘了，要我回来再问老师。”说着，孩子递给老师一封信，说是爸爸叫他带给老师的。老师打开信一看，里面详细地写着有关那株小草的名字和特征，最后还附着一句话：“这个问题由老师您直接回答，想必更为恰当。”真是一位明智的父亲。

要有同情心，教育孩子体谅别人的处境，把别人的不幸作为自己的不幸。随时准备从道义上支持别人，行动上帮助别人。如关心残疾人，有可能的话就去扶一扶、帮一帮，不要围观，不要有意无意地用恶语和动作伤害他们；拣拾物品要及时设法归还失主。

为了强化孩子“关心他人”的心理趋势，父母要及时予以表扬和支持。如孩子为灾区捐了零花钱，父母知道后要予以肯定。有可能的话父母也可以捐一点。父母的鼓励和支持，会对孩子形成深刻的影响。

细节48 关照他人，先从关照自己开始

一个懂得关照他人的人，才能得到更多的人关照，才能获得更多的机会，也才能取得更多的成功。

一位在海外卓有成就的人士曾谈到自己的成功体会。他说，因为他是一个做生意的人，他觉得这个世界上人和人之间往往是这样一种关系：我给他一个不好的表情，比如生气、愤怒、轻蔑、不礼貌，对方不用动脑子，他回给我的，大概也是这样一个表情。当我在这个世界上面对千百人都是一个微笑时，也可能千百人都给了我一个微笑，我就得到了千百个微笑。他还说，一个人在世界上之所以能做成一点事，有一点成就，就这么一点奥秘。

这就说明，一个人在社会中生活，真正学会关心周边世界，关照他人，同时反过来也是对自己的一种最好的关心。所以，我们关心自己也好，关心他人也好，关心自己以外的整个世界，这既是一种角度，一种眼界，同时也是一种能力。这种能力对于父母，对于我们的孩子，都是应该培养的。

一个人在这个世界上完全不知道关照他人，习惯于人人都来关照自己，这样的人以后在社会上将寸步难行。当然他会碰壁，会摔跤，然后也许会有所改变，但那个时候改变的代价将是比较大的，变化也比较慢。

也许有的父母会问：既然学会关照这么重要，那么我们怎样培养孩子的关照意识呢？我们认为，学会关照，应该让孩子从关照自己开始。

父母现在普遍觉得孩子们的依赖性太强了。他们不会关照自己，什么事情都希望父母给他们想办法，出主意。这种状况是怎么形成的呢？主要还是因为我们有些做父母的把孩子生活中的每一个细节都想到了，都计划好了，孩子们当然不再用去想这些问题了。有时候，孩子们自己想了一些问题，父母还要埋怨孩子瞎操心。久而久之，孩子们关照自己、管理自己的意识就被父母磨没

了。试想，这样的孩子连自己的事情都不去关照，他还会关照别人的事情吗？

所以我们说，学会关照从关照自己开始。当孩子懂得了关照自己以后，父母可以再教育孩子学会关照父母，关照爷爷奶奶、姥姥姥爷，关照老师同学，并教育孩子关心周围的环境，关心全社会。

父母要为孩子做出关照他人和真诚待人的榜样。列宁，具有极强的人格魅力。他谦逊的风度与高尚的举止，深得同事和人民的爱戴，而这些良好的品质首先得益于他父母的精心教诲。

1870年，列宁出生于俄国辛比尔斯克（今乌里扬诺夫斯克）。他的父亲是省国民教育视察员，非常重视孩子们品德的培养。父亲以身作则地教导他们：要学会尊重他人，不论别人身份高低贵贱；小朋友要是说话发音不准确，不要讥笑他，而要帮助他纠正；平时要多体谅别人，多替别人着想；要乐于助人，给老人妇女让座；别人帮了忙，一定要道谢；自己有了错，也一定要请求别人原谅……正是在这潜移默化的熏陶下，列宁从小便对别人以礼相待，真心相助。他小时候经常到乡下外公家去玩，和贫苦的农村孩子们相处得如同和自己表兄弟一样亲密无间。有一次，他见到一位农民的大车陷到了泥里，赶忙上前，不顾泥泞帮着把车推了出来。他把这位农民掉在地上的手套拾起来，恭恭敬敬地递过去，很尊敬地和人家交谈，最后还愉快地握手道别。不论是老师、朋友，还是纤夫、洗衣妇，小列宁始终以尊敬的态度对待他们。他终其一生保持了这种谦逊真诚的本色，即使在他已成为一名领袖时，工人、农民、士兵都更乐意接近他，他始终没有脱离过群众。

列宁的父母以身作则地教导孩子，在鼓励孩子们从多方面加强修养、努力成才的同时，也时刻注意引导他们发现缺点，改正过失，以赢得别人的信任和喜爱。他们在这一方面的教育方法与众不同：不是揭穿、处罚孩子，而是启发他的觉悟，唤起他的良知，使他真正认识到自己的错误，在内心善与恶、美与丑、真与假的斗争中反省自己并取得进步。正是父母的精心教诲，使列宁受到了众人的喜爱和拥戴，造就了一位历史伟人。父母以身作则地教导列宁要关心他人，这是一个人在社会上立足并取得世人尊敬的先决条件。只有这样，才能取得别人的信任和支持，成就自己的事业。

父母在教育孩子时，必须身体力行，以身作则。由于一个人的品质和个性不是一时能够养成的，需要家庭教育长期不懈，从小抓起。父母在以身作则教会孩子许多良好品质的同时，还要努力引导、教导孩子掌握基本的生活技巧，包括处理一些事务的态度和行为方式，以及如何询问别人的情况、表达个人的兴趣、接受对方的建议等等。

父母应以身作则，做尊敬老人的带头人。孩子认识肤浅，判断能力差，缺乏独立性，心理活动带有暗示性和模仿性。在孩子眼里，父母的行为就是一把尺子，认为父母做的，他就能做；父母怎样做，他就应该怎样做。因此，父母在与老人（自己的父母、公婆、岳父母和其他老人）相处中，应态度谦逊，彬彬有礼，关心照顾，体贴入微。如在家给老人端茶送水，在公共场合给老人让座让道。父母的言行，孩子看在眼里，记在心上，表现在自己的行动中。他们会像父母一样善待老人。另外，父母还可以利用英雄模范人物、现实生活及文学作品中人物的良好行为给孩子树立榜样。

及时纠正不良行为，防微杜渐。孩子易冲动、自制力差，他们的行为往往受情绪支配，容易出错，常常做出对老人无礼的举动，如对老人发脾气、摔东西、不理睬等。一旦发现这些问题，家长一定要舍得管教，严肃批评，耐心说服，使孩子认识到自己的错误。尤其不放过“第一次”，严格把关。迁就容忍只能招致更多的过错，使孩子养成不良习惯。

另外，建议老人多与孩子交往，增进相互之间的感情。有些孩子不是对老人敬而远之，就是漠不关心，这往往是交往甚少，感情不深的缘故。在交往中，有些孩子常常要在父母的提醒下，才随之行事，非常被动，如给老人搬凳子，说“再见”等。为此，作为老人，应平易近人，态度和蔼；关心孩子的成长，多与孩子交谈，缩短两代人的心理距离，不能因兴趣迥异，而居高临下。对孩子只有“动之以情”才能使其主动关心、尊敬老人，自觉地听从老人教导，努力做他们心目中的好孩子。

第四章

培养懂礼貌、知节俭、爱劳动的孩子

——道德细节的教育

细节49 遵守规则是一种教养

遵守规则是一种教养，一种文化，一个现代人必须具备的品格，是社会秩序得以维持的必要条件。

孟子曰：不以规矩，不能成方圆。

莱蒙特也说：世界上的一切，都必须按照一定的规矩、秩序各就各位。

如果大家都能遵守规则，那么我们的社会会更加和谐，更加美好。

中国WTO首席谈判代表龙永图，介绍过他的一次经历：他和几个朋友在瑞士的公园散步。上厕所时，听到隔壁“砰砰”地响，他有点纳闷。

出来后，一个女士着急地说，儿子进厕所10多分钟了还没有出来，麻烦他帮忙看一下。龙永图折回洗手间，打开那个“砰砰”响的隔位，他看到一个七八岁的小孩正在弄抽水马桶，怎么弄都冲不出水来，急得满头大汗。

原来小孩觉得上厕所不冲水是违犯了规则。为此龙永图十分感慨：上厕所要冲水，这是一种社会最基本的规则。一个孩子都能自觉按照规则去做，瑞士国民的规则意识可见一斑。的这种强烈的规则意识，体现了瑞士国民的文明素养，促进了瑞士的繁荣进步。

社会是一个整体，规则意识将影响一个人终生适应社会的程度。因此，从小进行规则意识及执行规则能力的培养不可缺少。

自觉遵守社会规则，严格约束自己的行为，从小养成良好的行为习惯，对孩子一生的健康成长有着极其重要的作用。

因为遵守规则，是一种利人利己的好习惯，千万不可轻视！

细节50 不闯红灯

在带孩子过马路的时候，要给他们讲解示范交通规则。

红灯停，绿灯行，黄灯等一等，这是最基本的交通规则。但是，我们许多父母却忽视了这项规则。比如，驾驶车辆闯红灯，步行过街闯红灯等。

据有关部门统计，每年小学生因交通事故导致死亡人数约占非正常死亡总数的五分之一。交通事故已成为危害青少年安全的重要“杀手”。

有一位母亲是从孩子的提醒中知道遵守交通规则的重要。她说——

一次，我骑车带着儿子回娘家。经过路口，两边一看刚好没车，我用劲一蹬，自行车很快地驶向马路的另一边。“妈妈，快停车！”儿子在后面大声地叫喊。我心里顿时慌起来，以为儿子不小心将脚夹进了车轮，赶紧下车，急切地问：“儿子，什么事？”“妈妈，你没看见红灯亮着吗？大人怎么可以不守交通规则呢？”他声音很大，惹得行人都对我俩行注目礼。被一个不满10岁的毛孩子当众训斥，真是让人挂不住脸，我只好小声地敷衍道：“儿子，行，行，下次妈妈一定不闯红灯。”“行，妈妈说话算数？”“当然。”事后，我并没有把这事放在心上，时不时照样闯红灯。过了不久，我和儿子一路说笑再次来到路口。我仍然习惯地两边看看，脚步不停地朝前走，以为儿子会紧跟上来，却不曾想当我快走到斑马线中间时，儿子在身后叫了起来：“妈妈，快回来。”回头一瞧，儿子竟然独自站在马路的另一边，我心里咯噔一下，很快明白，他一定又在责怪我闯红灯。我几步跑到他身边，连声说：“对不起！妈妈又违规了，该罚。”“算了，请妈妈下次一定注意，好吗？”瞧着儿子满脸的认真劲儿，我深为自己的行为感到惭愧。确实，父母作为孩子的榜样，必须时时处处以身作则，否则一言一行都会影响孩子的健康成长。

从那以后，无论我有多忙，来去匆匆，可过马路时，我都会静静地站在路边，直到绿灯亮起。起初，我很不习惯，一个人站在那里，总觉得怪怪的。久而久之，有时竟然也会发现和我一样“怪怪”的人，守着那条“红灯停，绿灯行”的规则。

要把穿越马路的规则一遍又一遍地讲给孩子听。告诉他们什么时候信号灯对他们通行有利，以及什么时候是过人行横道线的最佳时机等。然而，最使父母为难的是，他们很难向孩子解释清楚为什么有些司机经常闯红灯，因此，有时人行横道线上也不是安全地带。三分之一的孩子在交通事故中受伤都是发生在标有斑马线的人行横道线上。

细节51 培养孩子爱惜物品的良好习惯

爱护公物是光荣的。父母要及时发现和表扬孩子爱惜物品的行为，培养孩子爱惜物品的良好习惯。

爱惜物品，是一种美德。父母要想使孩子具备这一良好的品质，必须及早地培养孩子。

爱护公物是每位公民应尽的职责。爱护公物是光荣的。

但在生活中，却有许多不爱护公物的现象。有位老师在报刊撰文说：短短的两个月，我班58套桌椅有不少桌面受到了不同程度的损坏。桌面上留下了刀子、笔尖的画痕，留下了修正液的涂抹痕迹。有的孩子扫地时，椅子翻得啪啪响；活动时，树木成为射门对象；有时，乘人不备，还要在墙壁上悄悄地留下几行杰作。

有的孩子也知道要爱护公物，对如何爱护公物也能夸夸其谈。但是，漂亮的语言总难以转化为自己的实际行动。

俗话说：“良言一句三冬暖，恶语伤人六月寒。”轻轻地一声鼓励，热情洋溢地表扬，能让孩子产生愉悦的情感，使之更加努力，积极行动。如：孩子不慎碰坏了桌角，可以用鼓励的语言告诫孩子："瞧瞧，桌面起疙瘩了，以后要轻拿轻放，否则桌子可要疼的啊？"孩子会从这亲切地语言中，感受到父母或老师对他的喜爱，同时又告诉他以后该怎么做，既保护了孩子的自尊，又教育了他。

爱惜物品，父母和老师要紧密配合。作为老师，可以开展形式多样的班队活动，如:《爱护公物齐行动》《请给桌椅洗洗脸》；也可抓住偶发事件，开展批评与自我批评；也可以让孩子拿起笔来写写个人爱护公物准则。通过不同形式的教育，使孩子爱护公物的意识不断增强，在实践中，潜移默化地付诸行动，逐渐养成习惯。作为父母，要积极配合，在日常生活中，要严于律己，要求孩子做到的，父母自己要首先做到。

父母要及时发现和表扬孩子爱惜物品的行为。在不断的练习与指导过程中，孩子爱惜物品的良好习惯便会因此得到不断的巩固与提高。

及时纠正孩子的不良行为。孩子由于无知或认识、控制能力较差，往往出现一些损坏物品的行为。如在桌子上乱刻，在墙上乱画，打碎玻璃，摔破饭盆，扯烂衣物，弄坏玩具等。发现孩子的这些不良行为后，我们的经验是：先弄清原因，孩子若是无意的，便及时给予引导，指出其危害，提醒孩子以后注意；孩子若是有意或以此来要挟，则及时给予严厉的批评，使其认错。在孩子的不良行为面前，若不能及时地批评纠正，而采取迁就、让步的态度，往往易使孩子一错再错，形成不良的行为习惯。

为了使孩子形成爱惜物品的良好习惯，父母应在此方面严格要求自己，为孩子树立学习与模仿的榜样。如在看书时，首先把手洗净擦干；翻书页时轻柔小心；若发现有卷页、破损之处，立刻展平与粘补；看完后，不乱放乱扔，及时放回书柜等。吃饭时，无论碗、筷、桌、凳都轻拿轻放，碗里不剩一粒米，捡起掉出的每一颗豆子等。

父母在带孩子去公园、车站、码头、机场等公共场所时，应该告诉他，这些公共设施是供人们使用的，不要去损坏它们，否则会给大家带来不便。在公园里，切勿让孩子踩踏草坪，采摘花草。带孩子乘公共汽车时，必须禁止用小刀刻画椅背。到图书馆、展览馆、博物馆去更要爱护一切公物。到各地的古迹去探访应注意保护文物。在爱护公物方面，不仅要求孩子不要去损坏，还应告诉他，如发现其他的人在破坏公物(如破坏铁路、公路的设施，偷剪电线等)还要敢于同那些损公肥私的犯罪分子做斗争。但斗争方式应以打110报警为好，不要面对面地去和坏人做斗争。

对损坏公物的行为，要参照公物赔付标准切实落实，打消孩子的侥幸心理。当然，在赔偿过程中，方式要灵活。可以修复的，责令孩子修复；损坏特别严重的，要予以更换，避免造成负面影响。

细节52 珍惜每一分钱

一个人如果没有艰苦朴素的好习惯，就很难战胜今后所遇到的困难，也很难有拼搏精神。

许多父母抱怨自己的孩子不懂得钱的价值和工作的目的，殊不知这正是他们长期溺爱孩子的结果。为了让孩子生活得无忧无虑，这些父母极力满足他们的一切要求，不让他们干任何家务。在这种环境里成长的孩子，就不可能理解工作的重要及每一分钱都来之不易。这些孩子长大以后，依赖思想严重，生活上不能或者不愿意自立。

老柯塞尔对孩子要求非常的严格，从小就十分注重培养孩子良好的生活习惯和思想品质。

有一次，小柯塞尔正在写老师布置的作文。在打草稿时，老柯塞尔发现儿子先后将几张稿纸揉成一团扔进桌旁的纸篓里。于是，他便走到儿子身边说："你在干啥？"

"打作文草稿。"

老柯塞尔弯下腰从纸篓里拿起一团纸，在桌上摊开，十分严肃地对儿子说："打草稿应该用铅笔，而不是钢笔！用铅笔打草稿有两个好处，一是写错了的字可以擦了再写，二是用铅笔写过的草稿纸可以用钢笔再写一遍。你太浪费了！"

"您以前是这样做的吗，爸爸？"

"当然。"老柯塞尔从鼻梁上取下自己的眼镜，"你看看爸爸的这副眼镜。"

小柯塞尔一看，可不，两根镜腿都折了，左边的镜片也裂了一条缝，真是"饱经沧桑"。

父亲的身体力行对儿子产生了重要的影响，以致后来小柯塞尔在物理方面取得辉煌成就时，无视名誉和金钱的诱惑，继续保持艰苦朴素的作风，不断朝新的高峰攀登。

要让孩子懂得钱是怎样挣的以及怎样合理地花钱，需要一个实践过程。如果不在这方面对孩子进行教育，那就等于剥夺了他们一生中取得成功所必需的竞争技能。相反，如果把关于金钱和工作的正确的价值观念教给孩子，那就是给了他们一件珍贵的礼物——打开生活自立之门的钥匙。让孩子树立正确的金钱观念，需要做到以下几个方面。

教孩子储蓄。大多数孩子都有个储钱罐。孩子长到 3 岁，父母便可以用家里的钱和他玩储蓄游戏。鼓励孩子将自己的积蓄存到家中的"银行"时，用孩子的名义开一个"账户"，让他有自己的"存折"，并妥善保管。到 6 岁时，应该让孩子理解，把钱存到银行里，不是银行把钱"拿走"了，而是把钱安全地存放起来，并使之有所增加。这样做有助于孩子养成储蓄的习惯。

给孩子零花钱。要使孩子成为一个精明、负责的消费者，能平衡收支，避免借债。当孩子定期得到零花钱时，应该让他们掌握一种基本的生活准则：没有钱，就不买东西。

让孩子干点家务。孩子干的活难免有不完美之处，不要因此而批评他们。孩子注意力集中时间的长短随年龄及所干家务活的不同而有一些差异，让孩子干家务的时间不能太长。一般可以遵循这样一个规律：让 2 岁的孩子干 2 分钟，让 3 岁的孩子干 3 分钟，依此类推。这样，孩子会逐渐形成自我约束的习惯，甚至乐意干那些并不怎么有趣的家务活。

家里的经济情况不要对孩子保密。但不必让孩子知道家庭预算的每个细节。告诉孩子，对家里的经济情况要保密，不能到处乱说。孩子长到十三四岁时，全家人可以在一起召开一个家庭财务会议，父母简要谈谈通常情况下家里开支的总设想。这不仅让孩子了解家里经济情况，根据收入来决定支出，而且有助于鼓励孩子参与解决家庭经济问题。比如，孩子同意帮助父母油漆家具、维修房屋或干别的活，家里就可以节省一笔用于雇人干活的费用；关键时刻孩子主动贡献出自己的积蓄，还可以缓解家中的财务紧张状况。

让孩子了解你的工作。如果孩子不知道家里的钱是怎么挣来的，这会在他们的头脑中削弱钱和工作的联系。如果孩子已经上小学，那么可以给他讲一讲为生活而工作是怎么回事。有可能的话，选择一天带着孩子去上班。要是工作量不大，还可以领着孩子参观一下你工作的地方。这会使孩子对你的工作有一个深刻的了解。培养勤俭的孩子，通常需要父母用智慧而不是用感情来引导孩子。当你看到自己的孩子逐渐懂得了工作的重要性，并树立了正确的消费观念时，你的努力便得到了应有的回报。

细节53 培养孩子热爱劳动的观念

劳动不是目的，只是一种教育手段。重要的是让孩子养成习惯，形成劳动的观念。

孩子的劳动观念必须从小养成，应让其在家庭日常生活中承担一定的力所能及的家务，甚至2岁的孩子也要让他懂得收拾自己的玩具、睡衣之类。而一个14岁左右的孩子应当有能力独立做大部分的家务活，如负责决定家庭菜单和烹调、收拾与打扫房间及庭院等等。并且，父母过分地宽容、宠爱孩子，会把孩子变成极其懒惰、依赖性极强的人，危害极大。

山东淄博某小学有位学生赵晓亮，在家中要靠父母为他整理书包，家庭作业老是忘了题目，让妈妈到同学处去抄。在学校的一丁点儿小事儿，都不会自己处理，老是报告老师。在小队活动时，让他收一下游园门票，他连票都数不清。

原来他是独生子，父母十分宠爱，许多事情老是替他做。怕在学校做值日累着他，妈妈就到学校替他做。做作业怕用脑过度，爸爸便告诉他答案，有时还代做。家务活从不让他沾手。结果他养成了依赖的坏习惯，一离开父母便无所适从。

后来，在老师与父母的配合下，从培养他的自理能力着手，有意识地创造一些“艰苦”的事情让他独立去解决。比如，妈妈故意一两天不在家，让他自己做饭做菜，自己安排时间学习，衣服让他自己洗，卧室让他自己整理。

现在赵晓亮不仅能为父母做生日晚餐，能整理自己的房间，而且在学校被评为十佳少先队员。

作为父母要教育孩子参加家务劳动，帮助其成为自食其力、有责任感和热爱劳动的人。

如今，绝大多数家庭的家务没有科学安排，基本上是由父母包办代替。因此，作为父母应善于组织安排家务，办法如每周召开一次家庭会议。如果孩子在会上对家务提出某些建议或解决方法，说明孩子愿意合作共同搞好家务事，否则，就应采取适当的方式对孩子进行教育。不过，父母要首先做出表率，做孩子的模范。同时要根据孩子的合理化建议，针对家庭每个成员的爱好和能力，分配给每人一份工作，也可以每周或每月分别轮流做各项家务。这样，孩子就容易养成劳动习惯和安排家务、做好家务劳动了。

父母必须考虑到孩子的实际承受能力，并进行具体而耐心的指导或示范，教给孩子怎样一步一步地完成其所承担的任务。比如，让孩子收拾卫生间时，要教他先清除垃圾，再刷洗浴缸，最后擦拭地板，等等。让年幼的孩子做的家务活，必须是具体而又简单的事情，这样孩子才有信心去完成。

孩子参加家务劳动，既是学习过程，又是锻炼过程，自然在这个过程中会有成功和失败。这就要求父母应当教育孩子战胜困难，不怕失败，树立信心和决心，以便很快学会做自己力所能及的事情。因此，父母要经常善于发现与适当地赞扬孩子的优点，肯定成绩。

细节54 让孩子成为做家务的好帮手

每个人都是家庭中平等的一员，在得到权利的同时，也要付出劳动。

让孩子尽早参加家里力所能及的劳动，可使孩子的生活充实、有趣。同时，在劳动中也能培养孩子许多宝贵的品质，如责任感，独立性，自信心，以及珍惜时间和爱惜劳动果实等。

陈宇华的父母在教育孩子做家务方面的做法可以给广大父母以启示——

在给宇华分配任务前，爸爸妈妈总给她先讲清楚，一个家庭总要有很多事情要做。每个人，包括爸爸妈妈在内，都享受着一份“家”的温馨，因此也都有责任承担一定的家务。

比如陈宇华开始承担家里的扫地任务。

妈妈说：“你现在还小，所以现在负责扫地，相信你一定会乐意，而且每天都会把地扫得很干净，以后家里地干不干净就看你的了。”

一旦把这个任务给了陈宇华，以后爸爸妈妈就不会过问。由陈宇华一个人干，他们只是在旁边监督一下。

陈宇华偶尔也有偷懒的时候，比如不想拖地，就用水把地湿一湿，但是都给妈妈识破了。几次之后，她也就打消了想偷懒的念头，老老实实地负责自己的工作。

年幼的孩子总会以能够帮助父母干家务为荣，更何况陈宇华还是一个比较懂事的孩子。没有爸爸妈妈的命令，第一次洗碗是陈宇华主动要求的。

“妈妈，我来帮你洗碗吧。”和爸爸妈妈在一起吃饭的陈宇华很兴奋，她急于想做点事情来表示自己的高兴。因此妈妈刚刚开始收拾碗筷的时候，陈宇华便主动请缨了。

“好啊！可是有一条，你今天洗碗了，以后的碗可都要归你洗了。”妈妈自然很高兴，劳累了一天，她巴不得能够早早地去休息。

“没有问题。”看到妈妈同意自己帮忙，高兴中的陈宇华根本就没有考虑“以后”两个字对她来说是意味着什么。

看着妈妈洗碗已经很多次了，但真正自己动手洗还是第一次。

教孩子做家务要循序渐进。首先演示如何做，并和他一起做，然后让他们自己做。即使孩子用自己的方法，也不要干涉。

陈宇华学着妈妈的样子，先将每个碗和盘子中的剩饭菜集中到一个碗中，然后把它端到厨房，放进垃圾袋中。这一步很简单，陈宇华也很乐意做。

下一步，陈宇华要用一个盆子把所有的碗和盘子集中起来，一起拿到水龙头下，先打开水龙头，将盘子和碗都浸在水里，然后倒上清洗液，再一搅和，泡沫就出来了。这是最有趣的一步，宇华乐开了。

第三步就是要将碗和盘子洗干净。刚刚涂上清洗液，整盆都是泡沫，滑滑的。陈宇华更多的时候是在玩泡沫。“哎呀！”手一滑，碗就落到水池边上的水泥台上摔碎了。

女儿是第一次洗碗，妈妈的注意力一直没有移开。她在关注着女儿。

“没关系！宇华，你做得很好，继续！”妈妈的鼓励对宇华来说是最重要的，打破碗的窘迫一下子就消失了。

“第一次，谁都一样，关键要逐步掌握要领，集中注意力。”

当孩子第一次做某件事的时候，父母的及时鼓励是必不可少的。陈宇华妈妈聪明的地方更在于，在孩子积极想干的时候，就把这个责任顺势放到她的肩上，表面上虽有点过分，但父母的苦心就悄悄隐藏在中间。

“做家务是让孩子培养以后爱劳动、勇敢地承担责任的最好方式。”开始需要妈妈的鼓励，这样可以增强孩子的自信心。但是，到了后来，孩子如果能够一直坚持下去，对孩子的各个方面都会有好处。

第二次……

第三次……

第四次……

陈宇华洗碗的技术越来越熟练，渐渐地，甚至闭上眼睛，她也可以把碗洗得很干净，放得很整齐。但是，陈宇华的新鲜劲和耐心也就越来越消磨殆尽。

“今天我不洗了！”陈宇华撒娇。

“随你的便，别忘了你答应过父母什么。”

“还有碗没用过，我明天洗行吗，妈妈？”

“洗碗是你的事，你自己决定吧！”

“洗碗没劲，妈，我换个活干干吧！”

“不行！干完再说。”这次妈妈回答得很干脆，直接否决。

洗上几个碗，对爸爸妈妈来说易如反掌，但是，说过了就说过了，是谁的责任就是谁的责任，躲不了。妈妈希望陈宇华能够从中学到诸如责任、毅力和坚持等概念。所以无论陈宇华怎么说，妈妈都不同意。反正任务给你了，剩下的事情你自己看着办。

陈宇华的招都使尽了，妈妈还是没有反应。

“我不洗了！”实在不想洗的时候，陈宇华开始了罢工。

不洗就不洗吧，爸爸妈妈照样稳坐钓鱼台，他们只管煮饭，碗的事情就交给陈宇华。没有碗或者碗不干净，那就等着好了，反正一时半会饿不坏。

厨房的碗堆了半尺高，筷子零落到各个地方，妈妈也从来不管。“宇华，那是你的事。你答应过的，就一定要做好。这是你的责任。”

罢工无效的陈宇华只好妥协：“家里又不是有很多碗可以让父母换着用，还是乖乖地去洗吧。”

如果当时陈宇华“罢工”胜利的话，今天的她一定不是这个样子。

宇华的妈妈通过洗碗这件事，让孩子体验到了每个人都应具有责任感的道理。而一旦这个观念深入孩子的心，以后连躲的想法都没有。“迟早是要自己来，还不如早结束好。”每个人都是家庭中平等的一员，在得到权利的同时，也要付出劳动。

给孩子选择的机会，让他依兴趣和能力做自己想做、能做的工作。孩子做的时候，大人可以在一旁观察、鼓励，或给予建议，适时地加以协助。如果他实在做得不理想，也不要责备他。可以在孩子离开现场后再略加收拾，以免让他难堪。

不要觉得孩子太小，会越帮越忙，太浪费时间，而情愿自己动手，让孩子失去学习的机会。妈妈可以选一个时间充裕的时候，和孩子一起慢慢做，指导他、鼓励他。久而久之，他就会成为好帮手的。对职业妇女而言，说不定更能因孩子的“合作”与“能干”，而提早减轻一些重担。

认真对待孩子的家务劳动。做家务并非单单干点家务活，教你的孩子怎样洗碗、扫地、整理卧室时，更重要的是培养孩子的责任心、独立性、自尊心、自信心以及互相帮助，齐心协力的品德等。做完了家务活，最好的奖励是一个微笑，一次拥抱和说声“谢谢”。或是在孩子听见的情况下，称赞他多么聪明能干。做家务是有意义的事情，但应有所节制，太多的家务会影响孩子的学习，以致我少了参加社会活动而妨碍其他方面的成长。

细节55 把本子用到最后一页

把作业本、练习本用到最后一页，是我们生活中的小事，但这是一个人勤俭节约的体现。让我们从身边的小事做起。

树立节约的思想，力戒奢侈浪费的作风。这对于孩子以后的生活大有帮助。

刘海伟同学在日记里这样写道：

今天，我把写完的作业本子拿出来准备全卖了。我打开看了看，好多本子里还有没写完的纸张，有的有一张，有的有两张，还有的有好多张。

我想：要是把这些干净的纸张当作废品卖了，这不是很浪费吗？于是，我就把每个本子里面没写完的纸一张一张地撕下来，然后用订书机订成了一本新的本子。虽然这个本子不是很好看，但是，我可以利用它来做草稿纸。这样就不用另外买新的草稿了，不是又节约钱了吗？

刘海伟同学这种节约的精神，不愧是我们学习的榜样。

有人说，节约一张纸就等于保护一棵小树。这样说一点都不过分。据资料显示，目前我国每生产1吨纸就要耗费20棵大树、100立方米水。如果每人每天浪费一张纸，全国就要浪费约2700吨纸、27万吨水。所以，我们应该从身边的小事做起，从用完本子的最后一页做起，养成良好的习惯，从小就树立资源是人类生存的生命线的观念，为建设节约型社会做出贡献。

父母要引导孩子正确看待每一个练习本、每一张纸，把它们与保护树木、保护环境联系起来。要教育孩子认真写作业，争取不出错误，不乱画。能用小纸写完的作业，就不要用大纸，用足每一张纸。把本子用到最后一页，反面也可以用的话，我们也不要嫌弃反面。用完后的练习本要积攒起来，作为资料或者卖废纸换钱，然后买新的作业本。父母培养孩子节约每一页纸的好习惯，有助于孩子树立勤俭节约的观念。

第五章

教孩子学会交往、宽容与幽默

——沟通细节的教育

细节56 与孩子保持愉快的沟通

父母不要独断专行，而应从孩子的角度看待问题，多与孩子沟通，最好与孩子成为朋友。

父母与孩子的沟通，不仅仅是语言，还包括态度、眼神、举止等等。

不可否认，父母在孩子面前代表着威信、力量和智慧。在孩子没有自我意识之前，父母有必要为孩子安排好一切。但是，当孩子有了自己的意识以后，父母就不要独断专行，而应从孩子的角度看待问题，多与孩子沟通，最好与孩子成为朋友。

达尔文非常疼爱自己的孩子。他在深爱子女的同时，还对孩子有着严格的要求。达尔文认为，不慈不足以为父，不严不足以为师。在孩子们的眼里，他确实既是慈父，又是严师，更是朋友。

每逢星期天，达尔文无论工作多忙，总要坚持和孩子们一起度过周末。他和孩子们一起在乡间小路上散步，兴高采烈地参加孩子们带有稚气的游戏。有时，即使他感到身体很不舒服，仍然要这样做。

他的二女儿埃·蒂后来谈到这些愉快的事情时说：“关于我的父亲，我所记得的第一件事是他同我们做游戏时的那种愉快。对孩子们他是热情的，但他不是一个溺爱孩子的人。我们每一个人都认为他是一个最令人喜欢的游伴，同时，也是一个最富有同情心的人。他同他的孩子们——不论在他们儿童时代或成人时代——保持了一种非常愉快的关系，充分地叙述这种关系确是不可能的。”

达尔文晚年，在主要是描写其子女的《回忆》一书中，写到和孩子们玩耍时，曾怀着惋惜的心情说：

“当你们很小的时候，和你们一起玩耍是我的乐事。想到这样的日子已一去不复返了的时候，常常使我感叹。”

每天晚上，孩子们上床后，达尔文总要花去一小时的时间给孩子们讲故事，其中许多故事是以他乘“贝格尔”号船绕地球航行时的经历为基础编造的，在故事里包含着通俗的科学知识。有时，他也读小说给孩子们听，而且有几次，他还给孩子们简短地讲授蒸汽机的知识。

达尔文对自己要求很严。他十分珍惜时间。他说：“一个竟会白白浪费一小时的人，就不懂得生命的价值。”他的书房，在工作时间，任何人不准入内。由妻子埃玛亲自负责，关照人们遵守这个规定。除非有重要客人来访，才能破例。妈妈让孩子们在育儿室玩耍，天气晴朗时，就让他们到宽阔的花园里玩。妈妈嘱咐孩子们说：“当爸爸正在工作的时候，经过一楼必须像老鼠一样悄悄地不出声响。”

有一次，达尔文正在书房工作。他不满4岁的小儿子弗朗西斯实在太想和爸爸玩一会了，便违反规定，壮着胆子来找爸爸。他鼓起勇气，把房门推开一个小缝儿，伸进小脑瓜。

“孩子，有什么事吗？”达尔文问。“爸爸，我给你这6便士买糖吃，出来跟我们玩一会儿吧！”儿子伸出肮脏的小手，掌心托着6个便士，眨着眼睛恳求说。

达尔文差点笑出声来。他怎能拒绝这6便士的“贿赂”呢，怎能伤害儿子的幼小心灵怀有的自尊心呢？他随即放下工作，来到花园陪孩子玩了一会儿。他亲切地对孩子说：“记住，以后给多少便士，也不能破坏工作时间不玩的老规矩了。”

过后，达尔文又把6便士放进了儿子弗朗西斯的储蓄箱里，并且说：“我知道，我应该因为这孩子不服从规矩而警告他，不过，一个人要拒绝收下这6便士，似乎是不可能的事。”

父母必须了解：良好的亲子沟通，必须长时间的练习，把你的爱和关怀融入到日常生活中。亲子沟通最好从小的时候就开始练习。如果你疏忽了，没关系，从现在开始也不晚。只要你做了，就会有成效。

在亲子沟通过程中，不要只顾自己长篇大论地说个不停，多停下来看看孩子的表情和反应，听听孩子怎么讲，了解他怎么想。父母要坦诚地面对自己的孩子，也要尊重孩子的想法。沟通时，尽量多用“我”的字眼，少用“你”的字眼。当孩子做了让你失望的事，说了让你伤心的话时，你要能坦然地面对，想想最坏会到什么程度？把你的感受告诉孩子：“我听了你的话好难过，觉得自己很不受尊重。”而不是指责、批评他：“你怎么可以对我这么不礼貌？”多用正面的字眼，少用负面的字眼沟通。跟孩子沟通时不指责，不批评，不使用恶言恶语。把他做对的跟做错的地方告诉他，并指导他怎样做才能改正错误。

细节57 学会爱孩子的技巧与方式

教育的秘诀是真爱。爱孩子而且一定要学会怎样去爱，掌握爱的技巧，用对爱的方式。

爱是与孩子沟通的最重要的途径。

我们强调的是，这里的“爱”是“理解”，而不仅仅是“满足”，意味着“包容”而绝非“纵容”。

当然，仅仅有爱是不够的，更为重要的是应当学习怎样表达爱。

一个妈妈痛哭流涕地说道：“我不明白，我给他吃，给他穿，他想要什么就买什么，他却在昨天说恨我！”这位母亲把整个身心都给了孩子，哪里想到会是这样的结果呢？

儿子愤愤不平地抱怨着：“妈妈总想管着我，不让我去这里，不让我去那里，还动不动就哭着说是为了我好。她用来跟我做比较的孩子足够开出一个长长的单子！”在他看来，妈妈忽略甚至轻视了他作为人的权利。

其实，爱孩子并不仅仅是满足孩子的物质需求。对年幼的孩子来说，真正理解父母为抚养他所付出的辛劳还为时过早。他更为敏感的是父母对其心灵的关注程度，对他所享有的权利和自由的尊重。在与孩子沟通的时候，父母有必要让孩子感受到理解和尊重，感受到浓浓的亲情，爱将化解所有的误会和不愉快。

世上没有父母不爱自己的孩子，可由于缺乏爱的技巧，不会爱孩子，造成了无数家庭父母与孩子之间的隔阂，这实在是一件值得反思的事情。

曾有位父亲写了一封信给孩子，忏悔自己不适当的爱给孩子所造成的伤害——

孩子：

在你睡着的时候，我要和你说一些话。我刚才悄悄地走进你的房间。几分钟前，我在书房看报纸时，一阵懊悔的浪潮淹没了我，使我喘不过气来。带着愧疚的心，我来到你的身旁。

我想到的事太多了。

孩子，我对你太粗暴了。在你穿衣服上学的时候我责骂你，因为你洗脸时只在脸上抹了一把；你没有擦干净你的鞋时我又对你大发脾气；你把东西不小心掉在地上时我又对你大声怒吼。

吃早饭的时候，我又找到了你的错处：你把东西放在地上，你吃东西狼吞虎咽，你把手肘放在桌子上，你在面包上涂的奶油太厚……

在你上学、我去赶汽车上班时，你深情地向我高呼："爸爸再见！"我却蹙着眉对你嚷道："怎么又驼背了，把胸挺起来。"

晚上，一切又重新开始。我在下班路上看到你跪在地上玩弹子，袜子破了好几个洞，禁不住又大发雷霆："袜子是花钱买的，你怎么一点也不知道心疼……"并在你朋友面前押着你回家，使你当众受辱。

孩子，你还记得吗？晚饭后，我在书房看报，你怯怯地走了过来，眼睛里带着委屈的泪光。我对你的打扰极不耐烦。你在房门口犹豫着，我终于忍不住地吼了起来："你又来干什么？"

这时，你没有说话，却突然跑了过来，抱着我的颈子吻我，眼里含满了泪。我简直不敢相信自己如此粗暴也削弱不了你对父亲的爱。接着，你用你的小手臂又紧抱了我一下，就走开了，脚步轻轻地走开了。

孩子，你知道吗？你刚离开书房，报纸就从我手中滑落到地上，一阵强烈的内疚和恐惧涌上心头。习惯真是害我不浅。吹毛求疵和训斥的习惯几乎成了我父爱的象征。孩子，爸爸不是不爱你，而是对你的期望值太高。我是用成人的尺度衡量你，而且拿很多成年人也难以做到的标准来要求你。细想起来，多么可笑。

而你本性中却有那么多的真善美，你小小的心犹如照亮群山的晨曦——你跑进来吻我的自发性冲动显示了这一切。今晚，一切都显得不重要了。孩子，我在黑暗中来到你的床边，跪在这儿，心里充满着愧疚。

这也许是个没有多大效用的赎罪。等你醒来后告诉你这一切，你也不会明白，但是，从明天起，我要做一个真正的爸爸——做你最要好的朋友，你受苦难的时候我也受苦难，你欢笑的时候我也欢笑。我一定会把不耐烦的话忍住。我会像在一个典礼中不停地庄严地说："你只是一个孩子，一个小孩子。"我以前总是把你当作大人来看，但是，孩子，我现在看你，蜷缩着熟睡在小床上，仍然是一名婴儿。你在你母亲的怀里，头靠在她的肩上，仿佛只是昨天的事。我以前对你要求的太多太多了。

这封使无数父母动容和深思的信，让许多父母再也不愿训斥、指责和抱怨，同样教我们明白：爱是有技巧的，沟通是讲求双向性的。父母既要将自己的内心世界向孩子剖白，同时也要多倾听孩子的心声，互相理解，互相倾听，这才是真正的沟通。

细节58 准确地认识和评价孩子

父母通过观察和交流及时了解孩子的好恶与心理变化，找出引导孩子的最佳方法。

每个孩子都是令人难以置信的复杂和有趣的个体。父母在实施教育计划之前和过程中，始终应当认真耐心地观察自己的孩子，了解他擅长和不擅长的，喜欢和不喜欢的，并通过孩子在各种细微之处的表现尽可能地把握他的个性特征。在孩子稍大的时候，更应时时保持与孩子的沟通和交流，以便对孩子遭遇的困惑，所面临的歧途以及所表现出的某些良好态势做到心中有数。

父母必须不断地发现孩子的特长和弱点，对孩子在个性和智能上的现实状况有一个较客观的评估，然后随之不断地将教育的目标和方向调整得更切合实际。父母还必须通过观察和交流及时了解孩子的好恶与心理变化。这样做的目的绝不是为了更好地迎合和顺从孩子，而是为了找出引导孩子的最佳方法。

如何才能客观准确地观察孩子而不陷于主观、一厢情愿的判断呢？

我们在此向大家提供一名美国教育家总结出的有效方法——

首先，拿出一张纸，在纸上写下你最常用来描述孩子的词汇，如：聪明、漂亮、可爱、反应慢、不听话等等。

其次，将这张纸撕碎丢掉，确信自己能够重新认识和判断孩子。

第三，划定一至两个星期的时间作为你对孩子的调研期，让孩子在这段时间里不受干扰地自由生活。

第四，认真观察并详细记录孩子每日的活动。比如，孩子在当天笑了几次，哭了几次，哭或笑的原因是什么；孩子提出了多少次要求，他的要求是什么；孩子最经常做的事情是什么，做了多少次或者多长时间；孩子是否做了什么让他自己十分满意的事情；等等。对较大的孩子，你可以有意识地向自己提问，并从孩子那里找到答案。比如：

他善于结交新朋友吗？

他比较热衷于介入陌生环境，还是喜欢待在自己熟悉的环境中？

在做计划时，孩子是否坚持己见？

他是否条理分明？

他对音乐或绘画有热情吗？

他愿意自己解决遇到的问题，还是习惯于向别人求教？

他是否常常帮助别人？

他是否特别喜欢体育活动？

他在众人面前讲话显得自如吗？

同伴易于随从他吗？

他是否对搭建东西有特别的兴趣？

他在户外显得特别高兴吗？

他对数字敏感吗？

他是否喜欢用形象生动的词汇来描述他的所见所闻？

在观察和记录当中，要特别注意那些容易引起孩子兴奋的事情，和使孩子显得积极独特的行为。为保证结论的准确性，调研可以放在不同的环境和情景中进行，如在餐桌上，在公园中，在商店里，在独处的时候，在和朋友玩的时候，写家庭作业的时候。

第五，将调研期的所有记录放在一起，研究并重新归纳孩子的个性和行为特点。

如果你发现孩子喜欢到户外活动，表现出对所有生物的敏锐关注，对家庭宠物呵护备至，并经常阅读有关动物的书报杂志，撰写以动物为题材的诗，就可以断定孩子在动物研究方面拥有热情和特长。

如果孩子喜欢猜谜，十分善于解答数学课中的应用题，在长途旅行时愿意对着地图推断与计划最适宜的交通路线，那么他显然具有分析解决问题的卓越技巧。

如果孩子不爱与陌生人接触，总是将自己的玩具收拾得整整齐齐，喜欢观察生活中的人和事，能说出许多不为人所注意的细节，则可以看出他虽然在交际方面有所欠缺，但是具有严谨细心、观察力敏锐的优点。

在你完成这一整套“科学家式”的观察思考后，你会惊异地发现，自己在客观地判断孩子方面已有了大幅度的进展。有些孩子会十分坦白地告诉父母：“我的阅读能力是全班最棒的”“我的朋友都喜欢和我玩”“我不喜欢运动”“我不爱做手工，我老也做不好”，等等。有些孩子则可能支支吾吾，说不出自己究竟喜欢什么，不喜欢什么，究竟擅长哪些，不擅长哪些。不用着急，父母完全可以通过耐心的帮助和引导，让孩子逐步说出自己的想法来。孩子对自己的认识未必正确，但一定能反映出孩子的心态和兴趣所在。

父母可以从很了解孩子的人那里听取意见。父母总是认为自己与孩子相处的时间最长，与孩子保持密切的联系，所以没人比自己更了解孩子。但事实并非如此。有时候，往往只有他人才能认清孩子身上那些父母根本无法看到的特点。老师、友人、孩子的姑姑、姥姥等都可以作为征询意见的对象。

细节59 尊重孩子，时刻注意他的存在

真正的尊重孩子，就是时时处处注意他的存在，把他当作家庭中的一员，让他发言，让他参与，在一件件小事中体现出对孩子的尊重。

我们许多父母在很大程度上缺乏尊重孩子的意识，没有把孩子当作一个独立的个体来认识。有的是甚至把自己当作孩子的代言人，一厢情愿地认为自己替孩子做主，孩子一定会接受。

事实上，真正的尊重孩子，就是时时处处注意他的存在，把他当作家庭中的一员，让他发言，让他参与，在一件件小事中体现出对孩子的尊重。

有一位叫劳拉的心理学博士，曾经举了一个非常有代表性的例子："每次出门遇到邻居或朋友带着孩子，或者到人家里去做客，我都会在向大人问候完以后，专门向孩子致意。很多父母却忽略了这一点，而这样的细节反映出了他们的教育观念。要知道，孩子有一种想引人注意的天性。有些孩子甚至通过恶作剧，做出一些令人讨厌的事来达到目的。如果我们能在日常生活的各个环节中使孩子感觉到自己倍受重视，并适当地表扬他的有礼貌，懂得关心别人，又怎会出现那么多故意哗众取宠的事情呢？所以，请记住，要尊重孩子，请从主动向别人介绍你的孩子开始。"

这仅仅是冰山一角。除此之外，父母需要做的还有很多。比如：乘坐公共交通工具时重视孩子的存在，主动给孩子买票；出去郊游前，与孩子一起讨论要去的地方，怎样到达目的地，怎样安排郊游活动等；家庭中发生较大的变动(如搬家、疾病、离婚)时与孩子及时进行适当地交流；当孩子提问时认真给以解答而不是敷衍了事，等等。

这些看似复杂而琐碎，但点点滴滴的小事，都是父母内心意识的自然流露。当他们真的尊重自己的孩子时，他们就知道怎样与孩子在一个平等的层面上进行沟通，也就会自然而然地做到这一切。我们需要的不是去按部就班地按照专家的指导从形式上做完每一件事。我们需要的是观念，一种科学严谨的教育观念，一种平等和真诚的态度。

也许，孩子可能未必真的明白什么叫尊重和“尊重”这个词所具备的内涵有多丰富，但他有着比成人还敏感的感觉。他们能够体会到父母是怎样看待自己的，是不是真的从内心深处重视和承认自己。孩子有自己的思维方式和看待事情的角度。

真正的尊重应当是对孩子理性的尊重。父母应让孩子意识到，当他提出合理的要求时，就一定会受到父母的重视。父母当然也得学会去尊重孩子正当的要求。父母还应使孩子明白，如果他懂事，诚实，体贴和尊重父母，父母也会尊重他，会很乐意与他像朋友一样平等交流。由于尊重的对象不是孩子的无理要求，而是孩子的理性，所以真正的尊重有时必须以一种严格要求的姿态出现。唯其如此才能培养孩子健康、完善的理性，树立孩子良好的习惯，才能使孩子趋于成熟、正直的生活。

老卡尔·威特在谈及这一点时曾回忆起一件小事——

“一次，卡尔想吃一块点心。我没有给他，因为我们刚刚吃过晚餐，过多的吃喝会影响他的健康。不到2岁的儿子发起脾气来。他躺在地上，大哭大闹。他的母亲看不过去了，连忙答应了他的要求。她拿着儿子渴望的那块点心说：‘好啦，卡尔，快起来。’卡尔的哭闹取得了胜利，他得到了那块好吃的点心。”

小卡尔通过哭闹向父亲的权力进行挑战，而且获得了胜利，实现了自己的愿望。老卡尔·威特对此颇为担忧，并与妻子进行了沟通：如果父母在孩子的哭闹下让步一次，孩子就会马上意识到能通过哭闹使父母迁就他的不合理要求，于是就会出现第二次和第三次哭闹。这将会给孩子的教育和未来成长埋下隐患。因为长大以后，他的能力和方式就不仅仅是哭闹了，他要求别人迁就和服从他的无礼态度也将不仅仅针对父母，还会针对其他所有人。

老卡尔·威特总结道：“有些父母会以尊重为名义，满足孩子形形色色的愿望。当孩子哭闹时，更因为心疼孩子，唯恐伤害孩子的心灵而迁就于他。这事实上不仅没有尊重孩子，反而使孩子越来越不懂得尊重父母。”

父母要把孩子作为家庭中的一员。家中的事情要让孩子积极参与，保证孩子受锻炼的机会。要教育孩子在平等的原则上为人处事，告诉孩子不管对谁都应树立平等的观念。要让孩子懂得，在人格上，人与人之间永远是平等的。遇事要无私，要言而有信。只有这样，人与人之间才能互相信赖，和睦相处。特别是要教育孩子严以律己，宽厚待人，尊重他人，不轻易地怀疑、怨恨、敌视他人。

细节 60 培养孩子的合作精神

懂得合作的人，才能适应环境，并发挥积极作用。不懂合作的人，会在生活中遇到很多麻烦，并无所适从。

劳动节后的周末，威尔逊和埃迪的父母要带他们去州里的国家公园爬山，然后野餐。

临行的前一天，一家四口人商量了该如何进行准备：妈妈负责去超市买食品，爸爸准备烤肉的炉子，9 岁的威尔逊提出负责所有餐具，11 岁的埃迪负责准备调料。爸爸提醒他们是否列出一个单子，一则防止遗漏，再则若家里不够的物品，可及时去买。威尔逊很快就列出了单子，请爸爸过目，随后便开始准备；而埃迪却跑到外面找邻居的孩子玩。爸爸警告他带齐调料，否则野餐不会好吃。埃迪一边往外跑一边说：“放心吧，我会带好的，别担心。”爸爸不大相信他会准备齐全，想自己来做，转念一想应当给埃迪一个锻炼机会，不要越俎代庖，于是便没有再督促埃迪。而埃迪也很开心地玩到很晚才回来。他到厨房里忙了一会儿，拿出来一袋子瓶瓶罐罐，便上楼回房去睡了。

第二天一早出发，爸爸并没有再检查埃迪的准备工作，一家人高高兴兴地上路了。走了2个小时的山路，选好了野餐的地点，大家开始准备午餐。等肉烤熟后，每人倒了一杯饮料，整理好盘子，围着野炊点的木制桌椅坐下，开始往烤肉上倒调料。“埃迪，烤肉汁在哪里？”埃迪伸手到袋子里去找，怎么也找不到。“我记得从冰箱内拿出来的，怎么会没有？”“你有没有列在单子上？”“我没有列单子，我记得我把所有的调料都拿出来了。”埃迪又翻了一遍，大家都在那里等着。埃迪最终没有找到，惭愧地低下了头。

这样的经验教训是深刻的。埃迪知道由于自己的疏忽，不但影响了自己，也影响了别人，使这次的活动大为逊色。这时爸爸并没有说一句责怪埃迪的话，但整个形势本身对他的教育已比任何话语更有效。妈妈和爸爸有没有想到埃迪会忘掉一些东西呢？完全可能，或者说是在他们的意料之中。如果爸爸出面督促埃迪按列的单子准备，或让威尔逊去做，情况会怎样呢？首先埃迪会感到爸爸不相信他有能力料理这件事，自尊心会受到伤害；再者爸爸反复督促，会使埃迪感到十分被动，有为人所驱使的感觉。这样就会让他产生抵触情绪，极可能甩手不干，或与爸爸发生矛盾，让大家都不愉快，最后所有的事情还是需要妈妈来做。爸爸即使成功地迫使埃迪按照自己的方法去做了准备，野餐因此而毫无缺憾，但埃迪并没有学到任何经验与教训，反倒加深了对爸爸强制他做事的反感。

埃迪的父母选择不参与的方式是明智的。尽管这次野炊因埃迪遗漏佐料受到一些影响，但对埃迪的成长却有深远的意义，教育他懂得作为集体的一员应具备责任心，懂得做事要认真、有程序的道理。

与人合作的能力，已成为当今世界人才的重要素质之一。目前由于孩子中独生子女数量大大增加，任性、脾气大、与人合作能力差成为大多数孩子心理品质上的弱点。有些父母把孩子视为掌上明珠，对他们百依百顺，使这些孩子只知道自己，很少想到别人，逐渐养成了“以我为中心”的不良心理状态。父母应为孩子创造一个良好的家庭气氛。一个整天争吵不休的家庭，很难造就出一个具有和谐的人际关系的孩子。父母必须把家庭成员之间的关系处理得恰当、合理。对邻居、朋友、客人都要热情、平等、谦虚、有礼貌。孩子会以父母为楷模，逐步养成尊重别人、爱护别人的良好品德。要让孩子多参加集体活动。那些“以我为中心”的孩子，开始在集体活动中最初很难与同龄伙伴和睦相处，只有碰了几次钉子以后，才会意识到在集体活动中一定要想到他人。参加集体活动，可以让孩子在活动中获得与他人相处的经验。

要使孩子所想的，不仅仅是自己需要什么，而是整个活动、整个家庭需要什么，以此培养孩子的合作观念。父母不可以无限度地迁就孩子的要求，尽管有时这种要求本身是合理的，但是，它却意味着父母要做出过多的牺牲。

细节61 学会宽容

有宽容之心的人一般能与人和睦共处，合作共事，保持良好的社会关系。

宽容是一种美德。父母要培养孩子宽容的美德，让孩子认识到，只有对别人的错误和过失表示谅解、宽容，才能使合作顺利地进行。父母尤其是在孩子出现品德过失的时候，应适当地给孩子以谅解、宽容，这往往比对孩子一味的批评处罚，更能让孩子心悦诚服，给孩子留下较为深刻的印象。

王林有一天对妈妈说，他有些讨厌学校里看自行车棚的临时工黄大爷。听王林这么说，妈妈感到诧异。王林平常是一个为人和蔼、彬彬有礼的孩子，怎么会指责一个老人？于是问他为什么。他告诉妈妈，这个黄大爷脾气一点也不好，有好几次跟他打招呼，他根本不理睬。“这还不是最主要的，”王林说，“他对工作一点也不负责任。任何人在上班时间都不能擅离职守，可是他却常常把自行车棚的铁门一锁，便连个人影也找不着了。前天，我因为生病请假提前回家，到处去找他开车棚门，你猜是在哪里把他找到的？在他寝室的被窝里！他竟然跑回去睡懒觉了。我当时气得真想写信把这事反映给校长。妈妈，我能这样做吗？”

看着稚气的王林，妈妈心里有一种说不出的滋味。该怎样教育这个孩子呢？“林林，我想告诉你的是，你恐怕不能这么做。你的心情我理解。你是在想，如果一个人不能胜任他的工作，那么就应该离开这个岗位，这对别人也有好处。可是你知道吗，每一个人都会有缺点，都可能有失职的时候。听说，这位黄大爷为你们的学校工作了30年，已经70多岁了。他没有儿女，前年老伴患食道癌过世了，他自己的身体状况也很不好，右边的耳朵已经失聪了。学校之所以还在聘用他，就是考虑到他没有其他生活来源。他现在是老了，体力也不行了。不过，他在年轻的时候是一个非常乐于帮助别人的人。林林，你想想，如果学校把他辞退了，他一个人孤苦伶仃的，以后的日子该怎么过呢？”

王林良久没有吭声。他低着头，脸上带着愧疚。最后，他对妈妈说：“妈妈，我错了。我对这位黄大爷没有做到应有的宽容，是因为我不了解他的情况，差一点感情用事。妈妈，我希望你能给我一个机会，让我和我的几个好朋友一道来帮助他。”

“当然好啊，”妈妈慈爱地抚摸着他的头说，“你的做法让妈妈感到十分的欣慰。”

王林在妈妈的教导下，终于学会了理解和宽容别人。

家庭成员之间要友爱宽容，让孩子从小就生活在一个温馨、和谐、友爱、宽容的家庭环境中，使其在潜移默化的影响中，逐步形成稳定的宽容忍让的良好氛围。

有句古谚：“要想公道，打个颠倒。”即使别人错了，也要试图去了解他，理解他。容忍别人，宽容别人，同样能获得信任和支持。父母不妨教孩子试一试，把自己放在对方的处境下，问一下自己，要是我在这样一个环境里，我会怎样想，我会怎样行动？有位作家写道：“暂停一分钟！暂停一分钟，把你对自己的事情的深度兴趣，跟你对其他事情的漠不关心，互相做个比较。那么，你就会明白，其他人也正是抱着这种态度。”

学会从别人的角度考虑问题，并且承认对方有表达自己看法的权利。那么，你不仅可以了解别人，赢得友谊，而且，会与别人很好的沟通。

细节62 让孩子学会与人交往

友谊是以共同爱好为基础的。如果你的孩子朋友不多，你可以帮助他培养某些爱好，从而认识更多的朋友。

父母要教育孩子学会与人交往，要学会关心别人，与小朋友友好相处。有些孩子不懂得怎样结交朋友，但只要父母给予他们正确的引导和支持，这种情况是可以转变的。父母虽然不能主宰孩子的社交生活方向，但可以通过种种方法鼓励和帮助他们结交朋友。

最近，芳芳总觉得大家都在故意与自己作对。老师知道她个头很矮，视力又不是很好，可老师偏偏把自己的座位调到后4排，这分明是不重视自己。还有朋友小云，她怎么能和其他同学一起去逛街，而不叫上自己呢？再有就是班上的男生李强，每天都在盯着自己看，然后就和其他男生在一起讨论什么，难道他们在说自己的坏话吗？

这一切都让芳芳觉得很生气，很伤心。芳芳是个15岁的女孩，除了一个叫小云的朋友之外，很少和别人在一起。因为她老是觉得同学们都在用“异样”的眼光注视着自己，所以，她干脆和别人划清界限。可是现在连小云都在疏远自己了，芳芳怎么能不难过呢？

芳芳的学习成绩一直不错，老师挺喜欢她的，还经常当着同学们的面表扬她。可是最近芳芳有一门功课的成绩稍微有点下降了，老师似乎就不太喜欢她了。这不，把她的座位换到了后面。只有那些调皮捣蛋的学生才会在后面坐的。芳芳就是这么想的。她自从坐在后面后，再也没有专心听过一节课，心里总在自怨自艾。就这样，芳芳学习成绩下降得很快。芳芳想，这下完了，以后只能永远在后面“坚守岗位”了。

课间时，芳芳还是坐在自己的位置上。她可不想和别人一样到教室外面去玩，因为大家可能也不欢迎她。就在这个时候，讨厌的李强走了过来，问了她一道数学题。芳芳的数学成绩向来不错。她起初不想帮李强解答的。可是李强却在那里不停地请求，芳芳只好答应帮他解答了，许诺放学后把解题过程告诉他。可当芳芳好不容易把这道题解出来的时候，李强却说，自己已经想出结果了，谢谢她的帮忙。芳芳觉得这不是在把她当猴来耍吗？芳芳越想越气，越气越想，眼泪就像断了线的珠子一般流个不停。

回到家后，芳芳把自己关在了房间里面，再也不想去上学了。她觉得大家都在和她作对。她告诉妈妈必须帮她转学，要不然再也不去上学了。这可急坏了妈妈。妈妈把芳芳的情况告诉了老师。这时，老师这才明白芳芳最近为什么如此反常了。

这天，老师带着小云、李强一起来到芳芳家。芳芳看到3人，很惊讶也很生气，难道他们是来看自己的笑话吗？芳芳拒不和他们见面、说话。老师无奈，只好给芳芳留下了一封信。信是这样写的：

“芳芳，老师没有注意到你是个敏感的女孩，没有注意到你最近的情绪变化。对不起，这是我的疏忽。老师把你换到后面去坐，主要想让你帮助一下你的同桌，因为你的学习很好。可是老师没有明白地告诉你原因，让你误以为老师不喜欢你了。

“你的好朋友小云也没有和你疏远，是你自己不愿意理她的。她总是和大家说，你是个很容易相处的女孩，希望大家和你做好朋友。那天，她和别人去逛街，那是因为她要为你挑选生日礼物。

“另外，李强那天的确是诚心请教你问题的，可是他自己也解出了那道题，所以就没有等你的答案，他的确不是和你开玩笑的。

“芳芳，其实大家都很喜欢你。芳芳，不要在自己的小世界里面待着，走出来吧。我们都在等着你，期待你回到我们当中来。”

原来是自己错怪了大家。芳芳捧着信哭了，她心里面已经暗暗地下了决心，明天去学校时，要向大家道歉，并告诉大家，我也要和你们做朋友！

有的专家说，大人常犯的错误，就是以为孩子会自然地就成为朋友。其实，除非孩子能经常与朋友在一起，否则很难增进友谊。有时候，做父母的也需要为孩子穿针引线。如果孩子在某方面擅长，他们的信心便可以建立起来，并利用这种专长结交朋友。“友谊是以共同爱好为基础的。如果你的孩子朋友不多，你可帮助他培养某些爱好，从而认识更多的朋友。”父母可以为孩子制造机会，帮助他们发掘自己的专长。孩子需要父母指导，但父母也需要让孩子对一些事情有自主权。例如，父母往往会为孩子的打扮或发型而操心。但专家说，最好是让孩子在合理的范围内自己做决定。在选择朋友方面，也需要给孩子某种程度的自主权。父母都希望自己的孩子多交朋友，但同样也希望他们不要误交朋友。必须明白孩子的社交需要是因人而异的。比方说，并不是每个孩子都希望有很多朋友。数量和质量是两回事。对有些孩子来说，也许一两个知己就已经足够。

细节63 共处是孩子的人生必修课

父母要引导孩子在交往中学会共处，教给孩子自我保护的方法。

静是初二学生，长得清纯可爱，学习成绩也不错，是父母的掌上明珠。可她最大的弱点就是不懂得如何与人共处。家里来了客人，总是妈妈告诉她“叫阿姨，叫叔叔”，每次她头也不抬地小声叫一下，应付了事。父母参加校友聚会带上静一起去，想让她见见世面。可身高与母亲齐肩的静，只是低头喝饮料、嗑瓜子，对于父母的老同学对她的询问和关爱举动却无动于衷，爱答不理的。而当大家一起聚餐时，其他孩子给大人敬酒、祝福并交谈，静只顾自己埋头吃东西。父亲的一位校友在少年宫负责电视小主持人培训工作。他本来看静的条件不错，想介绍她参加培训，可看到静不愿与人说话，见了长辈也不打个招呼，很不高兴，就打消了这个念头。静不懂交往，也使她在班集体中成了一个怪僻的人。同学给她打电话时，她常常对人家说：“作业还没做完，有什么可说的？别烦我了！”有的同学邀她双休日一起去郊游，她却说：“好不容易休息，还是睡个懒觉吧，怪累的，我不去！”这样一来，静在班上几乎没有什么朋友。而父母常对静说：“好好学习，争取好成绩是最重要的，将来你要是有高学历，也就什么都有了。对学习无益的交往少参加！”

在心理咨询和调查中发现，在大多数学生中，与同学有矛盾冲突的占40%以上，尤其是大学住校的学生。还有多例因为难以与同学共处而休学的。更不用说，如今青年就业第一关就是面试应聘。如果不善于与人共处，今后又如何应对迅速变化的人际关系和社会环境呢？有的青少年在与网友交往中被诈骗、抢劫、强暴、伤害，甚至被杀等实例也是屡见不鲜。但若他们尽早学会与人共处，就能够学会正确的选择朋友和掌握分寸，也不至于不会分辨谁是真正的朋友。

现代信息社会已经进入了一个对话与合作的时代。与人共处的独立意识、社会规则、知识技能，是每个人可持续发展不可缺少的、适应社会的必备综合素质。父母对此应给与足够的重视。父母要放手让孩子通过课内外的学习和实践来学会与人共处，不必在乎别人的反应如何，关键在于要锻炼孩子与人共处的本领。

培根说，“知识就是力量”，但最有力量的人并不是最有知识的人，而是生命健康，有学习技巧，有做事能力，并且懂得与人共处的人。我们要从小就培养孩子与人共处的能力，这样才能助他成才。

细节64 不要轻易否定孩子的想法

每一个孩子都与众不同。只有父母才最了解自己的孩子，打开孩子心灵的金钥匙就掌握在父母的手中。

对孩子自己的看法和想法，父母不要轻易否定，不要急于驳斥他们的意见。另外，对他们所看到、听到、想到的要予以相信，不要都以为不对。

如下面这位母亲的做法就欠妥。

米兰跟母亲上街。她看到一件衣服，说："这件衣服挺好看。"

母亲回复道："才不呢！既难看又俗气。"

母亲这么直接反驳会伤害孩子的自尊心，引起她的反感。她会认为母亲说她笨，没有鉴赏能力。

如果回答不那么生硬，而是委婉地建议："这衣服式样还可以，但我觉得颜色艳了点。要是这种小花配上颜色清淡一点儿的料子，会很适合你。"

这么说就不会使女儿觉得丢了面子，也不会引起她的敌意，更不会使她为了维护自己的自尊心而坚持原有看法。她会很容易地重新考虑自己的选择，接受母亲的观点。

秦晓莉，某小学五年级女学生，在班里担任中队长。秦晓莉的妈妈反映，秦晓莉以前是比较乖巧听话的，学习成绩也一直不错。可是，最近她发现晓莉"越来越不听话"了，"主意多得很"，经常像故意似的跟父母"对着干"，而且倔强得很，不肯认错和服输。有一天，发生了一件事情，令父母伤心不已。晓莉的一位同学过生日，准备邀请几个同学一起到肯德基庆贺一番。爸爸妈妈心里不太愿意让女儿跟那几位同学交往，认为那几位同学不求上进。而且，一贯节俭的他们也无法接受小孩子采用这种方式过生日。因此，坚决不允许晓莉去参加生日聚会。晓莉则认为妈妈对同学有偏见，说父母"老土"，坚持要去参加同学的生日聚会。爸爸妈妈见女儿不听劝告也很火，威胁女儿说："你可以去，不过，去了就别想再进这个家门。"没想到，女儿竟然说："我就去，我再也不愿意见到你们。"

尽管晓莉最后没有去参加聚会，但她一直在跟父母怄气。晓莉的妈妈看在眼里，急在心里，实在不明白平时一贯听话的女儿怎么越来越不听话了。

其实，随着孩子年龄的逐渐增加，知识日趋丰富，自我意识亦随之增强。到青少年时期，大多数孩子有了自己的意愿、自己的观点和看法。此时，孩子的自我意愿若是得不到尊重，心中就会感到压抑，从而产生不服与怨懑。那些性格懦弱、依从惯了的孩子，一般不会流露于表面。而那些性格倔强、不愿俯首帖耳的孩子，就会据理力争，争个高低。而父母呢，大都抱着不予理睬的态度，把孩子的意愿置于一旁。因为在父母眼里，孩子乳臭未干，哪来那么多道理可讲。这样，必将挫伤了孩子的自尊心。你无视他的存在，他便会反抗，与你背道而驰。这就是孩子之所以喜欢与大人“对着干”的心理原因。

对于需要逐渐离开大人的怀抱，学会独立生活的孩子来说，拒绝甚至反抗大人的意愿是常有的事。这是他们为发展自己的“力量感”而进行的斗争，是很正常的。

因此，孩子与父母争辩，不要怕丢了父母的面子，不要担心孩子不听话，不尊重你，与你为难。孩子也是讲道理的，你与孩子争辩，孩子觉得你讲正义、讲道理，他会打心眼里更加爱你、依赖你、尊重你。你要孩子做的事，他通过争辩弄明白了，就会心悦诚服地去做。你有难题，孩子参与争辩，也能启发你。这有什么不好呢？对孩子来说，与父母争辩是一种自信、自尊、自强的表现，是一种心理的宣泄。争辩表明孩子在走自己的路，认真思考问题。

由此看来，让孩子充分地发表自己的意见，父母不要攻击孩子的意见，不要在意孩子顶嘴。要尊重孩子的意愿。“争取权利”是孩子经常想追求的目标。孩子认为，如果他们顺从父母的命令，便是慑于权威，而失去了自己的个人价值。这种恐惧心理激起他们努力争取权利的意愿。当孩子的提议遭到父母的强烈反对时，他心里反而激发起一股“倔强劲”，觉得自己是大人了，不能听凭父母摆布；觉得父母对他的干涉是不尊重他。因此，父母应该经常保持与孩子的平等对话，以便随时了解孩子的想法。

父母要学会转换视角。将孩子的“不听话”“倔强”等行为看作是孩子发展独立性的必经阶段，是孩子健康成长的积极信号，父母就会找到有效的方法来帮助孩子认识到自己是有力量的，是有价值的。同时，父母也能正确处理这类“力量的较量”事件，减少父母与孩子之间的斗争，创造合作的和睦关系。不管孩子提出什么要求，父母不要因自己不喜欢而断然地加以拒绝，多和他们商量，想办法，培养他们自己独立处理事情的良好习惯，这才是明智的。

细节65 让孩子学点幽默

痛苦使人提心吊胆，幽默则能解除危机。父母可以充分利用幽默的魅力，让大事化小，小事化了。

幽默有一种魅力，不仅蕴含智慧，也蕴含着美德。

痛苦使人提心吊胆；幽默则能解除危机。即使是最黑暗的时刻，光线都可以穿透。假如孩子对某些你觉得很愚蠢的事情感到沮丧，你可以运用幽默来化解。

父母在培养孩子的过程中适当地运用幽默，不仅可以缓解父母和子女之间的矛盾冲突和紧张气氛，更可将幽默感渐渐地传给孩子，让孩子体会到幽默的魅力，同时也让孩子学会幽默轻松地面对人生。

苏联的著名诗人米哈依尔·斯维特洛夫就是一位善于运用幽默方法的教育孩子的高手。

有一天，诗人刚回家，就见一家人慌作一团。诗人的母亲正在打电话给医院请求急救！原来诗人的小儿子舒拉别出心裁地喝了半瓶墨水！诗人明白孩子喝下的那种墨水不至于中毒，所以用不着惊慌，而这正是教育舒拉的好时机！

于是，他轻松地问舒拉："你真的喝了墨水？"

舒拉得意地坐在那里伸出黑黑的舌头做了个怪相。

诗人一点也不恼火。他从屋里拿出一沓吸墨水的纸来，对小儿子说："现在没有办法，只有请你把这些纸使劲嚼碎，吞下去了。"

一场虚惊就这样被诗人一句幽默的话冲淡了，"危机"在家人的嬉笑声中结束。舒拉原想以此成为全家关注的中心，但未能如愿。

此后，舒拉再没犯过类似出风头的错误。

父母以调侃的口气，摆出了事实，在没有任何冲突的情况下，让孩子意识到他从没有考虑过的事情。如果不是借助幽默，这件事情势必以冲突、伤害双方感情而告终。幽默通常可以让每个人都感到比较愉快。换句话说，孩子就不会和你较劲儿，而是会努力去按照你的要求去做。

在日常生活中，要时时注意采用幽默的方法教育孩子。孩子总会有些逆反心理。正面教育效果往往不佳，教育时转个弯，从侧面以幽默的方式进行教育，既保护了孩子的自尊心，又达到了教育效果，自然易于被孩子接受。此外，采用幽默法教育，还有利于训练孩子的口语能力，开拓思维，对于发挥儿童想象力，开发孩子智能等也大有益处。

孩子，特别是男孩子，有时会故意打破常规做出一些异常的举动。通常他们是想证明自己的勇敢，这样可以引起别人的注意。此时，如果我们采用“硬碰硬”的简单方式，孩子很可能会变得更加蛮不讲理。遇到这种情况，做父母的最好借助幽默，用讽喻轻松的口吻指出他的不通情理之处，使他明白自己的错误所在，从而达到教育孩子的目的。

要经常给孩子讲一些幽默的故事，让孩子在不断地熏陶中逐渐培养幽默感。给孩子讲幽默的故事是激发孩子大脑中幽默因子的最好方法。孩子都是喜欢听故事的，而且他们往往容易进入故事中的角色，并且在听的过程中，会不断地产生问题，进行思考，然后，他们就会不知不觉地模仿。

但是，父母要注意，幽默不是粗俗的闹剧，而是一种高雅的艺术。幽默不是使对方感到尴尬，有伤对方感情，有辱对方自尊的嘲笑或讥讽。幽默是一种思想的健美操，需要经过长期的思想锻炼；幽默是一种文化的积淀，需要达到一定的文化水准；幽默是一个人整体素质的组成部分，体现着一个人的精神世界、道德情操、文化修养。

孩子的幽默性格一旦形成，对其一生都将产生重要的影响。具有幽默感的孩子大多开朗活泼，往往更讨老师的喜欢，人际关系也比不具幽默感的孩子好得多。幽默还能帮助孩子更好地应对生活和学习中的压力和痛苦。因而幽默的孩子往往比较快乐、聪明，能较轻松地完成学业，甚至拥有一个乐观、愉悦的人生。

第六章

培养守规矩、有教养的孩子

——文明细节的教育

细节66 建立良好的家规

与孩子一起制定家规，让他们清楚地知道“什么可以做”“什么必须做”“什么不可以做”。

有一次，我去参加朋友的聚餐，很惊讶地看到孩子们吃完饭，在餐厅里追逐嬉戏，而服务生端着热菜穿梭其中，真是险象环生。只见孩子的父母毫不担心地忙于交谈。有时坐公车，看到年轻的妈妈放纵小孩，在座位上跳上跳下且大声吵闹，却不加以劝阻。

虽然餐厅和公车都是公共场所，也不是特别需要安静的地方，但是否想到孩子的行为会干扰他人呢？

相信天下父母都深爱孩子，也关心他们，可是仅有“爱”是不够的。两三岁的孩子还不能自我约束、辨别是非，一定需要父母的管教。况且每位家长都拥有上天赋予的管教权，有管教才能让孩子有规可循，也才能帮助他建立正确的行为，发展健全的人格。

倘若只有爱，却没有适当的管教，孩子会因缺乏行为规范，而自制力低落，易以闹情绪控制父母，与同伴的人际关系也处理不好。

父母要在“爱”与“管教”中找到平衡点，确实需要多费心。首先，要用心去了解自己孩子的个性、能力和特质，然后夫妇俩共同沟通协商，具体讨论在哪些方面的管教需要加强？哪些方面的情绪没有被顾及？最后与孩子一起制定家规，让他们清楚地知道“什么可以做”“什么必须做”“什么不可以做”。

在说明道理后，应赋予孩子责任。当孩子一定要选择做“不可以做”的事情，或不去做“必须做”的事情，他就得为自己的选择和行为负责。父母一定要与孩子一起遵守规则，如此才能帮助孩子从内心产生自律。

每个家庭的管教模式都不一样，您不能将别人成功的管教模式套在您的孩子身上。因为每个孩子都有不同的特质，我们先要了解自己的管教目的及孩子的需要，再决定如何协助孩子。一般常见的家规包括：教导孩子料理自己的事，培养良好的习惯；孩子自己能做的事，尽量让孩子去做，切勿凡事代劳。父母宜从小鼓励孩子料理自己的事，并依孩子的能力要求孩子分担家务。如此，孩子不仅能学习独立，也能从中肯定自己的能力，增进自信心。

所以，父母应依据自家生活习惯及孩子的需求，制定一些能帮助孩子建立良好习惯的常规。比如：就寝、起床的时间，吃饭时不看电视，饭后帮助收拾碗筷，饭后必须刷牙等。此外，父母应避免设定太多的非必要的规矩，使孩子因做不到而放弃。父母也要依家中不同年龄的孩子修改常规，例如：3 岁与 15 岁孩子的就寝时间不可能相同。

常见许多家庭定了家规，孩子仍学不了规矩，这是因为执行不当所致。父母的管教方式、态度、用词语气，甚至自身行为和情绪反应，都会影响到家规执行的成效。所以父母应注意：多用鼓励代替赞美，特别是在孩子遭受挫折时，更需要鼓励。只有这样，孩子才会感受到来自父母“无条件”的接纳与肯定。

细节 67 待人接物要真诚

真诚是人最宝贵的美德。人与人之间，只有真诚相待，才是真正的朋友。

真诚不是智慧，但是，它常常放射出比智慧更美丽动人的光泽。

我们主张真诚待人，并不是为了别人以真诚回报。如果动机是以自己的真诚换回别人的真诚，本身就不是真诚的。真诚是透明的，它不能有任何杂质。但是，只有真诚地对待别人，别人才会真诚地对待自己。

教育家陈鹤琴教育孩子在待人接物上要把握三把金钥匙——“谢谢”“对

不起”“请”，要善于合群，乐于交往。他风趣地对孩子们说：“嘴巴甜，有人缘。”“喊人不蚀本，舌头打个滚。”他要求孩子早上见到父母要说早。有一天清晨，陈鹤琴的三女儿秀云见了爸爸不说“爸爸早”，陈鹤琴就俯下身来对她说：“小妹妹早！”秀云听了，赶紧打招呼：“爸爸早。”他认为对孩子进行礼貌教育，父母的一颦一笑、一举一动都是“教材”。陈鹤琴教育孩子们要好客，亲自带孩子们招呼客人，接待客人。

作为父母若要孩子礼貌待人，首先自己要做表率。父母对孩子的影响最直接、最深刻。父母的身教是对孩子最生动、最实际的教育。父母应充分利用家里来客人的有利时机提醒孩子，给孩子示范，使孩子在亲身体验和实践中理解文明、礼貌、热情的含义，并通过父母的行为潜移默化地影响孩子，使孩子在耳濡目染的环境中，逐步形成礼貌待人的品德。

为孩子讲解待客的“规矩”。父母要使孩子懂得一定的行为规范。如亲友来访时，听到敲门声要说“请进”；见了亲友主动亲切问好；拿出茶点，热情地请客人吃，不应显出不高兴的样子或独自去吃；当大人谈话时，小孩不应随便插话；小客人来了，应主动拿出玩具与小客人玩；共同进餐的人未完全入席前不得自己先吃；客人离开时要说“再见”，并欢迎客人再来。

家里来客人，孩子一般很兴奋。我们不能冷落孩子，要让孩子感到自己是家庭中的一员，是小主人。可以让孩子参与一些力所能及的待客活动，通过直接参与，使孩子懂得待客要礼貌、热情，让孩子了解一些待客的礼仪知识。

对孩子的表现做出评价。别人的反应通常是刺激孩子学习的最佳催化剂。客人在时，父母对于孩子良好的表现可做出表扬、鼓励的表示；客人走后，父母也可以对孩子的表现做出评价，肯定做得好的地方，指出不足以及今后要注意的地方。

要帮助孩子掌握必要的文明礼貌常识。这包括两方面的内容：语言和行为。文明礼貌，语言要求不说粗俗的话，日常用语包括“您好”“早上好”“见到您非常高兴”“欢迎光临”“晚安”“再见”“欢迎再来”“对不起”“没关系”“谢谢”“请”，等等。

要让孩子学会接人待物的一些最起码的礼仪。平时，行走坐立，都要注意符合礼仪规范。坐要有坐样，站有站样，这也是一种文明礼貌。说话要和气，要轻声。有的父母说话大声嚷嚷，孩子也会学着父母的样子。其实，在给大家说话的时候声音稍微大一些，让大家听得见，就可以了。没有必要声音太大，像吵架一样。平时说话应轻轻的，以语音清晰音量适宜，不吵闹为佳。

细节68 对帮助自己的人要真诚地说“谢谢”

父母要利用一切机会培养孩子的文明习惯，并且持之以恒，反复培养训练。

文明礼貌习惯看起来是一种外在的行为表现，实际上它与人的内心修养，特别是与人是否具有自尊与尊重他人的意识有着十分密切的关系。文明礼貌习惯实际上是人满足自尊心的一种重要手段。

陈磊的初中班主任王春梅老师，在一次家长会上表扬了这样一件事：班级的一些学生到一位同学家去玩。临走时，大家都忙着拿书包、穿鞋子。只有陈磊留在了最后。她把自己坐的椅子认真摆好，把弄乱的东西也放回原处。这一瞬间的细小行为，被那位细心的家长看在眼里，很受感动。她说：“这反映了一个学生良好的文明习惯，说明这个孩子很有教养。”

见过陈磊的人都说她气质好，彬彬有礼，落落大方。这也是从小到大逐步养成的。在早期教育当中，父母除了开发陈磊的智力、增加灵气、培养能力之外，也同步进行了文明行为的训练。

从陈磊学会说话，能够听懂一些简单的提示和要求时起，父母就有意识地在各种场合下，告诉她应该怎样做。比如，早晨离开家时，要和家里人说“再见”，到了幼儿园要问“阿姨好”“小朋友好”；接受别人的帮助要说“谢谢”；帮助了他人，人家道谢时要说“没关系”，等等。陈磊是坐医院通勤车长大的。在通勤车上，医护人员还教她学会了区分辈分。当她准确地称呼“爷爷”“奶奶”“叔叔”“阿姨”时，那稚声稚气的样子着实惹人喜爱。

记得有一次，妈妈到幼儿园去接她。临走时没有见到她们班的于阿姨，她特意跑到游艺室与于阿姨说声再见后，才高高兴兴地走了。

陈磊在上小学以前一直在爷爷奶奶身边。他们非常喜爱这个孙女，每到晚上都给她讲故事，其中不乏如何做一个有礼貌的孩子这类的教育。他们经常告诉陈磊：那些要吃要喝、打架骂人的孩子谁都不喜欢，长大会变成坏孩子。日积月累，陈磊变得非常懂规矩，有礼貌。从小到大，我们没见她和别的孩子打过架，也从未听她骂过人。

在街上，吃剩的果皮和冰棍杆，父母都让她亲手送到垃圾箱里，从不往地上乱扔。乘公共汽车，当别人给她让座时，父母总是要让她说声谢谢。每当看到环卫工人或园艺工人顶着烈日清扫马路，美化环境时，父母都要赞扬他们对城市对社会的贡献，并告诉孩子要尊重他们的劳动……

其实，陈磊的父母所做的这些教育，许多父母都做到了。为什么有的效果差些呢？我想，要么是不能一以贯之地坚持下去，仍是重智力教育，轻文明启蒙；要么是父母对孩子要求是一回事，自己却未能以身示教，使孩子感到迷茫，不知如何是好。因而，建议父母要利用一切机会培养孩子的文明习惯，持之以恒，反复培养训练。

总的说来，要随时随地进行教育。在关键时机进行教育，会收到事半功倍的效果。当孩子的语言行为符合文明礼貌规范时，要及时地加以肯定和表扬；当孩子的语言行为不符合文明礼貌规范时，要及时地加以批评指正。在孩子就有关事宜提问的时候，或在孩子与自己关系十分融洽时，进行教育，效果亦佳。而且，要掌握正确的教育方法。一个总的原则是，以正面引导为主，批评教育为辅。值得注意的是，孩子的模仿性很强，在日常行为习惯方面尤其如此。父母要做到以身作则，为孩子树立良好的榜样。还应与学校和社会教育密切配合，保持一致，力争取得教育的最佳效果。

细节69 让孩子成为一个有教养的人

性情的修养，不是为了别人，而是为自己增强生活的能力。少成若天性，习惯成自然。文明礼仪要从小培养，形成良好习惯。

一些父母认为，小孩子天真无邪，想怎样就怎样，长大了自然就懂得文明礼仪了，这是一种误解。一方面，孩子从小不培养好习惯，就必然形成坏习惯。坏习惯形成了，再改就很难。想一想，现在有些孩子说话没大没小，家里来客人不懂礼貌，饭桌上挑挑拣拣旁若无人，浑身汗味不洗，指甲老长不剪……这些孩子如果不教育，不矫正，会在某一天早上突然变个样吗？另一方面，在孩子小时候培养文明礼仪习惯，与孩子天真无邪的表现并不矛盾。越是懂礼仪的孩子，越能获得自由发展的广阔天地，因为他是受人们欢迎的人。

请看一位父亲是怎样做的：

我的儿子从上小学到现在读完初三，一直德、智、体全面发展。回顾孩子的成长过程，我体会最深的是，不能忽视对孩子点滴小事的引导和教育。

儿子还在牙牙学语时，我即教他背诵《悯农》这首古诗。意在让他知道，一粒米、一滴水、一张纸都来之不易，都要格外珍惜。儿子吃饭时，碗里剩一粒米，我都让他吃掉；对每一张纸，我都不允许孩子写几个字即随手扔掉。

有一次，我们全家在外散步。儿子发现路旁有一处地下管道漏水，看样子有一段时间没有人管了。回家后，儿子非要给自来水公司打电话。第二天，他还专门去看一看，直到证实确实有人来修好才算放心。

儿子刚上小学时，有一次送垃圾，在楼道上撒落了几片纸屑，没有及时地捡起来。我发现后对他说，楼道虽然不是自家的，但是大家的。大家的事大家都要管。如果每家都掉了垃圾不及时清理，楼道会成什么样子？儿子明白了这个道理后，主动将撒落的纸片捡起来，送到垃圾箱里。从此，他再没有发生撒落了垃圾不管的事。后来，儿子以此事为题写了一篇题为《一件小事》的作文，得到了老师的好评。

现在儿子养成了良好的习惯，偶尔在外吃冰棍，即使需要走较远的路，也要将冰棍棒与纸壳送到垃圾箱里。

文明礼貌教育的具体内容包括礼貌用语、文明举止，懂礼仪规矩等。

我国在儿童中推广"十个字"的礼貌用语是一个创造。"请，您好，再见，谢谢，对不起"这十个字虽然简单，却集中了礼貌用语要表达的全部含义，即对他人的尊重、关心、热情、谦让。我们做父母的一定要训练自己的孩子经常主动地使用这些字，并养成他们的语言习惯。要使孩子们不仅在他们熟悉的家里、幼儿园，在熟悉的人面前，而且在公司、街头、公共汽车上、商店和电话里，在与他人交谈，寻求帮助时，这些字都能"脱口而出"。在教儿童礼貌用语时应该简单实用、便于记忆，不讲究词语。

一个人不仅要有良好的品质，还要有良好的举止。平常我们总是让孩子要"站有站相，坐有坐相"，实际上就是说，人在其举手投足之间表现出他的修养。一些人很少说话，但通过他的举止却能让人感受到他的修养、他的力量。我们做父母的都希望自己的孩子举止端庄、大方、文雅，希望他们展现自己有个性的音容笑貌和举止。孩子文明举止的养成，那只是一方面，更难的一方面在于矫正。也就是说，在儿童发展过程中，对于他们在举止上表现出来的种种弊端要随时注意和矫正。例如，一些孩子乱吐口水，当众挖鼻孔；走路左摇右摆，横冲直撞；跟人说话时总是四处张望、手脚乱动等等。这些行为，一开始都只是偶然的。但要是我们做父母的不予注意，不引起重视，这些偶然的行为就会积淀下来成为坏习惯。

教孩子养成良好的礼貌行为习惯，必须告诉孩子一些基本的礼仪规范。注意公共场所礼仪。公共场所礼仪包括走路、问路、乘车、购物、在影剧院等方面。走路除了注意体态、姿势之外，要遵守交通规则，遇到熟人要打招呼，互致问候，不能视而不见。如见到熟人需要交谈，应靠路边儿或到角落谈话，不能站在道路当中或人多拥挤的地方。行人互相礼让，青年人主动给长者让路，健康人主动给残疾人让路。向别人打听道路，先用礼貌语言打招呼，如"对不起，打扰您一下""请问"，等等。年轻人问路应选用适当的称呼，如"老爷爷”“阿姨”“叔叔”等，然后再问路。听完回答之后，一定要说：“谢谢您！”如果陌生人问路，则应认真、详细地回答。如果自己不清楚，应说：“很抱歉，请再问问别人。”到商店购物，不可以“上帝”自居。要用礼貌语言，忌讳用“喂”“嗨”等字眼。购物之后，也应说“谢谢”。在影剧院里，不能大声喧哗，不能乱扔纸屑、果皮，尽量提前一点儿到场、入座。如果迟到，入座时走姿要低，速度要快。观看演出，要尊重演员，适时礼貌地鼓掌。演员谢幕时，不能提前退场。乘坐公共汽车、火车，人多拥挤，要照顾老人、小孩和残疾人。人与人之间互相挤撞时，不要恶言恶语，要抱理解、宽容的态度。要保持车上卫生的环境，不乱扔东西，学生上车不要抢座。

注意待客与做客的礼仪。家中来客人，要事先有所准备，把房间收拾整洁。中小学生也要学会以主人身份招待客人。迎接客人进屋，帮助客人放好衣物，请客人在合适的位置落座。问客人喝什么饮料，主动送上。要双手呈接物品。要主动、大方地与客人交谈。客人要走时应礼貌挽留，说“您再坐一会儿”“再喝杯茶吧”等。要送客人一段距离，说“再见”“欢迎您再来”。

去亲友家做客要仪表整洁，尽可能带些小礼品，以表示对主人的尊重。在亲友家，不能大声喧哗，要谈吐文明。不经主人允许，不可随意动用主人家里的东西，即便是至亲好友也应先打招呼，征得主人同意。如果在主人家用餐，要注意用餐时的礼仪。不能抢先入座，不能先动食品。要请长辈先坐下，长辈动筷后再用餐，双肘不能放在桌子上。饭后，坐好略陪大家一会儿，或者说：“我用好了，请慢慢用。”然后再离座去别的房间休息。告别时，要说感谢的话，如“今天真高兴”“欢迎到我家去”。

另外，父母要提高自己的礼仪意识，如果自身不重视礼仪，就无法教育培养孩子。礼仪就表现在生活之中，只要父母重视，以身作则，随时说明要求，并要求孩子坚持训练。发现孩子有不符合文明礼仪的言行，及时指出，并当时改正，这样就能逐步培养孩子的文明礼仪习惯。

细节70 文明上网，学会自我保护

父母要引导孩子文明上网，增强自我保护能力，让孩子在网络中安全成长。

报载，南京市一女中学生秦某，利用放假的机会，瞒着父母独自一人去广州约见网友，一去就下落不明。

据秦某父亲介绍，放暑假后，女儿开始迷上网上聊天，经常在网吧上网到深更半夜才回家。她抽屉里有20多张卡片，每一张卡片都记满了网友的通讯方式。一天晚上，她瞒着父母，一个人从新街口家中跑到江宁东山镇与网友见面，直到凌晨才回家。为此，她挨了父亲一顿打。为了限制女儿外出上网聊天，秦某的父亲上班就将她反锁在家里。可是5月1日6时30分左右，秦某寻机从家中溜走。第三天，秦某的母亲接到一个操广东口音普通话的男子打来的电话，说找秦某。当得知秦某不在家时，那男子说了句："她在我身边，要想再见到她……"突然就挂上了电话。据秦某父亲分析，那位男子可能是女儿的"网友"。

另据一位上高一的16岁少女说，放暑假后她经常去网吧上网聊天，认识了不少网友，在网上聊得很开心，常常一聊就是几个小时。有一个星期，她一下约了3位网友，一位是在校大学生，一位是社会青年，还有一位是已婚男人。已婚男人约她去他家见面，她就去了。人们问她怕不怕，她说开始有点怕，后来还是经不住好奇心的诱惑去约会。去了很失望，聊了一会儿她就走了。她说那个网友在网上说他虽然长得又高又瘦，却很英俊潇洒，而且网上聊天时也幽默风趣。可是见了面，却见那人又矮又胖，连说话都不利索。

应该承认，网络给我们带来了很多方便，改变了人们的学习和生活，充满了诱惑。同时，网络又是魔鬼，是陷阱，网络上面鱼龙混杂。父母要引导孩子安全上网，使孩子在网络中安全成长。

教育孩子文明安全上网，要做到以下几点：

在网上交谈或写电子邮件的时候，要保持礼貌与良好的态度。

父母应与孩子一起学习使用计算机和互联网，如能先行一步更好。让孩子多体验网络给人们的生活学习、工作带来的各种便利。

不要把自己和家人的照片、地址、电话、学校等情况告诉网友。

千万不要与从未见过面的网友约会，除非有人陪伴，见面一定要选在公共场合。

收到来历不明的电子邮件不要回信，不要保存，应尽快删除。

只要是看到感觉不舒服的站点或邮件内容，马上离开。

当在公共场合上网时，离开后一定要关闭浏览器，以免别人有机会使用你留下的资料。

孩子上网之初，父母必须先立下规矩。总的原则可按《全国青少年网络文明公约》执行，还可以再具体一些，如每天使用计算机一般不超过 1 个小时，不泄露个人与家庭秘密，学会选择并欣赏健康网站，等等。

丰富孩子的生活。网络之所以容易使孩子过度痴迷，往往与他们的课外生活贫乏有关。因此，培养孩子养成广泛的兴趣，尤其是热爱户外运动，是至关重要的。

引导孩子学会交往。孩子长大的过程是社会化的过程，而社会化离不开同龄群体的密切交往，离不开深刻的体验。所以，让孩子从小生活在伙伴的友谊之中，是避免虚拟时空诱惑的最重要的保障。

第七章

培养孩子负责任、敢担当的品质

——责任细节的教育

细节71 教育孩子学会为自己的行为负责

告诉孩子，自己所做的每一件事都会带来一个后果，自己要为自己的行为负责。

让孩子对自己行为负责的教育应该从小开始，因为“懂事”是一个渐进并强化的过程。

前不久，某报报道：一个16岁的高中生，因为父亲去世，母亲对他寄予极大的希望，让他刻苦学习，考大学。而他贪玩，吃不了苦，讨厌母亲的絮叨，又得知家里有一笔钱，因此动了谋财害命之念。更令人瞠目结舌，难以理解的是，杀害母亲之前，他做了充分的准备，包括如何动手，如何胁迫同学帮助他作案，之后如何灭迹，事后如何伪装成让人同情的孤儿，摆脱一切嫌疑……“天网恢恢，疏而不漏”，最终，他和他的同学都没有逃脱法律的制裁。

然而，当我们越来越多地听到这类孩子的故事的时候，我们不禁为含辛茹苦地养大孩子的家长们捏一把汗。同时也引起我们对孩子教育方式的深思。

对孩子的早期教育是关系到他一生道德品质和思想观念的事。如果等到他长大成人，再教育他如何做人，就来不及了。假如孩子不小心摔倒了，让他自己爬起来，而且要让他知道，不是因为地面不平，而是他自己不当心。假如孩子不小心，丢了自己心爱的玩具，让他自己伤心一阵子，也许下次就不会发生这类事了。假如孩子侮辱别人挨了打，父母不要干预，孩子会从反面吸取“必须尊重他人”的教训……反之，有的父母舐犊情深，生怕自己的孩子受委屈，被人欺负，时刻充当保护人的角色。他们不让孩子为自己的行为负责任，努力去错误地保护孩子，力图免去孩子为自己错误行为负责任的痛苦，对孩子事事迁就，处处让步。在这种情况下，一些年轻人身体似乎长大了，却依然不成熟，做事不考虑别人，不敢承担责任，要父母替他们负责一切。最普遍的是

“吃老”“啃老”现象，似乎老人帮自己成家立业，提供住房，替自己看孩子，做饭，都是应该的。一些老人虽觉负担沉重，但也无可奈何。父母往往是孩子的学习抓得紧，道德人品教育容易忽视，把孩子娇惯成“小皇帝”“小太阳”。可是如果一个人仅仅有学问，没修养，就会成为灵魂上的残疾人，长大后会给亲人带来伤害。

父母要让孩子确立为自己的行为负责的观念，不要“心太软”。要从小就让孩子明白：他们所做的每一件事都会带来一个后果，他们要为自己的行为负责。比如，孩子丢了买午饭的钱，那就要饿一顿。孩子偷了别人的东西，不要替他隐瞒，让他自己去承认错误。当时可能很没有面子，却可能避免他长大后犯类似的错误。孩子闹事伤人，该服刑就服刑，“私了”的结果可能使孩子感到“有恃无恐”，再次打架斗殴。也许父母会觉得这样做太苛刻，太没有人情味，但确实会给孩子在长远的人生旅途中带来极大的帮助。

从小就让孩子养成对自己的言行负责，做事“三思而后行”的习惯，让孩子在一些小事上尝到因不负责任所带来的苦果，并且引以为戒，就会避免犯更大的错误。只要孩子心理健康，父母也不会因为太善良而导致孩子不能顺利成长了。

细节72 不要私拿别人的东西

孩子私拿了别人的东西，做父母的不能不闻不问，一定要及时地纠正孩子的错误行为。

孩子私拿别人的东西，比较普遍的原因是无知，他们还不知道这种行为是可耻的。特别是刚进入小学的孩子，他的生活内容一下子丰富了起来。当他看到同学各式各样的文具和玩物时，会产生极大的兴趣。当他想把这些新鲜好玩的东西占为己有时，就会不顾一切地去得到它。这种行为跟“偷”应该区别开来。但若不及时地加以纠正，任其发展就会逐渐地成为不良习气。

美国黑人领袖约翰·布朗的教子经，可以给父母们很深的启发。

约翰·布朗是19世纪美国人民反对黑人奴隶制运动的杰出领袖。他有7个孩子，其中6个男孩，1个女孩。他对孩子们要求很严，教育的主要方法是以身作则，给孩子们树立良好的榜样。

他有一段时间经常喝一些苹果酒和葡萄酒之类。孩子一见他开酒瓶子，都围上去，这个要喝一杯，那个要喝两杯。后来他成了禁酒主义者。为了孩子，他滴酒不沾，处处做孩子的表率。他要求孩子们认真读书，自己每天首先拿起书本。朗诵时，有一点小错误也要纠正过来。他要求孩子们尊老爱幼，关心别人，自己首先做出样子。女儿在回忆父亲的文章里说：“我经常看到父亲对祖父特别亲切而尊敬。冬天临睡前，父亲总要把祖父周围的被子塞好，第二天还要问问祖父晚上睡得可暖和。他对祖父总是那样和蔼可亲，真是我们的好榜样。”

约翰·布朗经常教育孩子，不要眼热别人的东西，更不要私拿别人的东西，拾到东西要及时归还失主。女儿刚上学不久，在一条板凳后边拣到一块花布。这块布不太大，可是在女儿看来倒是一件宝贵的东西。回家后，她没吱声。但她在给要好的小朋友讲这件事时，被父亲听到了。他走到女儿身边，露出深切慈爱的神色说：“你知道那块花布是哪个孩子丢的吗？”女儿说：“不知道。”父亲告诉她：“那么，你明天上学时带上它，看看能不能找到失主。这件事虽小，但你要记住：如果你丢了什么珍爱的东西，不论它多么小，你总希望拾到它的人送还给你，对吗？当然，别人也是这样。”

当发现孩子私拿了别人的东西时，做父母的首先要问清东西的来龙去脉，不要光听孩子说，还要核对真实情况，然后告诉孩子私拿别人的东西是错误行为，要主动把东西还给人家。出现第一次后，父母要经常留心孩子是否还有私拿别人东西的行为。要有意识地通过形象生动的方法，如讲故事等，使孩子知道什么行为是高尚的，什么行为是可耻的，使孩子能用正确的思想来指导自己的行动，不至于重犯私拿别人东西的错误。

孩子私拿别人的东西，与父母对孩子的要求处理不当也有关。如孩子常常向父母提出要这要那，或者同学有什么他也要买什么。这时，父母要分析孩子的要求是否合理。孩子的合理要求应该予以满足，不合理的要求则应婉拒，并向孩子讲清道理。

细节73 教孩子学会承担责任和义务

父母给孩子的，不应仅仅是爱，也要教会孩子承担责任和履行义务。

有专家指出，中国的家庭教育不缺感情，缺的是责任和义务。

美国学生的父母说："我们不得不通知你，你这个月的零用钱已经超出预算了！去，把车库打扫一下，把游泳池刷一刷，或者把花园里的草割了，我们就可以再给你一些钱花。"

中国学生的父母说："零用钱用完了吗？没钱了就自己到书房的抽屉里去取一些。"

有一位母亲说，有一天早晨，天气预报说寒流要过来，她帮儿子准备好了厚毛衣。可孩子就是不穿，说那么臃肿，丑死了。

她说，丑总比冻感冒好。儿子说，我情愿冻感冒。

母子僵持起来。孩子一气之下，早饭也不肯吃，门一甩，气呼呼地走了。

其实，很简单，小孩子在没有碰过开水之前是不知道开水是烫的。当孩子穿着漂亮的薄毛衣在寒风中瑟瑟发抖的时候，他才会学乖，知道下一回该做怎样的选择。

而代价，至多不过是一场感冒。那也是孩子为自己的行为付出的代价。

所谓吃一堑长一智，这是孩子成为一个负责任的人的必经之道，也是父母最该养成的一项教育习惯。

天下父母无一例外都是希望自己的孩子是一个懂事、负有责任心、能让自己放心的孩子，但大多时候这份期望往往落实在了口头说教上。听的次数多了，孩子便左耳进右耳出，过后依然我行我素。对自己的行为负责，是一个人独立于社会的最根本的素质之一。一项品质的形成是需要通过实践来完成的。因此，父母需要用行动来养成孩子对自己的行为负责的习惯。

细节74 让孩子自己剥鸡蛋

让孩子在做事中成长，在成长中更好地做事，指导孩子在做事中开智明理，使孩子成人成才。

一位年轻的母亲向苏联教育家苏霍姆林斯基请教："怎样才能教育好我的孩子？"他回答说："先教会你的孩子剥鸡蛋壳吧！"

这件发生在苏联的教育经典故事，在几十年后的中国找到原型：北京某小学一位四年级的孩子，每天上学母亲总放一个剥好了的熟鸡蛋在书包的饭盒中，以便在课间时给孩子充饥。有一天，孩子看到了一个"奇怪的现象"——这鸡蛋怎么有坚硬的外壳呢，而且一点缝都没有？无奈之下，孩子只好将鸡蛋带回家中，交给了母亲。也许这位母亲还在后悔那天怎么会忘记剥掉鸡蛋壳，可她不知道自己不仅是在剥夺孩子剥鸡蛋壳的权利，而且是在剥夺孩子独立生存的权利。

其实，苏霍姆林斯基所说的"让孩子自己剥鸡蛋"，实际上是告诉我们一个简单的教育道理：让孩子自己的事情自己动手。

做事，就是让孩子动手解决生活中自己能解决的事情。这里强调两点：一是孩子生活中自身需要的事情；二是孩子亲自动手，经过努力可以解决的事情。强调孩子生活的自身需要，这是孩子动手解决问题的内在动力；强调孩子亲自动手，就是让孩子通过自己的付出满足自身的需要。

要让孩子干净利索地做事，首先要让他们去尝试。比如，孩子不会使用筷子和勺子之前，是成年人喂他吃喝，满足孩子饥饿的需要。有一天，我们发现，喂饭时，孩子把头躲开，并伸手抢你手中的筷子或勺子。孩子的动作告诉我们什么呢？“他要自己吃饭”。作为智慧型的父母应该从孩子的动作中觉察到孩子的需要，并为孩子做好自己吃饭的准备，如准备好不怕摔坏的碗，适合孩子使用的筷子和勺子，适合孩子坐的椅子。当孩子再吃饭时，父母就不喂了，而是让孩子自己拿着勺子或筷子吃饭。尽管孩子的动作显得十分笨拙，但每一个动作都是那样认真。当他把第一勺饭放到嘴里时，你看孩子的表情是那样的满足，他有一种从来没有过的快乐体验。

有一个初中二年级男生的自行车脚蹬子坏了。他回到家自己拿工具准备修理。母亲说：“你会修吗？修不好倒麻烦了。送自行车修理部吧，花不了多少钱。”这个母亲的话首先是怀疑孩子的能力，其次，通过花钱代替孩子解决问题。很多孩子的积极需要在父母这样的随意问话中被抑制了。将来一旦孩子不会做这件事情，父母又会说：“这点小事都不会做，真笨。”这让孩子感觉“做也不是，不做也不是”，最后什么都不想做了。

亲自动手做事，满足自身需要。需要是孩子发展的原动力。任何孩子都有内在的需要，都想亲自动手来满足这种需要。作为智慧型的父母首先要区分孩子的需要是积极的，还是消极的。我们要满足孩子的积极需要，克制孩子的消极需要。其次，当孩子在正确需要驱动下表现出“我要做时”，父母要及时地给予鼓励和赞赏，必要时还应创造一定的条件使孩子亲自动手做事，满足自身的需要。

我曾经看到这样一个电视画面：一个3岁的孩子在屋子里玩。过了一会儿，孩子可能有些饿了，看见桌子上放着饼干筒。于是，他站起来伸出手拿饼干筒。由于桌子高他没有够着。孩子站在那里左看右看，看见桌子右边有一个塑料脸盆。孩子把脸盆拿过来放到桌子下，自己站到盆里面伸出手够饼干筒，还是没有够到。他从盆里出来，站在那里想了想，用手把脸盆翻过来，使脸盆的底朝上，自己站上去够饼干筒他一伸手够着了，取下饼干筒，坐在地上吃起来。孩子的行为过程留给我们很多思考。假如父母在孩子的身边，他们会做什么呢？把饼干筒递给孩子。父母的这个行为代替了孩子的什么过程呢？代替了孩子的智力发展过程。

无论孩子动手做什么事情，第一体验可能不是成功，而是失败。这时有的父母就要斥责孩子:“你怎么这么笨？”“还不如我自己干呢！”而智慧型的父母会鼓励孩子:“找找没有成功的原因，再仔细地想一想。”当孩子想做却又不知从何处下手时，父母给予必要的具体指导。父母对孩子做事提出有计划的要求。经常提醒孩子做事前想一想先做什么，后做什么，怎样做最好。如孩子初学洗手绢，可以让孩子先计划自己的行动程序：准备好水和肥皂——卷起衣袖——将手绢浸湿——擦肥皂——搓手绢——用清水洗净——晒手绢。再按计划程序行动。经常指导孩子有计划地做事就能养成有计划性的好习惯。

有一位名人说得好:“认真做事，只是把事情做对；用心做事，才能把事情做好。”培养孩子认真做事的好习惯，会让其受益一生。

细节75 重要的事，最后仍由孩子自己决定

有关孩子和家庭的一些事情，要和孩子共同商定，而不是一切等着父母安排。重要的事，最后仍由孩子自己决定。

没有父母愿意损伤孩子们的自信心，或损伤他们独立解决问题的能力，但不幸的是这种无意识的伤害俯首皆是。由于这个原因我们要有意识地避免过分保护，给孩子机会，让他们独立决定自己的事情。

在帮助孩子成长方面，我们应退一步，给孩子空间，用不着过分担惊受怕，也用不着过多地给予呵护，而是鼓励和尊重，让他们懂得我们相信他，随时会给予他爱的支持，以真正的爱将孩子引向生活之路。

很久以前，欧洲某一个国家由年幼的王子继承王位。因为父王去世太突然，王子还未充分学习如何治理国家就登位了。这位新王尽管年幼，但仍需日

理万机，处理朝政。他继位后不久，朝廷大臣纷纷建议，由大臣代理摄政。其中只有一位老臣坚决反对，但毕竟势单力孤。于是他想出一个办法，就是所有的大臣均准备几项提案，并由新王做最后的决定。

当然，这位聪明的大臣准备的提案全是对的。他这么做，主要是为了帮助新王培养决断能力，早日成为有能力的君王。

故事中忠心耿耿的老臣及责任重大的新王给我留下了深刻的印象。而今我们谈论教育孩子问题，培养孩子成为对社会有用的人，这则故事可以带给我们启示。孩子不能永远听从父母的决定，还是需要靠自己面对实际，做出选择和取舍。因为唯有自己实践过，才能成为负责任、积极而独立的人。

事关孩子前途或一个家庭的要事，不能交给未成熟的孩子做决定。不过，可参考前述故事中老臣的做法。让孩子参与决定重要的问题，本身即具有意义。因此，家庭中若有面临大事需做决定的机会，不妨从此着手。然而，父母必须在错误最少或无错误的范围内，准备各种选择，再交由孩子做最后的决定。父母要把孩子当作一个独立的人来看，了解孩子，观察他的愿望、兴趣，不要因为孩子小能力弱，就包办代替。让孩子参与家庭事务，承担一部分家庭责任，对孩子的事情不要包办代替。这可以从很多小事做起，如，让孩子自己收拾书包，整理房间等。

“妈妈，老师让我报名参加拼写竞赛。”13岁的杰奎琳一回到家就告诉妈妈。“太好了，你去报名了吗？”“还没有。”“为什么？宝贝。”妈妈问。“我有点害怕，台下会有很多人看。”杰奎琳很激动。她在家是个听话的孩子，在学校不爱说话，但学习成绩很好。“我想你还是报名吧。亲爱的，你可以锻炼自己。不过这事情你还得自己决定，我只是告诉你我的看法。”妈妈离开了杰奎琳的屋子。过了两天学校老师打来电话，让杰奎琳的妈妈说服杰奎琳报名参加拼写竞赛。杰奎琳回家后，爸爸妈妈跟她谈了话。爸爸说：“首先，我们不是强迫你一定报名，这事还是你来做决定。但我们可以谈谈参加竞赛的利弊。参加竞赛可以锻炼自己的智力，增强自己的信心。赢了更好，没有名次，也无关紧要，爸爸妈妈不在乎。因为你在爸爸妈妈的心中是有能力的孩子，这点不需要用竞赛的名次来证明。”妈妈说：“老师打电话来说，他很相信你的能力。爸爸和妈妈，还有你的老师，都不会以比赛结果来重新评价你。我们对你的比赛结果并不太关心。我们最为关心的是你是否会用这个机会去锻炼自己。”有这样开明的父母鼓励和支持，最后杰奎琳还是去报名了。

妈妈知道杰奎琳很聪明，只是太胆小。她不敢想象自己在台上对着那么多观众拼写单词会是什么样的感觉。妈妈很想让杰奎琳见见世面。因为一个孩子总要长大，总是要离开父母，走向自己的生活。爸爸也认为这是一个很好的机会。他想，杰奎琳也希望通过这个机会来证明自己的能力，锻炼自己的胆量，发现自己的潜力。杰奎琳只是有些发怵，需要父母给她加油，同时又不感到非参加不可或非要得名次的压力。父母对杰奎琳充满信心。但他们并不催促杰奎琳，而是让她自己来做决定。这件事使杰奎琳增强了勇气，也培养了她的独立性，而妈妈爸爸也很满意，他们鼓励了杰奎琳，使她没有失去一个锻炼自己的好机会。

在这种很敏感的情况下，父母必须小心谨慎，给孩子充分的自主权，让他自己做决定。同时，我们必须让孩子知道，我们对他有信心，相信他的能力。

细节76 父母错了，要勇于向孩子道歉

父母能郑重地向孩子道歉，会让孩子懂得承认错误并不是一件可耻的事，并尝到原谅别人的甜味。

父母学会并勇于向孩子道歉，是家庭教育中的明智之举。在家庭教育中，父母如果从不向孩子承认自己的缺点、过失，孩子就会产生“父母永远正确而实际上老是出错”的观念。久而久之，对父母正确的教诲，孩子也会置之脑后。而如果在对孩子做错事后，父母能郑重地向孩子认错、道歉，孩子就会懂得承认错误并不是一件可耻的事，就会提高分辨是非的能力，尝到原谅别人的甜味。

被称为“西班牙王国上空的一颗光辉灿烂的巨星”的拉蒙·依·卡哈的成

长，就说明了这一点。卡哈小时候调皮得很，13岁他运用所学的知识造了一门“真”的大炮，一发射，把邻居家的孩子打伤了，闯了大祸，被罚款和拘留。当他从拘留所出来后，身为外科医生后通过刻苦自修当上萨拉大学应用解剖学教授的父亲，把卡哈这个“顽童”着实训斥了一顿，并责令他停止学业，学补鞋子。后来，父亲越来越觉得这处罚过于严厉，孩子闯了祸是要管教，但不能因此而因噎废食。于是，一年后，父亲从补鞋铺接回了卡哈，搂着孩子深情地说：“我做得不对，我向你道歉。我不该因为你闯了一次祸而中断你的学业。从现在起，你就在我身边学习吧。你会有出息的！”从此，卡哈潜心学习骨骼学，终于成为举世瞩目的神经组织学家，荣获了诺贝尔奖。

有的父母认为：“向孩子认错、道歉，会失面子，会失去权威。”这样的担忧是多余的。父母学会向孩子“道歉”，对教育子女无疑是大有裨益的。父母在家庭教育中出现过失、错误时，理当采取明智之举，勇于向孩子“道歉”。这样，定会让孩子笑逐颜开！另外，父母要为孩子树立榜样。如果做父母的有了错误，能主动向孩子道歉，那么当孩子有错误时，他也会主动承认错误，主动道歉。

细节77 要正确对待孩子的错误

如果孩子犯了错误，应让孩子在和谐的气氛中主动认识到自己的错误，在爱的氛围中使孩子受到教育、感化。

有一位哲人曾说过：“孩子是伴随着错误成长的。”做父母的责任就是一次次地把孩子从错误的边缘拉回来。可是现实中有些父母要么对孩子的错误听之任之，对孩子百般溺爱；要么就采用粗暴手段，使其屈服。前者使孩子在错误的道路上越走越远，从小养成许多坏习惯；后者则容易使孩子幼小的心灵受到伤害，造成逆反心理，容易形成心理障碍。作为称职的父母，既不能因为爱孩子而一味娇惯，也不能以严格要求为名，用粗野的方式，挫伤孩子幼小的心灵。要培养孩子知错必改的精神，有了错误并不可怕，可怕的是知错不改。

这是著名的教育家陶行知教育学生的一则故事——

有一名叫王交的男生用泥块砸自己班上的男生，被校长陶行知发现制止后，命令王交放学时到校长室去。放学后，陶行知来到校长室，王交早已等着挨训了。可是陶行知却笑着掏出一块糖果送给他，说："这是奖给你的，因为你按时来到这里，而我却迟到了。"王交惊疑地接过糖果。随后陶行知又掏出第二块糖果放到他的手里，说："这是奖励你的，因为我不让你打人时，你立即住手了。这说明你很尊重我，我应该奖你。"王交更惊疑了。这时陶行知又掏出第三块糖果塞到王交手里，说："我调查过了，你用泥块砸那些男生，是因为他们不守游戏规则，欺负女生。你砸他们，说明你很正直、善良，且有跟坏人做斗争的勇气。应该奖励你啊！"王交感动极了。他流着眼泪后悔地喊道："陶校长，我错了，砸的不是坏人，而是同学……"

陶行知满意地笑了。他随即掏出第四块糖果递过来，说："为你正确地认识自己的错误，我再奖给你一块糖果……"

我们做父母的应该像陶老那样，实事求是、一分为二地看待孩子的错误，学习陶老的教育艺术。孩子有缺点和错误，父母对其及时地进行批评教育，这是理所当然的。但有些父母大喊大叫，似乎不这样做就不足以产生威慑效果。其实，高声调的叫喊，只会引起孩子的反感，使亲子关系变得紧张，收不到好的教育效果。最好的办法就是给予恰当的批评，耐心地帮助他认识到自己的错误。

第八章

塑造重信用、有耐心、讲诚信的孩子

——品行细节的教育

细节 78 当天的事情当天完成

当天的事，一定要做完。千万不要留到明天去做，否则，时间一长，会养成拖沓的习惯。

现在的孩子大都缺乏集中力与持续力。有人认为，这是受电视广告的影响。电视广告需在 30 秒~ 1 分钟的短暂时间内，吸引观众的注意力，加强商品的印象，所以换场的场间迅速，一幕接着一幕。为此，观众的心理也必须与之配合。从小就对电视广告耳濡目染的孩子，自然会适应对一件事集中精神的持续时间，而这时间不过是分秒。

的确，近年来无法在 45 分钟的上课时间内保持安静的小学生逐渐增多。如果到了中、高年级仍无法安心上课，很可能会有问题。但孩子还小时，父母也不必太担心。因为孩子生性活泼好动，嗜好或感兴趣的对象常在改变，再热衷的事，过了半小时后，普遍都会厌倦。

有这样一个故事：1984 年，在东京国际马拉松邀请赛中，名不见经传的日本选手山田本一出人意料地夺得了世界冠军。当记者问他凭什么取得如此惊人的成绩时，他说：凭智慧战胜对手。两年后，他又在米兰获得了意大利国际马拉松邀请赛冠军。当记者又请他谈经验时，他说了同样的话。人们对他的所谓智慧迷惑不解。

他在自传中是这么说的：每次比赛之前，我都要乘车把比赛的线路仔细地看一遍，并把沿途比较醒目的标志画下来，比如第一个标志是银行；第二个标志是一棵大树；第三个标志是一座红房子……这样一直画到赛程的终点。比赛开始后，我就以百米的速度奋力地向第一个目标冲去，等到达第一个目标后，我又以同样的速度向第二个目标冲去。40 多公里的赛程，就被我分解成这么几个小目标轻松地跑完了。

这个故事启示我们，目标可以分解。就像我们有一个大目标，那么，分解到每一天有一个小目标，就会容易实现。

考虑到孩子的将来，每位父母都希望孩子成为有耐力和持续力的人。特别是看到时下的年轻人，大都缺乏这方面的能力，因而更期盼自己的孩子不要步其后尘。

那么，应如何培养孩子的耐力呢？最基本的方法是规定一件事情，要求孩子每天均需做到。如从小训练孩子每次餐后把碗盘收到厨房，或每天早上拿报纸，到了小学即会养成每天写日记的习惯。这些事并不会带给孩子负担，但最重要的是每天一定要做到。

所以刚开始实行时，务必要让孩子了解，不可一天不做，以后除非孩子身体不适，否则一定要坚持让孩子做到。万一孩子偷懒，也要强制执行。其实，培养孩子的持续力，也等于是考验父母的耐力。一旦养成习惯，孩子也就不再觉得痛苦。

突然要求孩子长期坚持做某件事，恐怕不容易，不妨改为以 1 个星期、10 天或 1 个月为单位。只要孩子按规定每天做到便给予称赞，这样孩子才会继续保持下去。在孩子完成一件任务后，要根据付出的劳动，给予恰当的鼓励和肯定。如果未能完成任务，要帮助孩子分析原因，指出努力的方向，鼓励并帮助孩子继续完成。

细节 79 对待孩子宽宏大量

对待孩子要宽宏大量。无论孩子有多大的怨气，一定先让孩子发泄完，而不可横加指责。

宁宁正上小学。她报名参加了学校的动物兴趣小组。因为她非常喜欢小动物。有一天，来看她的小姨给她买了一只雪白的小兔子。她高兴极了，如获至宝。妈妈开始并不太赞成宁宁养小兔，但是看孩子这么喜欢，并且想到养小兔可以让宁宁观察动物习性，提高她的观察能力，就勉强答应了。从那以后，宁宁像对小弟弟一样对待小兔，每天放学都从学校附近的菜市场上捡来一些菜叶子给小兔吃，对小兔说话，把小兔当成了家中的一员。

但是，随着小兔渐渐长大，问题也就来了。宁宁的家住楼上，楼道里不允许放私人物品，只好把小兔放在家里的阳台上。小兔小的时候，吃得不多，拉得也不多，还可以收拾，可以忍受。可是小兔渐渐长成了大兔子，吃的东西也多了，拉的东西也多了，整天把家里弄的乌烟瘴气、臭不可闻。妈妈终于忍不住了："宁宁，我们把小兔送人吧！"宁宁当然不同意。又过了一段时间，妈妈终于受不了了。一天，她趁宁宁不在家，偷偷地把小兔送了人。这天傍晚，宁宁像往常一样回到家里，拿着捡来的菜叶冲到阳台上要去喂小兔。她一看小兔不见了，急得不得了，来问妈妈。宁宁一听妈妈说已经把小兔送人了，气得大声哭了起来，边哭边说："你是坏妈妈！不讲理的妈妈！我说过小兔不能送人！你是坏妈妈！你快还我的小兔子！"妈妈一听这样的话立即就火了："这孩子怎么这么不懂事！就为一只小兔子，竟敢这么和妈妈说话！早知道你会这个样子，当初我就不应该让你留下小兔！"宁宁根本不听，一个劲儿地说："你是个坏妈妈！你还我的小兔！"这时，她心里已经恨透了妈妈，决定不再和她说话，还要不吃晚饭，以便好好地气气妈妈。爸爸下班回来了，看到这幅情景，已经猜出了八九分。妈妈小声地把事情的经过说了一遍，爸爸就走过来对宁宁说："你很喜欢你的小兔，舍不得它走开。这证明你是个很重感情的孩子。我理解你。小兔没有地方放，你妈妈不和你打招呼就把小兔送了人，也有她的不对。你别生气，我们好好聊聊。"宁宁看爸爸同情自己，又委屈得哭了起来，但心里的气少了一些。爸爸等她安静下来了，让她将自己的委屈说出来，然后，就一边安慰她，一边分析了她的错误。谈完了，宁宁的心情就好多了。

也许你可以容忍同事或朋友的牢骚怨气，却不能容忍孩子。记住，对待孩子一样要宽宏大量。无论孩子有多大的怨气，一定先让孩子发泄完，而不可横加指责。

不要对孩子的每个细枝末节都指手画脚，这只能使孩子们反感。不论你儿子留了披肩发，或是你女儿用了一种新的化妆品，你最好还是把这当作一种无害的时髦而予以接受。一位母亲说："我总是问自己，这件事对我 14 岁的女儿要紧吗？如果不要紧，我便让她自己决定。"

父母应成为孩子的朋友，相互信任，共同享受快乐，但你仍应是一名"船长"，你可以听取"船员"的意见，但最终决定"航向"的仍是你。父母应给孩子们以负责任的自由，同时又不超出纪律约束的范围。父母应宽容地对待子女一些"另类"的举止，耐心地引导他们，沟通就势所必然，孩子也就会在这种沟通中得到教益而健康成长。

细节 80 父母千万不要严于教子而宽于律己

父母要处处以身作则，在孩子面前树立榜样。家庭教育对父母来说，首先是自我教育。

在德国过马路，人们绝对是按人行横道上红绿灯的指示。因此，有一天傍晚，当一位中国留学生在德国发现两个当地的年轻人违章过马路时，竟"如获至宝"地说给陪同的德国朋友裴海丽小姐听。他甚至有点幸灾乐祸地对裴海丽说："你看，德国也有行人过马路不守规矩的。"然而，她的回答是："其实，我有时候也会这样做的，如果当时马路上一辆车也没有的话。不过，在一种情况下我是绝对不会违章过马路的，不管当时有没有车，那就是当我的身边站着孩子的时候。"

她的意思是自己绝对不给孩子们做一个坏的榜样，因为孩子们有可能会模仿成年人的行为，并进而养成一种不文明的习惯。其实，这种道理对于我们中国人来说也是老生常谈了，譬如"言教不如身教""不能误人子弟""注意为人师表"等。我们在这方面的理论也是一套一套的，只不过在现实生活中常常会犯“健忘症”。

研究人员说，认为只靠口头教育，而不以身作则就能教育孩子养成良好习惯的父母，是在自欺欺人。

艾奥瓦州立大学教授维克勒马领导的一个研究小组发现，经常受到父母不良饮食习惯、吸烟和酗酒等不健康行为影响的青少年，往往会效仿父母的行为。青少年不仅在总体上仿效他们父母的生活方式，而且还往往继承与父母相同的、个别有害于或有益于健康的行为，如吸烟或运动锻炼等。

维克勒马在一份报告中指出：“男孩的生活方式常常与父亲的生活方式更为相似，而女孩则更可能效仿其母亲的行为。”

一位有着4个博士孩子的母亲李振霞在谈到家庭教育时说——

没有教育不了的孩子，只有不会教育的父母。我并不刻意教育我的孩子一个个成为博士，我只是让孩子从小就明白要做一个对社会有用的人。

李振霞教授的三个儿子，一个是美国麻省理工学院的博士，一个是英国剑桥大学的博士，一个是中国航空研究院的博士，而大女儿金萤则是美国霍浦金斯大学的博士后。

“老实说，我们并没有刻意要把孩子培养得成名成家，我们只是用爱心、信心、恒心、苦心织了一张网，谁料到它竟给我‘网’回了四个博士。”说到这儿，李教授找出了一张手绘仕女图递给记者。已经泛黄的纸页上记着这幅作品的诞生时间：1971年10月5日。“怎么样？我女儿金萤画的。”言语间流露出慈祥、爱意和骄傲。

身教重于言教。李教授非常喜欢列宁夫人克鲁普斯卡娅的一句话：“家庭教育对父母来说，首先是自我教育。”在4个孩子眼里，父母嗜书如命，忘情工作，给他们留下了深刻印象，孩子和书是父母生活中的主角。4个孩子正是以父母为榜样，获得了今天的成就。

细节81 给予孩子一定的独立空间

让孩子学会独立，就是要给孩子独立自由的时间和空间，不要整天把孩子圈在家里。

缺乏独立性对孩子的成长是极为不利的，父母应从小注意培养孩子的独立性。自古以来便有这种说法，疼爱孩子就让孩子单独出外旅行。因为这是培养孩子独立的最佳方式。而且用在教育方面，保证能奏效。比方说，孩子放假时，让他一人到乡下亲戚家住。

至于平时生活中，也可找出效果和单独旅行相同的方法。例如，假日全家外出时，先确定集合地点，由孩子自由行动，或分别回家。

龙飞的父母就很善于安排给孩子自由的时间。时间长了，龙飞也很善于安排学习时间。每当周末来临，面对各科老师布置的作业，他会根据实际情况制订出一个时间表，把用于每科作业的时间，做详细、合理地划分。他说："根据时间表，我的作业总能按计划完成，不会出现遗漏现象。我还能利用空闲时间打球、看书，这样既复习了功课，也能做自己喜欢的事情。我从来没有感到周末忙乱无序，只觉得每个周末都是充实快乐的。"这就是运用时间的艺术，只要把要做的事情分出轻重缓急，科学合理地分配时间，实行计划"开支"，就能有条不紊地取得事半功倍的效果。

当然，合理安排学习时间，还要做到劳逸结合。既要勤奋学习，也要学会锻炼休息。学习效率公式："7+1 ＞ 8"，告诉我们每天 7 个小时学习，1 个小时锻炼休息，效果要大于 8 个小时连续不断地学习。

父母要明确自己的职责，就是要让孩子接受自己作为一个人的价值，让孩子感受到父母对他的看法：爱和尊重。父母在繁忙的工作、家务中，应挤出时间陪他听故事、打球、做游戏、放风筝等；在处理家政，尤其是有关他（她）

的事情时，父母应与孩子讨论，征求孩子的意见，或直接由孩子决定。鼓励孩子为家里做一些力所能及的事情。如扫地、叠衣服、摘菜、盛饭、取牛奶、送奶瓶、倒垃圾等。只有让孩子从一点一滴的小事做起，才能养成独立的行为习惯，才能在长大之后，独立自主地生活、工作，成为合格的社会成员。有关孩子和家庭的一些事情，要和孩子共同商定，而不是一切等着父母安排。让孩子逐渐养成自己的事自己做的习惯。孩子都渴望能像父母那样，处理自己的事务，管理好自己。因此，营造民主的家庭气氛有利于孩子独立性的培养。如，当孩子按自己的方式布置房间，和同学一起踢球，参加科技小组等活动时，其主动性和独立性也能得以加强。如果父母过分地担心和怀疑孩子的能力，禁止或限制孩子的这些活动，就会打击孩子独立活动的积极性。

细节82 一旦做出承诺就要信守诺言

当孩子诚实守信时，父母要及时鼓励孩子。因为一个言而无信的人，是没有人愿意和他合作的。

孩子经常不认真考虑他是否能够做到就做出承诺。随后他就后悔做了承诺，或者取消承诺，或者“忘掉”它们。或者他实现承诺，但是对自己和他人充满怨恨。

要教育孩子在答应别人之前，应慎重地考虑自己有没有能力和把握把事情做好，对不能做到的，就不要轻易答应。对比较有把握做到的，也应留有余地，不要大包大揽。

宋庆龄的母亲叫倪桂芝，浙江余姚人，早年毕业于上海培文女子高等学堂，后在一所教会学校教书。她爱好文学和钢琴。她是一位贤淑而且有教养的女性，同时又接受了西方文化的熏陶。

倪桂芝也可以算得上是教育孩子的行家里手。她没有重男轻女的思想。她与丈夫都认为，不论男孩或女孩都应受到良好的教育，先后把三个女儿送往美国学习。倪桂芝和丈夫一样，也很会讲故事，小庆龄也最爱听妈妈讲故事。

一次，妈妈给小庆龄讲了“自食其言”的故事。春秋战国时，鲁哀公的身边有一个重臣叫孟武伯。他有一个最大的毛病，就是说话不算数。因此，鲁哀公对他很不满。一天，哀公举行宴会招待群臣。孟武伯和哀公的宠臣郑重也参加这次宴会。孟武伯向来不喜欢郑重，在宴会上借机出郑重的洋相，便问道：“郑先生怎么长得越来越胖了？”哀公听到后，便插嘴道：“一个人常常吃掉自己的诺言，当然会长肥呀！”在座的大臣一听就知道哀公并不是批评郑重，而是在暗中指责孟武伯说话不算数。

妈妈的故事是教育她说话要算数，要谨守诺言。对此小庆龄铭记心间。

一个星期天，宋耀如准备带着全家去朋友家做客。孩子们大都穿好了礼服。就要出发了，只有宋庆龄仍在钢琴前弹奏着那动听的旋律。

母亲喊道：“孩子们快走吧，伯伯正等着我们呢！”

听到妈妈的喊声，宋庆龄立即合上琴盖，跑出房间，拉着妈妈的手就走。刚迈出大门，她突然又停住了脚步。

“怎么啦？”一旁的宋耀如看到庆龄停住了脚步，不解地问道。

“今天我不能去伯伯家了！”庆龄有些着急地说。

“为什么不能去，孩子？”倪桂芝望着女儿说。

“妈妈，爸爸，我昨天答应了小珍，今天她来我家，我教她叠花。”庆龄回答。

“我原以为有什么非常重要的事情呢？这好办，以后再教她吧！”父亲说完，便拉着庆龄的手就走。

“不行！不行！小珍来了会扑空的。那多不好呀！”庆龄边说边把手从父亲的大手里抽回来。

“那也不要紧呀！回来后你就到小珍家去解释一下，并表示歉意。明天再教她叠花，不也可以吗？”妈妈说。

“不！妈妈，您不是常说要信守诺言吗？我答应了别人的事，怎么可以随意改变呢？”宋庆龄不停地摇着头说。

“我明白了，我们的罗莎蒙黛（庆龄的英文名）是一个守信用的孩子，不能自食其言是吗？”妈妈望着庆龄笑了笑，接着说，“好吧，那就让我们的罗莎蒙黛留下吧！”

宋耀如夫妇放心不下家中的小庆龄，在客人家一吃过中午饭，就提前匆匆地回到家中。一进门，宋耀如就高声喊道：“亲爱的罗莎蒙黛，你的朋友小珍呢？”

宋庆龄回答说：“小珍没有来，可能是她临时有什么急事吧！”

“没有来，那我的小罗莎蒙黛一个人在家该多寂寞呀！”倪桂芝心疼地对女儿说。

“不，小珍没有来，家中虽然只有我一个人，但是，我仍然很快活。因为我信守了诺言。”宋庆龄辩解道。

听了小庆龄的话，宋耀如夫妇满意地点了点头。

给孩子做一个榜样，你不想做的事情就不要答应去做。父母总会认为不得不答应孩子们，答应虽然好，但是如果你满腹怨言，就会产生相反的结果。要想向孩子表明如何避免被迫做出承诺，首先你自己不能强迫他们做出承诺。

教育孩子考虑是否应当答应别人，凡不应做的事就不要答应。让孩子知道感情用事，讲“义气”同讲信用不是一回事。守时和守信，在很多场合是互相联系的。父母要善于把它们融会贯通，一起训练、培养，使孩子有良好的守时守信习惯。当你想让他同意做某事时，不要用内疚感或权力强迫他。如果他不愿意承诺你让他做的事，建议你做一个让步。如果他不能确定是否应某人的请求做出承诺，提醒他至少可以不需要立刻做决定，那就是请求多一点时间让他考虑清楚。帮助他，并让他明白，那些刻不容缓地想让他承诺做某事的朋友是想控制他。如果他把自己控制在自己的手里，他会更快乐。

细节83 不要过多干预孩子的事情

让孩子自己去接触生活，体会生活。不要让他们与社会隔离开来，用我们的希望来操纵孩子。

每一个人都是在与家庭、社会的形形色色的关系中长大的。这形形色色的关系给予孩子不同的影响，在他们的人生旅途中起着举足轻重的作用。

作为父母，自然希望孩子在一个理想的社会环境中成长，但究竟什么样的环境才是理想的环境，却各人有各人的看法。我们所要培养的孩子应当能在现实社会中生存，并且能适应环境。

下面的例子中，母亲就没有认识到这一点，因而无意中干涉了孩子对自己事务的处理：

海伦虽然才11岁，却是一家夏令营的辅导员助手。由于她公正、热情、待人细致周到，这是第三次被聘为辅导员助手，照顾年幼的夏令营成员。

妈妈一向相信海伦的自理能力和出色的社交能力，对她几个暑假都在夏令营生活很放心。这天妈妈忽然接到海伦的电话。妈妈很高兴地问她情况怎么样，海伦有些情绪不佳。

“亲爱的，有什么不对吗？”

“妈妈，我们原来的辅导员走了。新来的辅导员莉莎小姐很粗鲁，对我们这些工作人员很厉害。”

“那么她怎么对你厉害了呢？”

“今天早晨我没有在规定的时间内将我的队员召集到早餐处，她竟当着全队人的面，将我训斥一番，让我在队员面前抬不起头。”

海伦的声音有些沙哑了。妈妈很为女儿难过，就说：“你是义务去帮助他们的，她没有理由这样对待你。我马上给你们的营长打电话，叫她去同你的辅导员谈谈，好吗？如果不行的话，不如你就辞了工作回家。反正假期里你也应休息一下。”

妈妈心疼女儿不无道理。根据妈妈对女儿的了解，她是一位很让人信得过的辅导员助手。女儿没能按时召集齐队员，一定是有什么原因在里面。辅导员不问青红皂白，当众训斥海伦，使她在自己的队员面前失去威信，的确有失考虑。但妈妈在女儿面前这样评论辅导员的行为，会使海伦更加认为自己是委屈的，而且不肯检查自己有无责任。辅导员在她心目中的形象进一步恶化，从而对今后她们之间的工作关系不利。妈妈毕竟只听到女儿的一面之词，并不了解全部的过程，急于发表意见是不妥的。更加错误的是妈妈提出要亲自找夏令营的负责人谈这件事，这就走得太远了。女儿与上级的关系如何，要由女儿自己来处理。妈妈不应介入其中，剥夺女儿处理问题的权利。

与社会现实相融的关键就是与各类人和事打交道，父母无疑应给予孩子正确地指导，帮助他们学会正确地处理各种关系，同时趋利避害。但在具体实行中，要避免独断专行，或越俎代庖，剥夺孩子根据自己的意愿建立人际关系的机会和权利。

细节84 教育孩子做一个诚实的人

诚实是人世间最珍贵的宝物，是每个人梦寐以求的伟大情操。唯有诚实者，无往而不胜。

诚实是待人处世的绝妙法宝。虽然对人诚实，你可能付出一定的代价，但日后你得到的，将远比付出的多得多。从来没有一个诚实的人，会后悔自己曾经有过诚实的行为。

美国第一任总统乔治·华盛顿小时候聪明好动。有一次，他为了试试自己的小斧头是否锋利，竟把父亲一棵心爱的樱桃树砍倒了。父亲发现后，大发脾气：“这是谁干的？”

乔治·华盛顿心里有些紧张。但他想了想，还是勇敢地走到父亲面前，带着羞愧的神色说：“爸爸，是我干的。”

父亲说：“孩子，你承认把我喜欢的樱桃树砍倒了，你不知道要挨打吗？”

乔治·华盛顿见父亲怒气未消，便诚恳地回答说：“可我告诉您的是事实啊。”

父亲听了华盛顿的话，气消了，高兴地说：“小乔治，我很高兴你讲真话。我宁愿不要1000棵樱桃树，也不愿听到你撒谎。”

乔治·华盛顿从父亲的眼神里看到了原谅和期望的目光，受到了莫大的鼓舞和鞭策。华盛顿正是在这样的家教影响下，养成了诚实的品质。

我们试想一下，如果当孩子说了实话，父亲知道孩子做了错事，反而大发雷霆，把孩子痛打一顿，那孩子以后还敢说实话吗？我们的宗旨是让孩子感到，对父母讲真话并不可怕，完全可以得到父母的谅解，而不必说谎。

有时候，孩子做了错事。许多父母认为严厉的惩罚可以遏制孩子说谎。其实恰恰相反，严厉的惩罚增强了孩子的恐惧感，只会迫使孩子产生防卫心理，而进一步编造谎言。所以，当您发现孩子说谎时，千万不要着急、气恼，甚至不分青红皂白地训斥孩子。尤其是孩子主动承认错误之后，父母要予以鼓励，肯定他的行为，告诉他说实话是一种好的表现，然后指出错误的危害性，让孩子在鼓励声中知错改错。

如果父母发现孩子有说谎的毛病，不要仅就说谎而批评他：“这么小的孩子你就说谎，长大了那还了得？”这样的训斥对孩子没有丝毫的帮助。更需要做的是对孩子的行为进行观察，必要时对孩子的言行做一些调查核实，分析孩子为什么说谎。然后针孔对性地采取措施，这样可以堵塞孩子说谎的漏洞，或者使孩子的谎言不攻自破。千万别让孩子尝到说谎的“甜头”。

教孩子做个诚实、正直的人，我们做父母的提高认识，以身作则更是十分重要的。父母要把孩子培养成一个诚实的人，自己首先要做一个诚实的人。

孩子成长的历程就是不断的尝试过程，因为能力不足，所以“肇事率”特别高。但我们不妨设身处地为孩子想想，别在犯错的后果之外，又加给孩子额外的伤害。指导他怎么做才是正确的，如何面对危险，真实的教训往往是最好的机会教育。如果父母亲能多花点心思，帮助孩子面对问题，他就能快乐成长。

要防止孩子说谎，教育孩子诚实，光讲道理是不行的。要有行为规范的具体要求，让孩子从小就按诚实的标准来严格要求自己，自觉养成良好的习惯。因此，父母要针对孩子的实际情况，提出“几要几不要”的具体要求。比如，不拿人家的东西，不讲假话，不编瞎话，不说大话，不谎报成绩等等，以便随时督促。

细节85 处罚孩子一定要掌握好分寸

对孩子进行惩罚，是教育中最复杂、最困难的方法，它要求父母掌握好分寸，要非常耐心谨慎。

孩子做了错事之后，惩罚是必要的，惩罚是对不良思想、行为给予否定的评价。作为不同的教育手段，如果说赞扬是从正面强化良好的品德行为，使其在赞扬的刺激下增加再现频率的话，那么惩罚就是一种反向的强化刺激，目的是降低不良品德和错误行为再现的频率，或阻止它的发生。

一个孩子在学校测验时打了“小抄”，让老师发现了。老师把父亲叫到了学校。父亲非常生气，但他想让孩子自己讲出这件事。回家后父亲抑制住自己的情绪，对孩子不加理睬，也取消了每天晚饭后的和孩子一起出去散步。孩子看到父亲神态的变化，心里打起了小鼓，估计父亲已经知道了学校里发生的事。他等待着父亲的批评，也想好了充分的自我开脱的理由，可是父亲始终就没说话。快到睡觉时间了，孩子实在忍不住了，主动地站到了父亲面前。父亲平静地问孩子：“有什么事吗？”孩子羞愧地讲述了白天发生的事，并承认了自己的错误，全然忘记了那些事先想好的为自己开脱的话。最后父亲对孩子说：“你能认识错误，这非常好。我想你也会知道今后应当怎么做。”父亲因势利导，没有着急发火，没有长篇大论的说教，却给孩子留下了深刻的印象。

父亲改变批评、惩罚态度的做法可以说是“此时无声胜有声”。把承认分析错误的机会给了孩子，有利于孩子建立自尊，并培养孩子独立分析问题的能力。也使孩子对父亲并不反感，提高了父亲在孩子心目中的威信，比打骂孩子一顿的效果要好多了。

对孩子来说，在他犯了错误之后，以取消曾经对他的许诺作为惩罚手段，会使孩子很敏感，越是非常想做的事情不能做，越能加深孩子对所犯错误的印象，进而自觉地避免类似的错误再次发生。

期末考试刚刚结束的第二天，小桐趁妈妈不注意，从抽屉里拿了5元钱，去和同学玩游戏机。晚上被妈妈发现了，追问之下，小桐不得不承认了。妈妈严肃地指出了私自拿钱和去游戏厅这两个问题的严重性，并且提出了两个惩罚办法：第一，3天内不准看电视；第二，原定的周日到公园划船的计划取消。

妈妈知道，看电视是小桐生活中必不可少的内容。每天除了少儿节目，还有体育节目，他都非常感兴趣。而划船，是在小桐的要求下，考试前一个月全家就商量好的。他还特意在日历上做了记号。实际上这两项活动，比玩游戏机对小桐来说更重要。可是他犯了错误，不得不接受这样的惩罚。

难熬的3天过去了，周日也过去了。妈妈严格按照惩罚办法做了，爸爸、奶奶的求情也没有让妈妈改变主意。这些天小桐非常痛苦，不时地反省自己的错误。他对妈妈说：“以后我再也不会做那样的傻事了！”妈妈看到孩子的诚恳态度，感到很欣慰。妈妈恢复了孩子看电视，并且提出下周全家去划船，作为对小桐能够承认错误的奖励。小桐别提有多高兴了。他对妈妈充满了敬重和感激之情。

采用这种惩罚办法的关键，是父母要有清醒的头脑和坚定不移的态度。罚要罚到点子上，不要让孩子觉得无关痛痒。既然采取了惩罚，就要坚持到底，不能半途而废，否则，反而让孩子认为父母好对付，降低父母在孩子心中的威信。更重要的是不利于孩子认识错误。

“用自然后果惩罚”，通俗地说，就是“自作自受”。这种惩罚方式是18世纪法国教育家卢梭最先提出来的。他主张孩子犯了错误，不给予人为的惩罚，而是让孩子在错误所造成的直接后果中自己去体验不快或痛苦，从而迫使其改正错误。他举例说："孩子打破了他所用的东西，不要急于添补，要让他自己感觉到需要它们。比如，他打破了自己房间里的玻璃，让风日夜吹向他，也不怕他因此而伤风，即使是伤风也比漫不经心要好些。"

19 世纪英国教育家斯宾塞也有同样的主张。他认为孩子犯了错误，运用自然后果惩罚，至少有四个方面的好处：第一，这种方法可以让孩子从本人的或好或坏的体验中，获得对是非的正确认识；第二，儿童所受到的痛苦，仅仅是他的错误行为导致的自然后果，所以他必然会清楚地认识到这种惩罚是公正的；第三，儿童既然认识到这种惩罚是公正的，那么接受这种惩罚就是自己失误造成的，而不是别人有意为难他，所以他就可以比较容易的接受。而做父亲的只要执行他的责任，让孩子体验到这种自然的惩罚，也就可以了；第四，这种方法使父子之间避免了对立情绪，可以建立一种更加愉快和可以相互影响的关系。

我们采用这种教育方法，让孩子从不良的自然后果中受到惩罚的同时，也要辅以适当的说服教育，帮助孩子认识错误的危害性。

如果一定要对孩子进行惩罚，就要考虑好时间、条件和具体情况是否合适，如何把这种方法和其他方法有机地配合起来，考虑如何有助于纠正孩子的不良行为，以及是否可以做到今后不再犯类似的错误，等等。如果由于惩罚孩子的错误，而使他的身体受到痛苦，心理产生恐惧，思想受到压抑，这样的惩罚就是失败的。也就是说，惩罚孩子要尽量避免打骂孩子。有的孩子特别珍惜父母对自己的喜爱之情。当这样的孩子犯了错误，我们可以把平时对孩子的热情态度改变为比较冷淡的态度，减少对孩子的爱抚。孩子就能够敏锐地觉察出父母对自己态度的突然变化。这会给孩子强烈的刺激，让他自己感到这是对他错误的惩罚。

细节86 让孩子知道做人的美德

野蛮产生野蛮，仁爱产生仁爱。以友情对待孩子，就是让他们懂得友情的最好手段。

古语说："有容乃大""宰相肚里能撑船"，从互为因果的角度说出了人的肚量与事业成功的关系。英国著名思想家、教育家洛克也说过："把子弟的幸福奠定在德行和良好的教育上，是唯一可靠的办法。"事实证明，一个小肚鸡肠的人很少能在事业上取得大的成就。随着孩子的逐渐长大，培养其广泛的兴趣，对孩了豁达性格的养成至关重要。豁达的人也有心情消极的时候，这时候若兴趣广泛，可以避消极，寻积极，及时从痛苦和忧虑中解脱出来，恢复愉快的心情。

一个人的发展和成功，需要多方面的因素，智力因素固然重要，非智力因素也同样重要。这就是做人的美德。

孩子的心灵是洁白无瑕的。生活在什么样的环境中，就会被造就成什么样的人。事实证明，家庭环境对孩子的成长有着决定性的影响。为了孩子，也为了全家人的幸福，家庭成员应当共同努力，创造一个和谐与温馨的家庭氛围。家庭氛围是看不见、摸不着的，却是可以实实在在地感知与感受的环境，它对孩子品德、性格、情感的形成，从某种意义上说具有决定性的作用。积极、热情、善良、宽容等品格，不是单靠说教所能达到的，也不是逼迫孩子读几本书所能奏效的。

有道是："做事不贪大，做人不计小。"对孩子的教育，首先是为人的教育。儿童时代，灌输的做人原则，小时候培养的品格，在很大程度上决定着你的孩子将来作为社会成员的素质与层次。在学习方面，父母应当是孩子的导师，而不是保姆，要做到对孩子循循善诱，培养兴趣，启发思考，在孩子遇到困难时能适时地助以一臂之力。不管你文化教育水平的高低，作为父母，就应给子女树立一个积极进取、好学上进的榜样。至少你不要总是责怪、埋怨，不要以喋喋不休的催促与唠叨去干扰孩子的学习。在生活上应当是孩子的知心朋友。节假日带孩子去公园、博物馆，或从事一些其他有益身心健康的活动。游玩时与孩子平等地交谈，游戏时是兄弟、朋友，可以随意打闹，和蔼可亲。父母与子女相互之间的关系和态度，在不同场合应有所区别。不能总是嘻嘻哈哈，没大没小，但也不能总是居高临下，一副教训人的姿态。应当严肃时严肃，应当活泼时活泼，使孩子既喜欢你，又尊敬你。

做父母的都想在孩子面前树立自己的威信，这是无可非议的。若没有威信，如何教育好孩子。问题是父母应当怎样做，才能使孩子真正地敬佩你，信服你，从而建立起真正的威信。

父母要以身作则，要求孩子做到的，自己一定要努力做到。父母的字写得不好，应当直言不讳地告诉孩子，我的字写得不好。当你要求孩子练字时，孩子可能会说："你也写得不好。"这时如果你恼羞成怒，大吼大叫，摆出父母威风："你这小子，敢说老子不好，看我揍你！"这样孩子好像被你唬住了，其实心里肯定不服，甚至看不起你。正确的办法是承认自己写得不好，并告诉他，这是因为小时候没有认真练习的缘故，现在为时已晚，再也难以写好。从反面说明必须从小练字的重要性，所以你必须现在认真练字。

人们早就说：天下只有不是的父母，没有不是的孩子。孩子是父母的作品，文章没有写好，不是纸和笔的错，孩子没有管教好，责任当然不在孩子。要教出好孩子，先要做好父母。

细节87 让孩子自己走路去上学

孩子刚开始独自上学时，父母不放心，可以悄悄地跟在后面。时间长了，孩子经过锻炼自然就能够独自上学了。

独立是生存的第一要素。如果一个人连生存能力都没有，那就只能沦落为附庸了。为人父母，千万不要为孩子包办一切，要让他自己负责，即使知道有不良后果。

美国著名喜剧演员戴维·布瑞纳中学毕业时，父亲送给他一枚硬币作为礼物，并告诉他："用这枚硬币买张报纸，一字不漏地读一遍，然后翻到广告栏，自己找一份工作，到世界上去闯一闯。"后来戴维在回首往事时认为，那枚硬币是父亲送给他的"最好礼物"。因为这种教育旨在培养孩子的独立生存能力。

日本动画片《聪明的一休》中，有一个令人难忘的情节。母亲为了磨炼一休，让他当和尚，独立生活。有一次，小一休跌倒了，石头磨破了他的腿。母亲离他仅几步之遥，小一休将手伸给母亲，可是母亲无动于衷，只说了一句话："用手撑一下，自己爬起来。"母亲让一休明白一个道理：跌倒了，应该自己爬起来。

有一位父亲是这样教育孩子的——

有一天，年仅6岁上小学的儿子兴高采烈地向我报喜："爸爸，我跑回来了。很多小朋友还在学校走廊上哭呢！"我摸着他那被雨淋湿的小脑袋，用赞许的口气对他说："你真是个勇敢的孩子！爸爸为你骄傲。记住，以后下雨了不要等爸爸来接你，要勇敢地跑回来。"

原来在儿子上小学的第一天我就告诉儿子："爸爸今天带你去小学读书，你要仔细认路。今后爸爸工作忙就不带你了，你要一个人去上学。"我那机灵的孩子，面对我的命令只好怯生生地点了点头，并按我的要求走在我的前面。我带他去学校，总共只有三次，并教会他怎样认路，怎样走路。

让孩子自己走路上学，是孩子独立的开始。作为父母，我们理应鼓励、支持他们，并相信他们一定能行。

细节88 培养孩子的良好习惯

每一个孩子都有不同的习惯，养成好习惯使孩子终身受益。因为习惯支配人生，习惯改变命运。

家庭是教育的最好教室，父母是孩子最重要的老师。父母的第一责任是教育孩子。而教育孩子的第一要事就是培养孩子的好习惯。

如果一个人养成了一种良好的习惯，他将得到很多的好处，一生受用不尽。如果习惯不好的话，那么，他的一生将会因此多一些坎坷。

举例来说：一个3岁的小孩，偷人家的东西，如果父母不及时地纠正他的不良行为，就无异于是一种间接的鼓励，长大后就会慢慢养成一种偷的习惯了。又比如有的地方，那里的人很不客气，总是开口骂人，闭口骂人，大人是这样，小孩子也是这样，好像不骂人就说不出话来一样。这是因为那地方的人普遍地养成了一种骂人的习惯。但是，也有些地方的人却养成了一种好的习惯，他们经常使用“对不起”“请”“谢谢”这些词语。譬如一个人碰了另一个人，连忙说“对不起”，那个人也许会说“不用客气”或“没有关系”，不致引起冲突。

习惯有生理上的习惯与心理上的习惯两种。生理上的习惯如吐痰，中国人总是随地乱吐痰。从前，我国有一个外交大臣到外国去出席一个盛大的宴会。在宴会上他把痰吐在很讲究的地毯上。外国人看了很不顺眼。中国的其他代表看了也很不舒服，觉得丢脸。他自己也感到难为情。这便是他自小没有养成一种生理上的好习惯。

生理上的习惯是比较简单的。至于心理上的习惯，那就比较复杂了。拿对待生活的态度来讲，有些人养成了乐观的态度，遇事都很积极，都有兴头去干，就像前面有一个希望似的；有一种人养成了一种悲观的态度，遇事消极，做事不起劲，还没有做就好像会失败。不过，生理上的习惯与心理上的习惯其实是分不开的，是有联系的，只是从简单到复杂而已。

总之，习惯与人生有很重要的关系。父母必须培养孩子良好的习惯，不只是生理上的习惯，而且是心理上的习惯。要养成生理和心理上的习惯，不但要“慎在其始”，而且要“慎之于终”。持续下去，不要间断，同时必须注意营造一种养成良好习惯的教育环境。

一个好习惯的养成，父母是负有很大责任的。像父母的言行、暗示，对于孩子的习惯形成有极大的影响。因为父母与孩子在一起的时间长久，一举一动都很容易使孩子模仿，在孩子周围的其他人，也会影响到孩子的习惯。所以，环境的教育与习惯的养成，是有密切关系的。孩子的特点又特别具有模仿性，父母怎么做，他就怎么学。所以做父母的是怎样一种人，孩子大概也是这种人。父母的影响比任何事物的影响都大。父母与孩子是一种特殊的亲子关系。如果父母对他进行教育，他就容易接受。因为父母是他最信赖的人、最爱的人，所以他最容易按照父母的要求去做。父母如何塑造自己的良好形象，这是对孩子进行家庭教育的一个关键。我们经常听到一句话，孩子是父母的影子，道理就在这里。父母的一言一行、一举一动，都在潜移默化地影响孩子，都是孩子模仿的内容。父母要努力提高自身的行为质量。

父母提出的要求要让孩子坚持遵守，如果提出要求不坚持就形成不了习惯。父母提出的要求要确切，要掌握适度，要让孩子能够明白，能够接受，能够做得到。要求一旦提出就不要收回，就要坚持。要求要提得明确。父母在孩子面前不要居高临下，以命令式的语气提要求，或以绝对权威的架势出现，提要求时注意说话的语气，一般以信任的态度、以商量的口气为好。

养成好习惯，就要多练习，多练习就成习惯了。许多习惯不能仅仅停留在口头要求上，而是要根据孩子的年龄特点、具体情况，父母非得具体操作、具体教导，才能形成习惯。我们常说万事开头难，一个新习惯的诞生，必然会冲击相应的旧习惯。但旧习惯不会轻易退出，它要顽抗，要垂死挣扎。另外，我们的肌体、心灵从一种状态过渡到另外的状态也需要时间，需要一个适应过程。从记忆的角度讲，人也需要不断地复习刚刚建立的好习惯，要求不断地强化它。所以，头三天要准备吃点苦，要下功夫，要特别认真。过了这一关，坦途就在眼前。另外，根据科学家的研究，一个好习惯的养成需要21天时间。

比如，如果孩子生活没有秩序，不会管理自己，父母可以用严格训练法，告诉他存放东西的固定位置，告诉他睡前整理一下书包，等等。用这些具体的办法使孩子坚持一段时间，好习惯就养成了。如果孩子爱马虎，父母可以让孩子准备一个“错题本”，把因马虎而出错的题都记下来，从而接受教训。如果孩子磨蹭，父母可以给他规定每天完成作业的时间。慢慢地，孩子磨蹭的毛病也就自然消失了。总之，父母要分析孩子的具体情况，找出最适合自己孩子的教育办法。

培养好习惯不是一朝一夕的事情，改掉一个坏习惯也不是三下五除二的事情，都必须付出长期的努力。父母要有韧性，不能试验了一段时间后，发现没有什么效果就不了了之，那样，今后再教育起来会更加困难。

细节89 教育孩子不要随意侵犯他人

父母的行为在时时刻刻地影响着孩子的表现。他们模仿成人，在成人的行为中选择自己的行为方式。

父母经常意识不到自己对孩子的影响。因此当孩子表现出一些行为问题时，父母有必要首先对自己做一番检讨。

一天，当玛丽到幼儿园接儿子杰克时，老师说：“杰克今天又抓人了，把罗斯的脸都抓出了痕迹。我们告诉他不能这样，他似乎明白了。不过杰克似乎控制不了自己，在家里也这样吗？”

这件事使玛丽很困惑。杰克总是表现得比较有进攻性，稍有不合意的地方就付诸武力。这种行为方式使玛丽很紧张。每当杰克与其他孩子玩时，她都密切地注视着，生怕有什么意外发生。后来，玛丽同一位很懂育儿之道的妈妈聊起这件事，听她提到，父母处理困惑的态度与方法，会对孩子产生很大的影响。玛丽检查了自己的言行，发现在处理与杰克的冲突时，她往往不能控制自己，常常怒火中烧，忍不住要对杰克大声训斥，表现得十分急躁，有时会狠狠地拍杰克几下。这一切会不会是造成杰克进攻性行为的原因呢？

父母的行为在时时刻刻地影响着孩子的表现。他们时常会模仿成人的行为，在成人的行为中选择自己的行为方式。在杰克看来，对于冲突、不合意的反应方式似乎就是大发脾气，甚至打人。杰克在母亲那里承受的怒气与狂暴转变成了他行为的激发点。对成人他还不具备反抗或发泄的能力，但对同龄甚至比他还小的孩子，却可以加以施展。

要培养一个身心健康的孩子，父母首先自己应保持一个好的心态。上面的例子，玛丽应当给自己适当的放松时间，用适当的方法处理自己的急躁与困惑。例如，当杰克一再用无理要求来打扰玛丽时，玛丽感到自己正在失去耐心。在这种时刻，玛丽应当向杰克声明："对不起，我现在很生气。你最好到别的房间待一会儿，我们一会儿再谈这件事。否则，我会发脾气的。"

另一种方法是用其他事情转移孩子的注意力，从正在讨论的问题中突然跳出来，仿佛以前的话题根本就不存在一样："喂，你想不想周末邀吉米来玩？是星期六还是星期日，要不要一起去动物园？"这件事几乎是每周的例行公事，也许现在只是周一，离周末还远得很，根本没有必要提起来。但妈妈很肯定，这是杰克非常感兴趣的话题，可以达到转移视线的效果。

当然孩子表现得很粗暴时，可能还有其他原因。有些孩子语言能力发展比较缓慢，与语言表达能力好的孩子在一起，可能会感到恼火。通常需要分辨的事情，被嘴巧的小朋友抢了先，这就会引起他很激烈的举动。尤其碰到别人说他："你会不会讲道理，讲出来啊！"孩子张口结舌，不知如何辩解，性急上来便不管不顾了。

对于这样的孩子，父母应当有加倍的耐心，首先应当反复地向他解释，打人不好，会伤害别人。再者看到孩子不顾一切地扑打其他小孩时，不能高声喝斥或反过来打孩子。这样只会使孩子得到错误的印象，认为只能用武力对付武力。每次发生矛盾后，应教给孩子用简单的语言表达自己。如果不能解决问题，暂时冷却一下再解决。

细节90 让孩子在自信中走向成功

世界上有无数的失败者，都是因为他们没有坚强的自信心，对事情缺乏果断的决策能力。

自信，对一个人一生的发展所起的作用，无论是智力上，还是体力上，或是处世能力，都有着基石一样的作用。它就像人的能力催化剂，把人的一切潜能都调动起来，将各部分的功能推动到最佳状态。

领袖人物的研究专家丹尼斯对全世界的领袖人物进行研究，发现在他们的身上，一个显著的特征就是，每个人都对自己充满极大的自信，无不相信自己的力量，无不对人类的未来充满信心。而那些没有业绩的人，其最显著的特征就是缺乏自信心。

信心能极大地鼓舞一个人所有的能力，勇气则是人的生命力所表现出的一股极大的力量。我们的信心越大，距离享受生命奋斗的荣誉，掌握自己命运的日子就越近。坚定自己的信念，把自信当成习惯，决不允许任何东西动摇你的信念，你有朝一日就可能成为杰出的青少年，在事业上取得成就就会指日可待。因为这是所有伟大人物的共性。

有句家教格言：有什么比孩子的自信更能使他走向成功呢？在孩子的成长过程中我们感到，孩子的自信源于父母的信任。王威正是在父母的信任中，养成自信，并一步步走向成功的典范。

据王威的妈妈讲，在王威的成长过程中，作为父母，他们似乎并没有给予王威多少特殊的照顾，但是将对王威的教育渗透在了平凡的日常生活之中。这种教育是自然的，但又是极具持久性的，也是最有效的。他们在王威心智发展的最初时期，注意对他的引导教育，使孩子早早地形成了良好的接受各种知识的好习惯。在孩子接受正规的社会教育后，他们则不必在孩子爱不爱学习、学习成绩好坏上操心，甚至可以在孩子上小学甚至上中学学习知识的关键时期离开孩子出国工作。在父母的眼里，王威只是他们工作的一部分，是家庭中的一般成员。父母在王威很小的时候就十分注意平等地对待他，孩子与父母的交流是建立在自愿的基础上，交流中父母几乎没有对孩子发号施令过。在父母面前王威没有什么不敢讲的。只要他愿意，父母就会像同事间探讨问题那样听他从头至尾地把事情说完。王威小的时候，父母听完杝对某件事情的陈述后，还要告诉他像这样的事情更清楚、更简练的表达方式。当王威大点后，父母只是就事论事地说出自己的观点，他们从没有否认过孩子的观点。在琐碎的生活中，父母对他所施加的影响是自己对工作的兢兢业业、生活态度的严谨和努力进取的求知精神。对于王威在上学期间一般父母都很重视的学习问题，他们则很少过问。

王威虽然是个独生子，但并没有享受到特殊的生活待遇，也没有从父母那里得到现在独生子女们能得到的一切。而更多的时候是父母同时出国或轮流出国工作，留下他独自生活。这样的家庭背景，无形中给王威提供了一个要靠自己去实现心中目标的生活环境。长期的学习和生活的独立，使王威在心理上比同龄孩子显得成熟，对事物的分析能力也强于班里的其他同学。

王威上小学五年级的时候，老师接到中学招收少儿实验班的简章后，就向学校的领导极力地推荐王威，希望学校给王威一次报考的机会，并主动写好推荐信，向中学介绍王威的情况。首届少儿实验班招生时必须有原小学的推荐信，以确保考生的学习水平和能力。王威得知这一消息时并不理解少儿实验班的具体含义，只知道要通过考试才能被录取。很巧，王威的母亲那一段时间正好回国，便带着王威来到了少儿实验班的报名处。细心的母亲虽然对孩子的学习水平还了解得不具体，但是，她看到孩子身边的图书内容就已经明白了孩子在学习上的努力程度。她不仅给孩子报了名，还详细地询问了少儿实验班的办班原则、教学安排等事宜。

王威考上了少儿实验班后，母亲又要出国工作了。刚入学时，由于王威不够住校的条件，所以住校的申请没有被批准。在父母都出国工作的情况下，他每天自己料理生活，管理自己的学习。过了一段时间后，一次偶然的机会，老师发现他放学并不急于回家就随意地和他聊天，这时才了解到他的特殊情况，随后尽快解决了他的住校问题。

住校后，他的学习时间更充裕了，与同学之间的交往也更多了。在小学，他学习的能力和学习水平是没人能比的。到了少儿实验班后，他的学习能力和水平就有点不值一提了。在第一次摸底考试卷子发下来的时候，王威都不敢相信拿在手里的卷子是自己答的，他从来没有得过这样差的成绩。当老师给孩子们解释考试的目的是要了解每一位同学的学习情况，并要依据考试中反映出的问题有针对性地组织教学后，他的心才踏实下来。

他对自己充满信心，只要自己努力，成绩是不会差的。父母在出国时给他留下的嘱咐是：你有现在的成绩是你自己努力换来的，你要想达到新的目标就还要继续努力。王威看到身边的同学一个个不仅聪明好学，而且还很努力，他就更不敢怠慢了。他除了认真利用时间掌握老师课堂上讲授的知识外，还尽可能地提前学习一些知识，做好预习，力求走在老师的前头。在自学中，他不断地与同学交流，在与同学互相帮助中，他的学习水平提高到了一个较高的层次。

经多方的努力，美国霍普金斯大学委托某科研单位在北京进行少年数学天才的测试，少儿实验班的同学得到了这次难得的机会。学校在组织参加这次测试时，为了使学生们能在没有任何心理负担的情况下参加测试，在测试前没有着意地强调测试的意义和测试的性质，只是要求同学们认真地参加测试。王威以为这是没有多大意义的一般性测试，所以就没有参加。直到测试的结果公布后，班里有相当多的同学得到了美国颁发的数学天才少年称号的证书时他才恍然大悟。他真的后悔了，因为像这样的测试是很难找机会弥补的。他深知自己未必不是数学天才，只是没有抓住证实自己是天才的时机。从此，他对任何事情不再是简单地有主见了，而是注意征求老师和同学的意见，注意吸取他人的有益意见来弥补自己认识上的不足。

少儿实验班 4 年的学习时间不算长，但他在这里学到了同龄人要学 7 年的知识。面临少儿实验班毕业，王威开始了对人生的又一次选择。母亲有机会参加了一次家长会。会后母亲很不好意思地对老师讲:“孩子考大学的事老师多操心。没有办法，我又要出国工作了。过一段时间，王威的父亲就要从国外回来，遗憾的是我和他的父亲碰不上面，一切由老师做主。”面对报考志愿这样重大的问题，王威参考老师的意见，由自己做主报考了中国科技大学。这一年他刚好 14 岁。接到科技大学的复试通知时，他的父亲回国了。父亲陪他一起到合肥参加了大学少年班的复试。结果他如愿地考上了科技大学少年班。

王威上大学后，父母依然各自在国外忙自己的工作，对孩子在人生道路的选择方面只是提一些参考意见。王威在大学毕业的同时通过了托福和 GRE 的考试，并获得了赴美国读研究生的深造机会。在读研究生期间，他在两年的时间里获得了硕士学位，并开始在一家著名的公司工作。他工作得很出色，展示了自己极强的工作能力。当王威要到硅谷发展计算机事业的时候，公司老板以高薪挽留他。由于他刚刚在公司附近买了房子，又由于公司真诚的挽留，他暂时留在公司继续工作。不过，他只想在工作期间增长生活和工作经验。他还有继续攻读博士学位的打算。

培养孩子的自信，父母要引导孩子克服自卑，我生固我在，我的命运由我来改变。不埋怨自己的家庭、出身、长相等一切外在因素。如果聚会或者参加大型活动，教育孩子别光坐在墙角，等待好事来找你。自己勇敢些，主动一些。去寻找交际，抓住展示自己才华的机会。另外，参加活动或者会议时坐在前面，会给自己带来信心。谈话时，表达感谢时，正视对方的眼睛，表示尊重和平等。讨论时，积极思考，主动发言。遇到困难，朝积极的方面去想。每天上课前，精神饱满，同时，在心中暗示自己：我一定能弄懂整堂课的内容。敢于尝试新的事物，不限制自己的思维范围。

告诉孩子，把自信当成习惯，是人生必需的课程，是指引生命航程的明灯。

第九章

造就一个身心健康、性格坚韧的孩子

——身心细节的教育

细节91 尊重孩子的隐私

保护个人隐私，是适应社会生活的一个方面。保护隐私就是保护自己。尊重孩子的隐私是父母教育孩子的重要内容。

陈燕是初中二年级学生。她有个习惯，爱写日记，每天发生的趣事或有意义的事，她都把它们写进去。可是这个爱好给她带来了麻烦，自己笔下流露的秘密不断地被父母偷看。陈燕感到很烦恼。

写日记是青少年在某种程度上自我意识的表露。许多升入中学的同学开始写日记了，尤其是感情更为丰富、细腻的女同学。发现了自我世界的青少年学生，虽然被自己的家庭成员和朋友紧紧地围绕着，但仍不免有时感到孤独。他们认为，除了与周围人的共同话题之外，对自己来说，最本质的问题就是谁也不理解自己。日记就如同一位亲密的朋友，它是中学生倾吐心声的对象，一位听了自己的话绝对不向任何人饶舌的理想听众。向它倾诉能使你得到安慰，无论你怎样为自己辩护，也不会受到它的非难与责备。

保护个人隐私是适应社会生活的一个方面，保护隐私就是保护自己。当孩子的隐私意识逐渐增强时，父母应当高兴才对。

有位父亲说：我的女儿在小学五年级时就十分明确地有了自己的小秘密。发现了她的变化，我和妻子都很高兴。因为这是她开始走向成熟的标志。一个毫无保留地在父母和他人面前诉说自己内心感受的傻丫头是不会成为成熟的人的。当时，她用的是我替换下来的写字台，我主动将写字台抽屉的钥匙交给她，让她学会保守自己的秘密。后来，上了初中、高中，她收到一些同学的来信，包括男生的信。我们在教育她如何与同学搞好关系、与异性交往中应该注意的问题时，还嘱咐她一定要妥善收好这些信件，不要遗失在外面，免得给自己和同学带来不必要的麻烦。我们认为，尊重孩子的隐私，是父母教育孩子的重要内容。

但是，尊重孩子的隐私与以保护个人隐私为借口拒绝父母管教、帮助的行为是两回事。父母与孩子间的关系是与生俱来的，父母在很长一段时间里都有教育孩子的权利、义务和责任。

孩子的心中存在秘密是很正常的事，没有什么值得大惊小怪的。父母应认真地对待这些问题。父母不要乱翻孩子的东西，不要看孩子的日记等。不要一有风吹草动，就草木皆兵，如临大敌。要客观地分析这些秘密。有的秘密或许只能孩子自己一人知道，就让这一份秘密埋藏在孩子的心中吧，让它成为永恒。如果什么都想知道，其结果可能是什么都不知道。

可为什么总有父母要偷看自己孩子的日记呢？那是因为父母都希望自己的孩子健康成长，希望自己的孩子听话，如大人心愿；父母怕孩子走弯路，犯错误，总想知道孩子到底在想什么，在干什么。其实，做父母的也明知这样不好，可他们一看到儿女的小日记本就按捺不住想“了解了解”的欲望。

其实，父母要了解孩子的思想感情，大可不必通过偷看孩子的日记这一途径。孩子大了，该有自己的隐私权了，该有属于自己的一方秘密的心灵天空了。父母偷看孩子的日记，是对孩子隐私权的侵犯，是不尊重孩子的表现，这样做的结果只会适得其反。因为孩子一旦发现，就会对父母产生怨恨、不满情绪，就会采取措施来保护自己，更不要说把自己的心事跟父母谈一谈了。父母与孩子的心灵距离由此拉得更远。

父母要想了解子女的心思，完全可以采用别的方式，比如跟孩子谈心。对孩子讲一些自己耳闻目睹的青春期少男少女的事情，让孩子谈谈自己的看法，可以借某个话题巧妙地不动声色地“旁敲侧击”等。总之，父母要有一个原则，那就是不要轻易伤害孩子的自尊心。

父母应根据孩子的兴趣、爱好及才能，允许孩子自由选择，不必多加干涉。并努力创造一些条件，让孩子打开自己的内心世界，与父母多沟通，减少神秘感。同时，培养孩子的独立意识和创造精神。父母应给孩子适当的引导。孩子有小秘密，父母要引导，告诉孩子哪些是隐私，哪些是需要让父母知道的。父母应多与孩子谈心，这种谈心不是父母和子女间遮遮掩掩的交流，而应是热诚的平等交流。只有这样才能谈出一片新的天地，从而了解孩子心中的秘密，并根据秘密的性质和作用，尽量帮助孩子减少心中不必要的秘密，以减轻心理上的负担。

细节92 注重孩子心理健康的培养

父母为保护孩子的心理健康成长，应营造良好的家庭氛围，为孩子提供安定和睦、融洽温暖、公正民主、相互尊重的家庭环境。

心理健康是指人在生活中能保持稳定的情绪，愉快的心境，敏锐的智力，适应周围环境的能力。孩子心理健康应表现在：热爱学习，积极思考，勇于战胜困难，努力争取优异成绩；乐于与同学交往，能和他人建立正常的友谊；能了解自己的优点和缺点，尽力发挥自己的优点，对自己无法弥补的缺陷不怨天尤人；能适应环境的变化，采取积极的态度去处理各种问题。

玻尔1885年10月7日出生于哥本哈根一个富裕的知识分子家庭。父亲克利斯提安·玻尔是丹麦著名的自然科学家，是哥本哈根大学一位很有才华的生理学教授。母亲艾娜·艾德勒出身于一个在银行界、政治界、古典语言学及进步教育事业中都享有声望的富裕的犹太人家庭。玻尔的弟弟哈拉德也是一位著名的大数学家。兄弟俩的辉煌成就都植根于父母给予的良好的家庭教育。

克利斯提安·玻尔夫妇很早就发现了玻尔兄弟俩的卓越才能。他们决心要创造良好的条件，让孩子的天赋和才能得以充分发挥。克利斯提安·玻尔的一切安排都是围绕两个目标进行的：一是他自己的科学研究工作，二是玻尔兄弟俩的成长。玻尔兄弟俩成长的每个阶段，除接受正规教育外，在家里还受到父母的熏陶和培育。

克利斯提安·玻尔夫妇认识到，科学的基础之一是健康的身体，所以他们特别关心孩子的健康状况。每逢星期天，他们总要带兄弟俩去运河划船或到郊外散步；每逢暑假，还带领孩子们去郊游；平日，也带他们参加体育活动，还常常从生理学的角度讲述各种运动对身体各器官的益处。在父母的影响和鼓励下，玻尔兄弟俩从小就爱好足球运动，并一度成了丹麦国家足球队队员。尼尔斯·玻尔还喜欢滑雪，并把这一爱好一直保持到晚年。他从20岁开始，从事紧张的科学研究工作长达57年之久，并做出了巨大贡献。他之所以取得如此重大的科学成果，其中一个重要方面应归功于他有一个健康的身体。

父母为保护孩子的心理健康成长，应营造良好的家庭氛围，为孩子提供安定和睦、融洽温暖、公正民主、相互尊重的家庭环境。采取心理疏导、挚爱感染、通情达理的家教方法，对养成孩子正确的认识、健康的情感、坚强的意志，防止心理病患，保证其茁壮成长有着重要的意义。

事实证明，父母教育方法不当，违反了孩子的心理规律，没有对症下药的教育，往往适得其反，既达不到教育效果，还伤害了孩子的自尊心，引起心理紊乱，影响到心理健康。最常见的违反心理规律的教育方法是强制、恐吓、训斥、谩骂，甚至体罚，这些会造成孩子的逆反心理，使他脾气越来越犟。良好的教育方法是引导自觉，使他产生内心的醒悟。当然，孩子的个性各异，教育也不能千篇一律，必须是一把钥匙开一把锁。对自卑、自暴、自弃的孩子，要采用暗示、表扬的方法，使他看到自己的优点和能力，增强自信心；对个性强的孩子，批评要顾及情面，留有余地，要使其发现自己的缺点和错误；对吃硬不吃软的孩子就不能过于迁就和温存。

为孩子营造良好的生活环境，并不等于让他们“万事如意”，免受一切挫折。爱是一门艺术，是一种能力。现在孩子在不同程度上存在着任性、脆弱、依赖的弱点。这与父母对子女的溺爱、娇惯是分不开的。父母的目光总是盯着孩子，唯恐发生意外，孩子就像离不开卵翼的雏鸡，不会从自己周围发现危险的迹象，无法获得抵御危险的能力和战胜挫折的经验。人的一生中总免不了有“山重水复疑无路”之时，如果孩子从小就能不断地经历一些小的挫折，长大了，即使身遇逆境也有较强的心理承受力，能不屈不挠地披荆斩棘，走出逆境。

细节93 教孩子学会解除心理压力

父母一定要经常帮助孩子解除压力，让孩子生活得轻松快乐，绝不能让过重的压力压垮了孩子。

有一位高中三年级的学生，到了高考时，死活不进考场。他大声地说："我的脑子全乱了，什么也想不起来。考也没有用。"父母一听，都急疯了，赶紧去找老师。

老师说："孩子的压力太大了！"老师给他的父母出了一招。

父母回家后对孩子说："这样吧，只要你进考场把题答完，考零分也无所谓，怎么样？"

孩子一听，说："真的！"

父母说："真的，说话算话！"

孩子听了以后如释重负，轻松地走进了考场。结果孩子的考试成绩还很不错，顺利地考上了大学。

许多孩子对压力的反应是独自面对，把它藏起来。如果你的孩子以前话挺多，突然变得深沉起来，那么他一定是遇到了问题。你应该设法帮助他，多与孩子谈话、交流、沟通，让孩子说出感到紧张不安、苦恼、产生压力的原因。这有利于孩子化解压力，也有利于你去帮助孩子化解压力。

有的人认为，持续过强的压力对孩子是一种沉重的精神负担，容易引起孩子的心理障碍。有的人则认为，就应该有一些压力，因为"人没有压力轻飘飘，井没压力不出油"。越是学习成绩不好的孩子，就越应该给他压力。考试、排名次都是为了刺激孩子的上进心，学习压力将迫使他们树立远大的抱负，向更高的目标努力。可实际情况怎样呢？根据调查和测试表明，学习成绩的好坏与压力的大小在一定范围内成负相关。有些时候给孩子太多的压力会事与愿违。

之所以出现这种现象，原因是学习成绩与压力形成相互反加强的关系，压力大，成绩反而差，成绩差又会导致压力增加，结果成绩更差，从而形成恶性循环。正因为如此，所以当压力大到一定程度时，那些成绩较差的同学会选择逃避。他们会以看电视、玩电子游戏等来逃避学习。而成绩好的同学要是外来压力过大，如父母向他提出一些不切实际的要求，同样会妨碍孩子的学习，致使成绩下滑，并可能形成恶性循环。一位教育研究者也说过："80%的学习困难与压力有关。解除压力，你就能解决那些困难。"

做父母的不要给孩子制定不切实际的奋斗目标，不要给孩子的行为太多的约束。如果不顾孩子的自身实际，只知道让孩子这个拿第一，那个要优秀，就会给孩子增加巨大的压力。还有的父母只让孩子学习，这也不让干，那也不让干，这也会让孩子感到压力。要让孩子有足够的休息和娱乐时间。如果孩子不能得到足够的睡眠，休息不好，就会感到身心疲劳，无法集中精力学习，就会让孩子感到紧张，给孩子带来压力。娱乐是化解孩子压力的较好途径，与孩子一起做游戏，使孩子沉浸在快乐的事情中，压力就会被抛到九霄云外了。

如果在事前有思想准备，当压力到来时，就会得到缓冲。承受压力的思想准备越充分，承受压力的能力就越大。相对来说，压力本身就等于减小了。压力是我们生活中的一部分，生活中一点小小的压力或坎坷，只不过是错综复杂、变化多端的生活中的一个小小插曲。区区小事，何足挂齿呢？有了这种心态，有了面对压力的气魄，那压力自然就小了。

如果带上你的孩子走进大自然，共度悠闲时光，接受大自然的陶冶，在大自然宽大温暖的怀抱中，一切烦恼、紧张、压力都将置之脑后，随风飘散。人们对待压力的态度，还取决于人的意志力的强弱。恽代英说过："世界上没有一帆风顺的革命，挫折是不可避免的。经得起挫折，不怕失败的人，才是能取得胜利的人。"人如果有了这种坚强的毅力，就能做到百折不挠，顶住任何压力前进。意志力是一种精神力量，精神压力只有靠这种精神力量才能战胜。

父母要从关心孩子出发，对孩子有爱心、有耐心，并与孩子多谈心，做孩子的知心朋友。只有这样，才能使孩子的郁闷得到舒散，使孩子每天都有个好心情。因此，做父母的，要善于观察孩子。当孩子情绪不好时，要注意帮他调整。孩子有话，该说就让他说。孩子委屈，该哭就让他哭。孩子郁闷，该喊就让他喊……只有让孩子畅所欲言，一吐为快，才能帮助他有效地解除心理压力。

细节94 对孩子进行正确的性教育

父母可以从生活中大大小小的事情来谈性，并不一定需要刻意安排。

父母是孩子最天然的老师。可以说，父母能否具备健康的性观念，能否把必需的性观念、性知识准确、及时地传授给正处于青春发育期的子女，能否针对子女在这一阶段出现的种种“异常”恰到好处地加以引导，以达观宽容的心态面对子女对于性存在的种种误解、失足而进行民主的对话、交流，对孩子正确的性观念的形成具有至关重要的影响。

张林是某重点中学初二学生，成绩在班里一向顶呱呱。

然而，他最近上课老是走神，精神恍惚，沉默寡言。老师提问，他的回答常常言不及义。找他谈话，他躲躲闪闪，说自己也不知道怎么回事。其实，他自己心里清楚得很，这是因为他的阴茎经常莫名其妙地勃起，而且上课时也时有发生。看到漂亮的女孩子，他总会有一些莫名其妙、过去从未体验过的性冲动。他觉得这是很丑恶的事情。为此，他整天疑神疑鬼，甚至认为自己成了一个怪物，已经不是以前那个自己。

有一天，同学悄悄告诉他，睡觉时，有一种白色的液体流了出来。平生以来，同学从没有过那种飘飘欲仙的快乐。言者无心，听者有意，这席话正好触动了张林的隐痛。然而他当时除了有同学说的那种快感，剩下的就是深深的恐惧感。他听说过遗精，听到过“精尽人亡”的危险。他心里总想着“一滴精子十滴血”。这样下去，不知道哪天他就会突然死去，离开这个他还不曾充分享受生活的缤纷世界。

于是，他越发沉湎于幻想，开始觉得昔日的刻苦用功学习变得毫无意义，学习成绩也开始直线下降。

要是张林了解一些青春期的性知识，知道阴茎的勃起是男孩青春期生理发育的必然现象，知道这是正常的遗精现象，就不会产生“精尽人亡”的忧患，那么一切将是另一番景象。然而，由于性知识的严重匮乏、性观念的极度落后，一颗希望之星从此变得黯淡无光。这多令人痛心！

在北京市某重点中学进行的“对异性朋友的友情问题”问卷调查中，只有4.3%的父母赞成孩子交异性朋友，反对孩子与异性朋友交往的父母竟达95.7%。

这一调查结果是令人痛心的。因为面对同一问题，学生中则有近50%的人赞同与异性朋友交往。这些杞人忧天的父母认为青春期的异性友谊必然会导致早恋。一提起异性友谊就想到早恋，一想起早恋，便想起性过错和性犯罪，于是战战兢兢，谈“恋”色变，恨不得把男女同学隔离在两个不同的世界中，老死不相往来。一位重点中学高二的女生对此一针见血地指出：“大人们总是对这个话题如此敏感，我怀疑他们就是早恋过来的。”

父母应该对孩子进行必要的性常识教育。针对不同年龄段的孩子特点，告诉他们一些这一阶段必要的性常识，让他们始终对“性”有一个科学的了解，以健康、正常的心态接受“性”的方方面面。

现在的孩子发育快，心智也更早熟。孩子平常在电视、电影上也早就看过许多亲热镜头。因此不要老是指望等到时机成熟，才和子女来一次促膝长谈，解决所有的大问题。应该随时把握机会，从孩子开始问“我是从哪里来的”，或“为什么爸爸站着尿尿，我却坐着”，就开始和孩子谈性。

性教育专家指出，父母可以从生活中大大小小的事情来谈性，不一定需要刻意安排。例如，孩子小时候，父母可以利用共浴的时间，自然地和孩子谈起性器官发育，以及如何清洁卫生的问题。也可以趁着观察动、植物的机会，解释生物如何由传递花粉及交配来繁衍生命。告诉他们，这是生物的本能，是很自然的事情。此外，父母还可在新闻报道有关两性相处、青少年怀孕或强暴事件时，听听孩子的看法，甚至和孩子一起观看讨论两性关系的节目。

“知心姐姐”卢勤指出，对儿童期的女孩，要告诉她“八个不要”：

1. 不要贪小便宜，不要随便接受别人的东西；

2. 不要跟陌生人走，自己的下身和乳房是不准异性触摸的；

3. 不要把家里的钥匙挂在脖子上，要把钥匙藏好，不让别人看到；

4. 放学回家不要走偏僻的地方，最好结伴而行；

5. 路上发生任何事情（如受到威胁、侵害……）都要告诉父母，不要瞒着；

6. 独自一人在家里要锁好门，有陌生人叫门不要开；

7. 遇到坏人拦截要大声喊“救命”，不要怕；

8. 有人在半路追你，你要往人多的地方跑，不要慌。

对青春期的女孩，要教她“四个学会”：

1. 学会防卫。防备他人对你身体的侵害；

2. 学会拒绝。对不良的性诱惑，你需要理智地拒绝；

3. 学会辨别。对不良的性误导，你需要懂得辨别；

4. 学会抑制。对自我的性冲动，你需要抑制。

另外，不要怕回答问题，也不必硬充专家。父母碰到自己答不出的问题，不要说：“这种问题，不要来问我”，或“等你长大，自己会明白”。可以告诉孩子：“和你讨论这类问题，对我来说，其实也很尴尬。我的爸爸妈妈以前从来没有和我谈过这类的问题，但是，我希望你在这方面有任何疑惑，都可以和我们讨论。”或“这个问题很好，虽然我现在答不出来，但我会想办法找到答案”。应该让孩子知道，你不是无所不能，碰到不懂的问题，可以一起查资料，一起讨论。

准备充分，问题就不成问题。如果你不敢和孩子谈性，是因为自己性知识不足，那么最好从现在开始多阅读这方面的书籍。尤其针对青少年常问的一些问题，提前做好准备。例如：青春期的男孩和女孩在生理和心理上会起什么变化？我可以交异性朋友吗？性病是怎么回事？父母在思考如何回答这类问题之前，最好预先想好怎么表达你的观点。如果某些问题有模糊地带，也要想想该怎么和孩子讨论。要切记，对孩子来说，青春期也有“成长的烦恼”。对他们应宽容一点，不要说教，也不要语带威胁，要以疏导代替压制。

父母在性生活方面要洁身自好。尤其不要在孩子面前出现性行为、性挑逗。和孩子一起聊天游玩的时候，父母要尽量避免夫妻之间的那套“秘密用语”。另外，对孩子在青春期提出的各种涉及“性”方面的问题要用正确的态度予以对待。要知道，此时正是自己与孩子进行“性对话”的最佳时候。伴随着和颜悦色、浅显生动的讲解，孩子会对自己迷惑不解的性问题释然开怀，以轻松、愉快的心情投入新生活。

细节95 不要让孩子卷入父母的冲突

父母的言行举止，影响着孩子最敏感、最细腻的精神世界。父母利用孩子打击另一方时，最终受害的还是孩子。

父母的言行举止，影响着孩子最敏感、最细腻的精神世界。

或许因为父母知道与孩子关系的珍贵，因此，愤怒的父母或许会企图利用扭转孩子对另一方的情感而达到伤害配偶或前配偶的目的。离婚的夫妻可能尝试限制对方探访孩子的权利。这样的做法是向孩子述说另一方的坏话（不论真的或假的），或要求孩子在婚姻冲突中选择站在哪一边。

其实，这类企图将孩子有意地与他（她）的另一位亲人隔离，是冲突中的父母对孩子做的最有害的事情。对于深爱双亲，想要对两者忠诚，同时又觉得有必要保护被抨击的那一方亲人的孩子，这种行为会为他们制造一种慢性痛苦的矛盾。持续地将孩子卷入婚姻的矛盾冲突，会令他们感到好像自己要担当家庭不和及修复关系的责任。很明显，维系父母的婚姻，孩子没有什么可以或应该做的事。因此，这样的行为只能让孩子感到无助、混乱与沮丧。

一位孩子如诉如泣的作文，便是父母离异后矛盾继续产生连锁反应的写照，现节录如下——

中秋节，本是一家人团圆之日，而我却傻傻地站在阳台上……那难忘的一幕又浮现在我的眼前……

那天放学回家，我刚迈进家门，发现到处一片狼藉。我甩掉书包跑到妈妈身旁问："妈妈，出了什么事？"妈妈慢慢地抬起头来。天哪！那是怎样的一双眼哪！突然，爸爸那无情的话打破了屋里的沉寂："离！没有什么好说的了！"妈妈的泪终于流了出来，又是一阵难忍的沉默。只见妈妈霍地站了起来。我叫了起来："妈妈，你别走！别走！"妈妈探下身来抚摸着我的头说："虹虹，一定要好好学习，不要辜负了妈妈的一片期望！"说着，她背起妹妹离开了家门。天已暗了下来，风轻声地呜咽着，好像在诉说一个悲惨的故事。

从此，屋前的青草地上再也看不到妹妹为我跳舞的身影，再也听不到妈妈关心我的话语，随之而来的只有爸爸的沉默和奶奶的叹息。迎接我的只有孤独和寂寞。爸爸，我恨你，为什么不留住妈妈？

一阵凉风吹过，我的泪又偷偷地从眼里流出来，好像只有那永不干枯的眼泪才能洗去我心中的伤痛，好像也只有它才能抚平我心中的伤口。现在，我懂得了生离比死别更痛苦。在这里，我向天下的父母呼吁：为了孩子，相亲相爱；为了家庭，白头偕老！

无论是父亲还是母亲，为了孩子着想，你必须将战火降级。这时，情绪辅导的技巧就很有用途。运用这种技巧来找出孩子的感觉并发挥同情心。如果你有年龄较小的孩子，让他了解照料父母不是他的责任。告诉他大人必须自己寻找解决问题的方法，同时大家都不会有事。对于较年长的孩子，你的谈话可以比较深入，但也应尝试传达相同的信息——即解决父母之间的争吵不是他的责任。

让孩子了解他不是父母之间的问题源头。研究发现，年纪大到能够明白父母吵架内容的孩子，在目睹一场关于他本身的争吵时会经历较大的压力。在父母发生争吵时，他很可能有羞耻、自责及害怕被卷入争执中的感觉。在这种情况下，你或许可以说："爸爸和妈妈对于如何处理这个状况有不同的主张。但我们争吵并不是你的错。"

家庭生活中有分歧和冲突是难免的。父母不要请孩子来评理，当裁判。孩子无法"胜任"这一角色。要防止孩子卷入婚姻冲突，就不能要求他在争论的事件中做一个中间人。当孩子被要求传递一些双亲也不想亲自传达的沉重信息时，他所必须承受的压力是超乎想像的。

父母要无条件地为孩子的健康和幸福做出努力和牺牲。要充分认识到夫妻的恩爱、和睦不仅涉及自身，而且会在孩子身上发生连锁反应，既为孩子树立良好榜样，又为孩子健康成长营造美好的环境，既是一种巨大的教育力量，又具有“润物细无声”的潜移默化的教育作用。

尽可能不在孩子面前发生冲突。俗话说，“家家都有一本难念的经”，“舌头和牙齿再好也难免有咬着的时候”。父母应该多为孩子想一想，尽可能地避免在孩子面前产生冲突。即使有矛盾，可以避开孩子，或关在房间里交换意见。

如果父母发生了冲突，父母就应该从爱护、关心孩子健康成长出发，履行父母的职责，最大限度地减小对孩子的伤害，采取补救的措施。如夫妻带孩子进行健康愉悦的家庭活动，在活动中表现得体的、父母和好亲热的感情，表现父母对孩子的爱，表现家庭生活的甜蜜幸福。这样就会使孩子感到父母之间有点矛盾是正常的，不会影响家庭和睦与对自己的爱，使孩子尽快遗忘或消除因父母冲突而产生的痛楚，尽快从心理阴影中解脱出来。

细节96 培养孩子对运动的热爱

身体是事业成功的基础，也是人生幸福的保证。让孩子爱上运动，拥有一个强健的身体。

镭的发现者、杰出的女科学家居里夫人，一生曾两次获得诺贝尔奖。她不仅是一位科学巨人，也是一位游泳爱好者。居里夫人一生献身科学，没有给儿女们留下万贯家产，但她却自豪地说：“我给他们留下的最大财产就是健康的身体。”

此外，物理大师密立根、康普顿，“盘尼西林”的发明者弗莱明等许多科学家，都十分重视体育锻炼。据有人统计，从1901年至今，诺贝尔奖获得者已有三四百人，他们当中体育爱好者占 60% 以上，有的体育造诣还相当高。

健康的身体，可以助你研究学问时精力专一，可以助你提高心理健康水平。孩子在学习文化本领的同时，一定要注重体育锻炼，增强体质，促进自己的全面发展。

父母都希望孩子能够健康成长，但是，对于怎样才能使孩子拥有一个强健的体魄，却存在不少误区。不少父母不惜高价，给孩子买各种滋补食品，以为这样就能使孩子营养丰富、身体健康。其实，一般来说，我们每天的饮食中已经含有足够的营养，能够保证孩子的健康。只要孩子饮食正常，不挑食，不偏食，除非在特别情况下，并不需要给孩子吃什么滋补品、滋补药。乱吃滋补品有时反而会造成孩子身体素质的下降。还有的父母溺爱孩子，什么都不让孩子动手，也不给孩子提供参加体育运动的机会，致使孩子免疫力下降，动不动感冒发烧，而一发烧就一味地打针吃药。这些都不利于孩子的健康成长。

让孩子参加一些体育活动，培养孩子对于体育的爱好，将使孩子终身受益。一个人在童年时期形成的行为习惯，将会影响他的一生。一个从小很少参加体育活动的人，长大以后也很难成为体育的爱好者。如果在童年时期培养孩子对于某些体育项目的爱好，那么这种爱好常会保持终生。因此，从小养成每天运动的习惯，是父母的一项任务，也是给孩子一份终身受用的礼物。这远比给孩子买保险、买补药划算。

参加什么样的体育活动，要考虑孩子的身体特点，也要因地制宜。城市的孩子因为活动场地的限制，有些体育活动很难开展。过去人们一直把散步、跑步视为投入最少，场地限制少，随时可以开展的体育活动。但是，由于一些大城市的空气污染相当严重，选择跑步已变得不合时宜了。因为在污染的空气中剧烈运动，有可能加大废气的吸入量，增加肺的负担。篮球、足球等运动由于场地限制，而且参加人数较多，也不适于家庭开展。羽毛球、乒乓球等小型球类运动对场地要求相对较低，便于在家庭成员间进行，不失为较好的选择。游泳能够锻炼身体的各个系统，使身体各部分得到均衡发展，在一些城市已成为时尚。要创造条件，鼓励、支持孩子参加各种体育锻炼，以增强孩子身体各部位的机能和适应环境的能力，增强孩子的体质。培养孩子早起锻炼身体的习惯。3~12 岁是人形成良好习惯的关键期，此时孩子在生理上处于生长发育和素质发展的敏感期，可塑性大，最容易接受成人的引导与训练，正是养成自觉锻炼身体习惯的好机会。如果错过了，随着年龄增长，由于受旧习惯的干扰，新习惯就难以形成。

训练孩子的运动能力，应该为他准备场地。场地必须安全。父母不要整天将孩子关在家中。孩子从幼儿园出来时，总希望在外面玩一会。这时父母不要急着把孩子带回家，应该让他做一些必要的户外活动，可以在居住地的周围找一块空地让孩子蹦蹦跳跳。有些住宅区周围过往的车辆很多，父母应该特别注意安全。孩子为运动而运动总会感到枯燥，父母可以为孩子配置一些必要的用具，增加活动的兴趣，如球类、橡皮筋等。另外，为了方便孩子的运动，应该让他穿运动鞋和运动服。由于许多孩子缺少玩伴，父母就不可避免地要充当这一角色——当孩子的玩伴，如与孩子一起拍球、传球、单腿跳等。因为 5~10 岁的孩子竞争意识增加，他们重视行动后的结果，所以父母与孩子一起玩，可以促进孩子运动能力的提高。

对于那些不爱运动或运动不自觉的孩子，父母应多给他们鼓励、引导，以促进他们提高对运动的兴趣，并帮助他们提高运动能力。

第十章

培养孩子爱惜粮食、文明就餐的餐桌礼仪

——餐桌细节的教育

细节97 教育孩子学会餐桌礼仪

父母要把餐桌当课堂，对他进行餐桌礼仪教育。

让孩子养成良好的饮食习惯，不仅能促进孩子的身体健康，而且对心理健康大有益处。

我们发现，许多孩子一顿饭要吃一个小时，眼看着上课的时间就要到了，饭还没吃掉一小半。孩子是不急，可大人不能不急。于是恶性循环，围绕着饭桌，父母和孩子之间产生了矛盾。

有的孩子上小学二年级了，还需要大人喂饭。这样的事情并不少见。

为什么不限制一下孩子的吃饭时间呢？比如限定 20 分钟吃完饭，时间到了就把饭撤掉。

撤掉他还饿着肚子该怎么办？

就是要让他饿肚子。人为什么有吃饭的欲望？因为饥饿。

父母想想有道理，回家去试了。

几乎有 60％的没有成效。原因有两个。一个原因是家庭成员众多，这边妈妈把住了饭桌的关，那边爷爷奶奶的零食开放着，所有的努力前功尽弃。还有一个原因，零食的关卡倒是管住了，可是心太软，孩子饿了两天，父母就举手投降了。

首先，要注重吃饭前的一些细节。要求孩子饭前不做剧烈运动，静息一会儿，为吃饭做好准备。特别要让孩子养成饭前洗手的好习惯，把好病从口入这一关。饭前不给孩子吃零食。此外，还可以要求孩子帮助搞好餐桌和餐具的卫生，为家人分发餐具等。父母要在孩子不爱吃的食物上变换花样。当孩子吃了以前不爱吃的食物，要及时赞赏鼓励。记住，一定要规定进餐时间，以 15~20 分钟为宜。

另外，要注重吃饭时的细节。孩子吃饭时，应谈论食品的味美，营造一种温馨的家庭进餐气氛。对年幼的孩子，要求他们学会正确地使用筷子或汤匙，不用他人喂，也不用手抓食物。对大一点的孩子，要求他们不撒饭、不剩饭，不偏食、不厌食。对任何年龄的孩子，都应该要求他们进食细细咀嚼，而不狼吞虎咽，要专心吃饭，不说笑打闹。还应该要求孩子在固定的地方就餐，不到处乱跑。同时，定时定量，不暴饮暴食，也是应该培养的良好的饮食习惯。

吃饭时应保持良好的礼仪。吃饭时，如果你的礼仪很规范，举止优雅，对他人也是一种尊重。下面就是美国一位叫罗恩·克拉克的老师总结出的“礼仪ABC”。全文摘录如下：

当你坐下来就餐的时候，应该马上将餐巾铺在你的大腿前部。如果餐巾裹着餐具，你刚一落座，就应该马上把餐巾打开，并把它铺在腿上。

吃完饭的时候，应该把餐巾比较宽松地放在你盘子的左侧，不能压皱了，因为那样看起来显得很凌乱。也不要把它折叠得太整齐，否则就好像你认为餐厅的其他人还要接着使用似的。别把餐巾丢在椅子上，这样做其实就是暗示餐巾太脏了，不能往桌子上放。在有些国家的习俗中，把餐巾放在椅子上，是表明你永远也不想再来这家餐厅了。

永远不要把胳臂肘放在餐桌上。

用一只手吃饭，除非你正在切东西。永远也不要一只手拿叉子，另一只手握杯子。

不要舔手指头，给你餐巾的目的就是让你擦手指头用的，不需要你自己舔着来清洁。

别吧唧嘴，嚼东西时别出声。

别张着嘴嚼东西。

嘴巴里塞满了食物时别说话。有时人们会用手遮着嘴说话，别这么做，你要把嘴里的东西都咽下去之后再说话。

假如你的牙缝里塞进了东西，不要马上去弄，要等到了卫生间时，再把它剔出来。

吃喝的时候别出声。

别把食物拿在手上把玩。

如果你将叉子、餐巾或者其他什么餐具掉到了地上，不要去拣。掉到地上的东西再放回桌子上，是很粗俗和不卫生的行为。如果你把掉到地上的东西捡起来，要直接递给服务员，并说声“很抱歉”，然后站起来去洗手，回来后再继续用餐。在这种情况下，最好的办法是叫服务员帮你换一下餐具，刚才掉下去的餐具留在地板上，不用去管它。

在餐厅就餐，你的食物端上来之后，不要马上就开始吃，要等到每个人的食物都上齐之后再开始吃。

如果出现排长队，食物不好吃，或者需要等待的情况，你千万别抱怨。你不想成为一个破坏欢乐气氛的人吧?

吃完饭，别把盘子从你面前推开，把它留在原处。如果你想表示自己吃完了，应该把刀和叉并排放在盘子上。放叉子的时候要尖头朝下，刀刃的一面冲着自己，其中叉子离你更近。

不要将你用过的餐具放回桌子，应把它放在盘子上或托盘里。

吃完饭以后，不要将你没有用过的餐具放在盘子上或托盘里，应把它留在原地。

当你向服务员点菜、询问或说“谢谢”的时候，眼睛要一直注视着对方。

当服务员向你作自我介绍的时候，要尽量记住他的名字。在整个就餐过程中，当你需要和他沟通的时候，要尽可能地称呼他的名字。

如果你必须去洗手间时，你应该在站起来的同时说“请原谅”，然后离开座位。

当服务员为你上甜点或问你诸如“你的沙拉用什么调味汁”的时候，你最好反问:“有哪些选择？”如此一来，你就可以避免你所点的东西餐厅没有的尴尬了。

跟服务员讲话，不要像对待仆人一样，要充满尊敬和善意。记住，他们是为你关注食物的准备情况，并给你端上来的人。你不会想站在他们的对立面上吧。

同时，要养成吃饭后的一些良好习惯。进餐后，应该要求孩子能够静息一会儿，不要让孩子吃过饭就立即看书或者做比较剧烈的运动。此外，对于年幼的孩子，应该要求他们少吃零食和甜食。对于较大的孩子，则要求他们除了正餐之外，做到不吃零食。

细节 98 餐桌上，最好不要由孩子说了算

孩子吃什么菜式，你应该心中有数，该给什么就让他吃什么，用不着征求孩子的意见。

汤先生是一名知识分子，可就是面对 4 岁的儿子“俯首称臣”，平时饮食全由孩子“开食谱”。汤先生说，儿子平时从不一本正经吃饭，喜欢以奶油蛋糕、冰淇淋、巧克力等作主食，所以导致食欲下降，影响其他食物的摄取和营养的吸收。

住在沪南地区的朱先生的女儿从小由祖母带养。老人视孙女如掌上明珠，“小公主”爱吃什么菜就吃什么菜。朱先生说：“看到女儿这样任性，我想制止，但孩子她奶奶一味地护着她，我也只好听之任之。”

许多大城市儿童营养不良的情况已经十分严重。令人奇怪的是，目前儿童营养不良并不是由于家庭经济收入欠缺所致，相反，是随着生活水平的提高而下降。

孩子不想吃饭，总是有原因的，或是病了，或是吃多了零食，或心里有什么不愉快的事情影响食欲。假使他一时不想吃，你就不要苦苦哀求，否则，等于给他机会对父母进行要挟。对耍赖不吃饭的孩子，饿他一顿，下次他就会体验到饿肚子的滋味。饿个一天半日，对身体并不会有什么太大的影响。当然，事后要给孩子讲清道理。

对孩子说“不要再吵了”，或者“不要再磨蹭了”的话，不宜超过两次。如果他不能控制自己，你就得让他离开餐桌，直到他愿意试着好好吃饭为止。

等上大约 5 分钟，然后问他（无论在他的房里还是在别的地方）：“是否想

好好吃饭？”如果他说：“是的。”你才能允许他回到餐桌旁。有时，他可能会故伎重演。在这种情况下，你应该告诉他：“我想你还是不能管住自己，那么，你现在必须离开这间屋子，直到我们吃完饭。”

孩子也许并不在乎离开这间屋子，他会在房间的某个地方自得其乐，可能还会发出令人毛骨悚然的尖叫声，叫你吃不好这顿饭——无论他在不在餐桌旁，记住：经过观察，你该知道哪种方法对孩子最为有效。

一些人千方百计地满足孩子的欲望，以达到让孩子吃饭的目的，却忽视了孩子的正确教育。有的孩子掌握了父母溺爱的心理，就会把“不吃饭”当作“武器”，向父母进行“敲诈勒索”。要使孩子安静地吃饭，得有一个正常的吃饭时间，形成规律。当孩子闹得太过分时，你可通过下述方法使孩子安静下来。

有些孩子吃饭时坐不住，满屋走，主要原因是有别的事情吸引着他。这时，切忌强迫他老老实实地坐下吃饭。而应使用“转移视线”的方法，把他的兴趣吸引到饭桌上来。最好能给孩子讲解一些科学常识。比如：人为什么要吃饭？吃下的东西都跑到哪里去了？一方面使他增长知识，另一方面使他产生兴趣而增强食欲。

吃什么不要征求孩子的意见。“你喜欢吃这个吗？”有些父母用餐时，会不自觉地让孩子挑选饭菜，这样反倒养成了他的挑食习惯。一些孩子拣饮择食，往往是娇惯造成的。当上述的事情发生后，你要孩子好好想想，并非常肯定地对孩子说（不要表现出气愤）：“我确实希望你能记住我们所制定的这些规则，这样我就不必把你从餐桌旁赶走，或者你会得到一些你意想不到的奖品。我相信你能学会遵守这些规则的。”

细节99 别在餐桌上教训孩子

假如孩子做错了事，应避开吃饭的时间，耐心地给他讲道理，不要不分场合地胡乱“开庭”。

生活中这样的现象极为普遍：父母总是把餐桌当作“法庭”，在餐桌上批评教育孩子。

我认为，批评教育，要选准时机，把握一个“度”。

有一位叫杜明的医生撰文讲了这样一件事——

皮皮6岁，刚上小学一年级，他的性格正像他的名字一样，顽皮、好动。最近，他得了一种怪病，一到吃饭时间坐到饭桌旁就肚子痛，饭也不能好好地吃。一个月下来，面黄肌瘦，学习成绩也直线下降。到医院看病，看了好几个医生，验大便，查B超，甚至还做了胃镜，都没有发现问题。这下可把他爸爸妈妈愁坏了。这一天，他这个“疑难”病例落到了我的手上。

我一边给皮皮体检，一边了解病情，检查确实没有问题。在梳理病史时，我发现了皮皮肚子痛与吃饭有着密切的关系。于是，我就围绕他家的饭桌进行了了解。

皮皮家共有三口人，爸爸是民警，妈妈是营业员。皮皮小的时候，大部分时间是在爷爷奶奶家度过的，上小学时才来到爸爸妈妈身边。皮皮在爷爷奶奶家时，爷爷奶奶把他视为掌上明珠，啥事都依他，从不让他受委屈，所以，他就显得特别的淘气。回到父母家就不同了，爸爸妈妈望子成龙心切，决心改掉他的坏毛病，就严加管教。他们平时忙于各自的工作，无暇顾及皮皮的事，只有吃饭时一家三口才能聚在一起。他们就把吃饭时间当成了教训孩子的好时机，饭桌成了“法庭”，爸爸“开庭”，妈妈“审判”。

比如，皮皮和邻居家的孩子闹了纠纷，妈妈在饭桌上就会把他大骂一通；

皮皮考试成绩不好，爸爸会用筷子点着他大发雷霆；家长会上老师点了皮皮的名，爸爸或妈妈丢了面子，皮皮又逃不掉这场饭桌“审判”……如此这般，皮皮一坐到饭桌旁就紧张，食欲全无。久而久之，他心理上形成了压力，惧怕上饭桌吃饭，导致厌食、腹痛，造成营养不良。

找到了皮皮肚子痛的病根，就应从根源上进行治疗。需要“吃药”的当然是他的爸爸和妈妈了。

从生理角度看，吃饭时专心致志，注意力集中到饮食上，既可品尝食物的味道，又可增进食欲，利于胃、胰、胆等消化液的分泌，有助于食物的消化吸收。如果父母一味地在进餐时对孩子絮叨责备，会使孩子心不在“食”，食不知味，食欲不振，难免诱发孩子生理上的疾病。再则，饭桌上的经常性指责也使得孩子对吃饭产生一种习惯性的惧怵，孩子在饭桌上便如坐针毡，倍受压抑，长此以往，也容易导致心理障碍。

在饭桌上，很轻松地用三言两语了解一下孩子在学校里的情况，讲点有益的文化知识和鼓励孩子积极向上的好人好事等，创造一个良好的“饭桌文化”氛围，将会对孩子起到积极的作用。

细节100 如果不忙，尽量全家在一起吃晚饭

只要时间允许，父母应尽可能地与孩子一起吃晚饭。在餐桌上可以讨论一些有趣的问题，尽量让孩子说，听听他的看法。

不管哪一个家庭，晚饭都是一家相处最愉快的时间。在此时，为了使小孩也能参与，常常以小孩作为话题中心。如果为了孩子智能着想，把当天的新闻或社会问题作为话题，效果更佳。或许孩子不太了解，而父母却可以用问答的方式征求孩子的意见，如此自然有益于孩子表达能力的培养和提高。

实行这一点最彻底的是原美国总统肯尼迪的家庭。拥有5个孩子的母亲罗兹夫人，经常利用晚餐时间，做智能训练。她在餐厅门口挂了一个告示牌，把当天剪下来的新闻贴上，孩子们看完上面的消息后才坐在椅子上吃饭。进餐时，彼此便发表对当天新闻的意见，话题十分广泛。

这对年幼的弟弟或较困难，但在哥哥姐姐发表意见的过程中，年幼的弟弟则逐渐学会了表达自己的想法。

一项研究表明，能经常与成人一起吃晚饭的孩子在大学入学考试中考分更高。因此，你要使晚饭时间变成快乐时刻，全家人在一起互相询问一天的工作学习情况。这不是批评或约束的时刻。问一些开放式的问题，而不是能用一两个词就可以回答的问题。

例如，可以问："今天你在学校最开心的是什么？"而不要这样问："今天在学校高兴吗？"问一下别的孩子在学校的表现，你的孩子对他们的表现有什么看法。不要只顾讲你想起来的故事，要让孩子给你多讲一些事情。

用晚饭时间讨论国际和国家大事。一项研究表明，在家里谈论时事的孩了在学校能取得更高的成就。他们知道如何搜集信息，在心里组织好语言并说出来。要让讨论保持相当乐观的氛围，这时不宜讨论恐怖和悲痛的新闻，使孩子感到世界好像要分崩离析。

细节101 不要让孩子挑拣饭菜

教给孩子正确使用筷子的要点，正确地拿筷子吃饭。和许多人一起就餐时，等到菜转到面前再动筷。

在日常生活中，我们注意到，许多孩子吃饭总是用勺子，即使有的孩子已经长大了，还在用勺子。以至于有的孩子都上初高中了，还不会使用筷子。

这可能是人们的饮食习惯西化的关系，不会使用筷子的孩子越来越多。不仅在家里，在学校也用刀叉、汤匙。从孩子智能发展的立场上看，这并不是个好现象。

其实，人类身体机能发展的原则是从头到脚、从中枢到末梢。所谓“手是第二个头脑”，正表示手的发展等于头脑的发展。手的活动灵活的孩子，脑的活动也灵活，即对手的刺激，就是对脑的刺激。所以“使用筷子”就是在日常生活中，可以做到的“头脑体操”。

调查发现，许多孩子在吃饭时对身边的人熟视无睹，一双筷子对满桌饭菜挑来拣去。低年级的学生比高年级的学生表现更加突出。

前不久，一所中学几个班的学生一起参加活动。晚餐时大家高高兴兴地边吃边聊。一位学生不吃肥肉，就在一盘冬笋炒肉里面挑来拣去，把带肥肉的全都挑到一边，只吃瘦肉和菜。一位细心的班长看到了，星期一的班会就是以“吃饭是否该注意些什么”为题，发动同学一起讨论在餐桌上的不文明。

其实吃饭时的不文明不止这一点，然而很多学生都忽略了，甚至根本没有这个意识。比如，有的拿着筷子敲饭盆，吃饭时把筷子、勺子含在嘴里，把自己喜欢吃的饭放在眼前，用餐时用一根筷子去插盘子里的菜，用餐时把盘子里不爱吃的花椒、辣椒等挑到一边，离自己想吃的菜太远直接站起来夹，帮别人夹菜不用公用筷等等，这些都是饭桌上的不文明。

有关专家介绍了吃饭时应当注意的问题。如夹菜时，要等到菜转到自己面前时再动筷，不应抢在邻座前面。夹菜一次不宜过多，不要刚夹一样菜放于盘中，紧跟着又夹另一道菜。也不要把夹起的菜放回菜盘中，又伸筷夹另一道菜。夹菜偶尔掉下一些在桌上，切不可将其放回菜盘内。遇到邻座的人夹菜要懂得避让，谨防筷子打架。一道菜上桌后，通常最好等主人或长辈动手后再去取。如果有需要使用公筷或公用调羹的菜，应先用公筷将菜肴夹到自己的碟盘中，然后再用自己的筷子慢慢食用。

细节102 餐桌上，要珍惜节约每一粒粮食

勤俭节约，从节约每一粒粮食开始。这不仅是中华民族的传统美德，也是对辛勤的劳动者的尊重。

董必武是一位饱经风霜的老革命家。当过上了和平日子之后，董必武仍不忘那食不果腹的艰苦日子，经常教育子女：生活好了，不能忘记过去。

有一次，董必武大病初愈，家里人为他准备了一桌可口的饭菜。全家人团团围着桌子，正要举筷时，却见董老神态严肃地扫视了一下在座的儿女们。然后，他拿起筷子缓缓地拨动碗中的米饭，口中吟诵起唐代诗人李绅那首著名的《悯农》诗："锄禾日当午，汗滴禾下土……"尤其吟到"粒粒皆辛苦"一句时，那浓重的湖北口音抑扬顿挫，更是感人肺腑。

董老吟完全诗，冲着孩子们说："'粒粒皆辛苦'，你们懂不懂？从耕到种，除草、施肥、灌溉，如果风调雨顺，没有虫害，春种才能秋收！"董老看见孩子们会意地点着头，又以平和的口气对小女儿楚清说："这首诗只有四句，很好背，我教你好不好？"他生怕女儿没有引起重视，又加重语气说："吃了饭就到办公室来，我教你！"从这以后，董老在饭桌上当着孩子们的面，多次提起这首诗，几乎成了他的"传统节目"。

有一天，董老的孩子吃完最后一口饭，丢下饭碗刚要离开饭桌时，突然被董老叫住了："你看，你看。"等孩子回过头来，董老面带笑容，语调不无严肃地说："碗里、桌子上有多少饭粒？粒粒皆辛苦，粒粒不能丢啊！"直到孩子把剩下来的饭粒都一粒粒地拾起来吃了，董老才满意地点了点头。

但是，现在孩子们花钱大手大脚的情况相当严重，其中的大部分钱是可以节约的。孩子手中的钱最终来源于父母，从根本上看，孩子的浪费是父母约束不力造成的。

父母以身作则，勤俭节约，勤俭持家，是教育成功的关键。父母要教会孩子量入为出，勤俭持家。父母要经常给孩子讲勤俭持家的道理，使其懂得一粒米、一滴水、一度电都是辛勤劳动得来的。父母供他的衣食住行的所需费用，也不是不费力气挣来的。

有的父母讲阔气图享受，追求超前消费；有的对孩子娇生惯养，对于孩子的物质需求有求必应；有的对孩子“全包全替”的周到服务，使孩子缺乏劳动锻炼，导致生活自理能力很差。在这样的“大气候”和“小气候”的影响下，无形中在孩子的心灵中播下了奢侈浪费的种子。许多孩子没有经历过艰难困苦，根本不懂得“节俭”二字，只要求吃好的，穿好的，玩具越多越高级越好，若不满足，动辄生气。他们不知道粮食、衣物和玩具等物的来之不易。有的随便抛撒浪费粮食，不爱护公物，对玩具更是随意损坏，乱丢乱甩，弄得残缺不全，浪费严重。

培养孩子勤俭节约的意识，是塑造良好品德的开端。我们说“有钱难买幼时贫”，并不是让孩子去过“苦行僧”式的生活，而是为孩子创造俭朴的家庭环境，让孩子继承中华民族的俭朴美德。许多“以俭养德”的事例告诉我们：要把孩子培养成有志向、有追求、有出息的人，勤俭节约、艰苦朴素的教育是不可或缺的。这是给孩子的永久的财富。

从小事做起，养成节约的习惯。首先在使用学习用品上要讲节约，不要因为写错一两个字就撕掉一张纸，不要老是碰断铅笔芯。同时要在生活上节约，如人走灯灭，一水多用等。

第十一章

培养孩子生活、学习中的卫生习惯

——卫生细节的教育

细节103 培养孩子爱清洁的习惯

清洁习惯对于保持健康是必不可少的。孩子讲清洁，与父母的引导教育是分不开的。

引导教育孩子从小养成爱清洁的习惯，对孩子未来的生活是大有裨益的。

国内有家工厂，为了能从美国引进一条生产无菌输液软管的先进流水线，曾做了长期的艰苦努力，并终于说服了对方。可是，就在签字的那一天，在步入签字现场那一刹那，中方厂长突然咳嗽了一声，一口痰涌了上来。他看看四周，一时没能找到可供吐痰的痰盂，便随口将痰吐在了墙角，并小心翼翼地用鞋底蹭了蹭。那位精细的美国人见此情景不由地皱了皱眉。

显然，这个随地吐痰的小小细节引起了他深深的忧虑：输液软管是专供病人输液用的，生产环境必须绝对无菌才能符合标准。可是西装革履的中方厂长居然随地吐痰，想必该厂工人的素质也不会太高。如此生产出的输液软管，怎么可能绝对无菌？于是美国人当即改弦更张，断然拒绝在合同上签字。中方将近一年的努力转眼间便前功尽弃！

一个随地吐痰的“细节”搞砸了一笔生意，这难道不值得三思？

有的孩子不爱清洁，可能是父母并没有给予他足够的照顾和指导。对于妈妈的唠叨和指责，孩子只会觉得不耐烦，根本体会不到当中的意义。而且，同一句话说得太多，就不会再起作用了。作为父母，倒不如先反省一下，自己是否一样不爱清洁，家里是否也凌乱肮脏。如果是的话，就要先改变自己，再要求孩子。有时候，过度的严格要求或唠叨会造成孩子反过来愚弄父母。

我的孩子有时故意弄得自己很脏，来使你生气。当我逼得紧时，她就把牙刷、毛巾弄湿，当作已经刷牙洗脸；让她洗澡，她就换上干净的衣服当作已经洗澡。平时，即使洗脸，也是随便洗一下，草草了事。

对待孩子的这种情况，我一般采用较温和的手段，订立一些规矩，要求孩子遵守。例如，不洗手不可以吃饭，不洗澡不能上床等等。说的时候，语气要温和，不要带有责备和命令的意思。而且说过了就要严格执行，不要有时执行，有时又得过且过。向孩子讲述清洁的意义，可借用书本图片或一些实例，解释不刷牙、不洗澡将会造成的后果。例如，牙齿坏了痛起来时，大人也帮不了；牙齿烂了要拔掉，没有牙齿就吃不下爱吃的东西。

当孩子开始注意个人卫生时，要称赞他做得好，鼓励他继续这样做。并告诉他，父母喜欢他现在这个干净的模样。和他约定，以后也要这样做。要是孩子改不过来，也可以给一些适当的惩罚。例如，不带他去喜欢的餐厅吃东西，不可以去同学家里玩，等等。

父母本身爱清洁，自小给孩子一个清洁卫生的居住环境，替孩子装饰得干干净净至关重要。孩子一方面不爱被人称作“污糟猫”；另一方面自己也不能忍受脏兮兮的感觉。培养孩子爱清洁的习惯是十分重要的。

父母首先为了孩子做一个好榜样。制定一些规则：不洗澡不能睡觉，不洗手不准吃饭。孩子犯了规，用不着责骂，请他依照规矩的约定而行就可以了。

教育孩子注意个人的清洁卫生，可简要归纳为：

一带，随身带手绢或纸巾；

二常，常剪指甲，常理发；

三勤，勤刷牙，勤洗袜，勤洗内衣；

四自，毛巾、牙刷、手绢、水杯要有自己固定的一套；

五洗，早晚洗脸，睡前洗脚，勤洗澡，勤洗头。

细节104 饭前便后一定要洗手

从小养成爱清洁、讲卫生的好习惯，从饭前便后洗手这样的细节开始。

有一位叫苗苗的孩子，特别注意卫生。母亲告诉她，要从小养成爱清洁、讲卫生的好习惯，尤其是饭前便后洗手的习惯。

苗苗问："为什么饭前便后要洗手？"

妈妈告诉她："因为手上摸了脏东西，在吃饭前不洗干净，吃进肚子里就会生病，肚子里就会长出虫子来，有虫子，就要去医院打针吃药了。"等她稍大一点，妈妈还进一步告诉她，饭前便后洗手可以预防各种肠道传染病、寄生虫病。

每次苗苗洗手时，妈妈都为她准备好肥皂、擦手毛巾，放在苗苗容易取放的地方。而且教给苗苗洗手时要把袖子挽起，以免把衣服弄湿了，并教给她手心手背都要洗。妈妈示范一次以后，苗苗就全部掌握了。

于是，苗苗每天早晨起床后，自己洗脸、洗手。尤其是吃饭前，从来都不用人提醒，自己主动去洗手，打肥皂，口里还念念有词，洗完手，要甩三下，把自己手上的水甩干。有时大人一忙，吃饭前忘记了洗手，她总是及时地提醒大人洗手。

作为父母，应该注意，孩子3岁就应该培养饭前便后洗手的习惯。父母要帮助孩子巩固习惯，并为孩子提供方便。应该要求孩子饭前便后自觉洗手；饭前包括吃饼干、吃其他任何食物之前。手摸过脏东西以后也应洗手。应告诉孩子为什么应该这样做，以说服孩子自觉地遵守要求。孩子可能偶尔会忘记洗手，就去拿东西吃，父母应及时提醒。习惯的培养要切忌"三天打鱼，两天晒网"。父母如果有时候要求，有时候又不要求，孩子可能就会产生侥幸心理：这次不洗，也许妈妈没有发现。所以要想培养孩子的良好习惯，就要一直坚持下去，中途不能停顿。有的孩子洗手时很马虎，把手放在水龙头下冲一冲就算了，结果洗完了以后手仍然是脏的。正确的洗手方法应当是把手浸湿，再抹上肥皂搓一搓，然后冲洗干净，最后用毛巾擦干。可以给孩子做示范，让他模仿。为了让孩子记住正确方法，父母可故意在洗手时不抹肥皂，洗完后问孩子错在哪里，或进行“看谁的手洗得干净”的比赛，促使他认真洗手。有的父母包办代替，不让孩子自己洗手，更不用说培养饭前便后自觉洗手的习惯了。这种做法是不对的，不仅会使孩子缺乏生活自理能力，而且不利于培养孩子的独立性，并滋长依赖心理。

另外，还要培养孩子注意以下细节：

指鼻涕时要用手捂住。看孩子流鼻涕时是否知道自己指，指的姿势对不对，是否知道一个鼻孔一个鼻孔的指。

勤剪指甲。教孩子会使用指甲刀，剪指甲时不要剪得太短。发现指甲过长就应该及时修剪。父母要让孩子知道指甲脏或留得太长，是非常不卫生的，并且长指甲有危险。由于孩子最初只会用一只手剪指甲，所以父母应该教孩子使用另一只手剪指甲。5 岁末期的孩子应基本掌握剪指甲的技能。

经常洗澡。让孩子学会自己洗澡，学会用毛巾擦洗除后背以外的身体其他部位。洗头还需要父母帮忙。只要教给孩子正确的方法就可以大胆地让孩子去实践。

培养孩子定时大便，而且要教会孩子使用手纸。现在有的小班的孩子都开始学习使用手纸。

请您检查一下您的孩子，看看以上项目中孩子哪些还做得不好，可以有针对性地实施教育。

细节105 注意孩子学习中的卫生

学习是一种艰苦的脑力劳动，如果负担过重，时间过长，就会引起大脑和有关器官的疲劳，长此以往就会损害身体健康。

这是一份沉重的调查：

谈到造成近视的原因，超过六成的近视学生将之归咎于长时间看电视、玩电脑及打游戏机，四成的近视学生认为睡眠不足、功课过多也是造成近视的一个原因。82.5%的近视学生觉得近视对他们的学习造成了影响，50%的学生认为近视对生活也造成了影响，17.5%的学生认为近视还影响了自己的外表。

一位小学校长认为，造成现在多数学生近视的原因，一方面与学生迷恋各种电视、电脑游戏有关，另一方面和他们缺乏运动也有关系。运动量的缺乏不仅导致学生身体素质的全面下降，而且久居室内，视力功能自然会随之衰退。该校长同时对传统的眼保健操在今天是否仍能起到足够的预防、保护作用，也提出了质疑。

也有老师认为，父母对于孩子的视力问题也缺乏应有的重视。一位老师说，现在很多父母拿到学校、父母联系手册时只知道看第一页的主课成绩，而根本不关心后面的体育成绩和健康状况。医务室为了防止学生近视想让他们每人购买一种能缓解眼睛疲劳的眼药水，但是，购买的学生寥寥无几。更加令人心忧的是，近两年来，近视的初发年龄越来越小。该校一年级的某班中，已有近半的学生存在近视的症状，而往年只有在四五年级的学生中才会发现近视。

一位在区教育局从事卫生工作的老师说，现在近视眼已和砂眼、贫血、蛔虫、牙病、肥胖（或营养不良）一起，成为中小学“六病防治”之一。学校也采取了许多办法，如教室里的日光灯已增加到11盏，而20年前只有4盏。老师们认为，患上近视的主要原因仍是电视、电脑和游戏机，因为每当暑假过后查视力，学生视力的下降总是很厉害。

孩子眼睛近视，父母心情如何？40多岁的姜女士的话颇有代表性——

自从女儿进了初中，每回她开学，我的心里就多了一桩心事。果然，前两天，正在念初三的女儿又来对我说："妈妈，我的眼睛又看不清楚了，要换副新眼镜。"我一听，心里便是"咯噔"一下，要知道，我女儿已经换过3副眼镜了，再这么下去，可怎么得了？

为了女儿的眼睛，这些年我真是动足了脑筋，无奈收效甚微。

上了预备班，女儿便吵着要我帮她配眼镜，说是上课时看不清黑板。没办法，我只好带女儿去配了第一副眼镜，150度。打那以后，我对女儿的眼睛"盯"得更紧了。每天看到她功课做久了，我就会提醒她停下来做眼保健操。外面各种各样抗眼疲劳的眼药水我也给她买了一支又一支。这些眼药水都要10来元一支，差不多个把月时间就买一支，我坚持给她用到现在。去年5月，听说附近一家药房用中药配制了一种专治近视的特效药水，185元一小瓶，我毫不犹豫就给女儿买了一瓶。用完之后带女儿去药房复查，似乎比以前略有好转。在药房营业员的怂恿下我又买了一瓶，可最终女儿的视力又恢复了原状。现在，我女儿已经有300度近视及100多度散光了。

可是，有时候想想，孩子近视也不奇怪。自从进了中学，女儿的功课一天比一天多。再加上要练习画画，每天不折腾到晚上11点别想睡觉。第二天早上6点半又得准时起床上学。看着她那时常睡眼惺忪的样子和日渐增厚的镜片，我真是又心疼又心急。

学习的卫生，已引起许多父母的注意。如何保护眼睛，如何用脑，更需要我们每个父母在细节上认真把握。

不要长时间地连续看书。看书是非常用眼用脑的。青少年神经系统发育不成熟，不能长时间地集中注意力。每次阅读以30分钟为宜，最多不要超过1节课即40分钟的时间。看一段时间后应起立活动一会儿，或向远方眺望，使紧张的眼球和大脑得到缓和。

书本与眼睛的距离要适当。眼睛离物体越近，要求睫状肌调节晶状体的度数越大。当物体与眼球之间的距离小于25厘米时，晶状体的调节度急剧上升，会使眼睛的屈光状态向近视方向发展。因此，青少年读书时应保持30厘米左右的距离。

阅读时应保持正确的坐姿。阅读时坐姿要端正，这可使身体的重心稳妥地落在坐骨和靠背的支撑点上，这样可以减轻维持坐姿肌肉的负担。乘车、走路、躺卧时都不宜看书。

阅读时光线和字迹要清楚。光线太暗，字迹不清，就不得不把书本拿到眼睛前面很近的地方，这就增加了眼睛的调节负担，造成眼睛肌肉过度紧张而易患近视症。在太阳光的直射下看书，光线太强，容易使人感到刺眼眩目、头昏脑涨。最好是光线从左上方射来，这样写字时手不会遮光。

阅读时保持口腔卫生。不要用手蘸唾沫翻书，以免手沾上书中细菌传入口中。不要在吃饭时看书学习，边吃边看会两耽误。可以在阅读时饮用茶水，但要注意茶缸的卫生。同时，也要避免水弄湿书本。

第十二章

让孩子学会自我保护、注意个人安全

——安全细节的教育

细节106 让孩子学会自我保护

父母不仅应有自我保护及保护孩子的意识，还应教给孩子一些自我保护的常识。

自我保护教育实际上也是一种素质教育。人从出生起，面临的最低需求就是生存。人们在未受外界、刑事犯罪分子侵害，没有面临生死威胁时，似乎感受不到自我保护的重要性，而当真正遇到危险时，才会意识到，自我保护是多么的重要。青少年容易受到伤害，是有多种因素造成的。但其中一条是教孩子树立自我保护意识时，重说教，轻演练。要在真实情景的环境下进行实际演练，他们可能会感到在无助的情况下，生命是多么脆弱，从而激发他们潜在的能力，学到从说教中学不到的东西。再遇到坏人，心里就有底，不再觉得那么无助，那么慌张。再乘公共汽车，若有不怀好意的人在旁边蹭来蹭去时，就知道怎么对付他们，保护自己。只有学会自我保护，当生命受到威胁时，才知道怎样发出最关键的一击。

在北京一个十分繁华的商场发生了这样一件事。有3个十四五岁的学生放学后到商场里闲逛，遇到几个不三不四的成年人。其中有一个人勒索走在后面的一个学生，并用刀子威胁他。走在前面的学生回头看见了就返了回来，周围也围了几个人。勒索者见人多了就说："算了，算了，走吧。"学生就把拿刀子的人放了。勒索者见学生们还在不紧不慢地往前走，就又返了回来。两个学生跟他论理，暂时稳住他，另一个学生跑去报警。警察及时赶到，才未酿成大祸。事后，有人称这学生为自我保护英雄。他们的自我保护意识到底如何呢？

记者问："歹徒威胁你们时，你们是被动的，是受欺负的，你们为什么不呼救？"

学生们答："没想起来。"

记者："歹徒第二次返回来再次威胁你们，你们为什么还不呼救？"

答："周围有那么多人在看着我们都不管，喊也没用。"

错了！只要喊一声"救命"性质就不一样了。你不喊，人们还以为是两个流氓在斗殴，人们在看热闹。你喊了，人们就会明白，流氓在欺负赤手空拳的孩子，就会引起巡逻警察的注意。毕竟是在繁华的地方，歹徒也胆怯，情况就会完全不一样。

在学校有一节自我保护课，就是专门练习遇到危险时呼喊"救命"的。开始90%的人喊不出来，为什么？怕别人笑话，在虚拟的环境中尚可以这么解释。那么上述3个学生都遇到生命危险了，为什么也喊不出来呢？第一他们根本就没有想起来，第二他们没有受过这种训练。

孩子们或许看美国电影《小鬼当家》之类的看得太多了，把犯罪分子的智商估计得太低了，把自己的智商估计得过高，觉得自己就是智多星——小鬼。平时，道理都明白着呢，但一遇事，就什么都忘了。说起来头头是道，做起来一塌糊涂，不知从何做起。认识和行为形成极大的反差。现实生活毕竟不是文艺作品。犯罪分子正是利用了孩子们的这些弱点，才屡屡得手。

陌生人敲门，开不开？

如果你一般地问一问，学生们都会说："决不开门！"

在实际生活中，这些学生又是怎样做的呢？

第二天老师随访了3个学生。结果是敲一家，开一家。

对生活热爱，就会真心关注自己的生存环境。现在大家对环境越来越重视了，是因为黄沙一次次地向我们袭来。安全环境也一样，生活中的各种危险也会随时向我们袭来。若有了这种意识，就会想很多的办法，采取一定的自我保护措施。

生活是美好的，但生活中也处处存在着危险。

据有关部门调查统计：1997年～1999年，全国0~14岁儿童少年非正常死亡人数，平均每年都在16011人左右。用这个数字除以365天，平均每天都在消亡一个教学班。这里面排在第一位的是交通事故。90%以上的交通事故是由于人的交通意识，也就是主观认识上的偏差造成的。

研究人员有项调查发现，60%的事故是发生在家里，或者在家的周围。家是人们过日子放松的地方，往往更容易出问题。比如，前一段时间接二连三地发生小孩从楼上掉下来的事故。另外，还有小孩掉进附近的臭水沟淹死的事。如果父母提早教给孩子一些良好的自我保护意识，就不会发生这种事情了。

进入青春期的少男少女，他们觉得自己大了，不再需要父母带着外出了，能独立到商场等公共活动场所了。可是，别看他们的身体发育已接近成年人，但是，他们还缺乏足够的安全意识以及自我保护能力。父母不仅应有自我保护及保护孩子的意识，还应教给孩子一些自我保护的常识。

以下为儿童自护自救的10种方法：

1. 注意获取感觉。在紧要关头，应该相信直觉。父母不仅要告诫孩子留神从接触的人或事中获取不安的感觉，还要注意倾听，鼓励孩子讲出他感觉不安的人和事。

2. 学会识别诱惑。平时，父母应告诉孩子，对于陌生人问路，或请求协助寻找丢失的宠物之类的事应保持警惕。这是犯罪分子诱拐儿童的两种普遍的策略。如：有的罪犯装作认识你，叫出你的名字；有的罪犯自称是消防人员，编造你家房子着火的紧急情况，等等。父母应告诉孩子，任何人甚至是警察和消防员，在未得到孩子监护人允许的情况下，都不能将他们带走。

3. 不要只关注陌生人。父母要经常叮嘱孩子"不要跟陌生人说话"。什么是"陌生人"？孩子并不一定真正懂得，若让孩子画出陌生人的面孔，一般他都会画出一个可怕的面孔。其实，想想侵犯孩子的人一般都会装出一副和蔼可亲的面孔。

据有关方面调查，对儿童进行性犯罪的嫌疑人中，90%是儿童认识的人。父母应特别提醒女孩不要单独外宿或跟异性到任何地方。

4. 要学会大声呼叫。孩子身单力薄是很难打败罪犯的，但是，孩子却能做出许多吸引周围人注意力的事情。比如，大声呼喊："救命！他不是我的爷爷！"骑自行车的儿童可以利用自行车为掩护物，让罪犯难以将你劫持，同时大声呼救。这样会引起围观者的注意和警惕，争取得到其救助的可能。

5. 要勇敢地说："不！"。父母都想培养一个有教养的孩子，但也应让孩子知道，什么时候可以打破常规。比如，有人威逼孩子做危险的事时，要勇于说"不"。

6. 让孩子尽情倾诉。在日常生活中，父母与孩子要经常交流。如果孩子对某人有所不满，父母不要简单地说，不许说某人坏话，而要和孩子一起予以分析，这样孩子才能畅所欲言。一旦孩子遇到不如意的事，或有人骚扰了他，孩子能够向他信赖的人尽情倾诉。孩子知道有人时刻在关心着他，就能减轻心理压力，减轻心理伤害，并能及时地让坏人得到应得的惩治。

7. 明确不可触摸的地方。孩子到了四五岁，父母就应向孩子说明泳衣遮盖的部位是个人隐私区，任何人都无权接触。即使是医生做检查，也应要求监护人在场监督，这是儿童的正当权利。

8. 能帮你的人很多。遇到麻烦找警察，是最基本的常识，但仅此还不够。假如警察不在附近，孩子就不会求助任何人。还应让孩子知道，公园、商场、电影院等地方的工作人员都可以求助，多一个机遇就多了一个生存的希望。

9. 要注意网络安全。无论家里有没有计算机、智能手机，父母都应告诉孩子注意电子领域的安全事项。

孩子可能在学校、图书馆和同学的家里使用网络，因此，应告诉孩子要注意保守家庭及个人的一些秘密，不轻易约见网上结识的任何人。

10. 在游戏、演练中增强自护自救本领。仅跟孩子讲述一些自护自救的方法是远远不够的，当时可能记住了，过一会儿也许就会忘记。唯一能使孩子画正真掌握的途径是通过角色游戏和演练。经过多次演练就能领悟要领。在家庭游戏中，父母可设计多种可能发生危险的环境，向孩子提出问题，测试他们的反应能力。同时，还要演练父母和孩子之间如何保持通信联络的内容。

在日常生活中，人们不免会遇到一些紧急情况。当遇到危害时，及时正确地报警是首要环节。一旦报警出现失误，不仅会使公安机关失去战机，而且还会使受害者受到更大的损失。因此，作为父母不但应该熟练掌握常用的报警、急救方法，还应该教会孩子正确地使用这些方法和注意事项。

1. 遇事拨打“110”。“110”是警方为了更及时地打击犯罪而设立的报警服务台，全天候接受公民的报警求助。打“110”是最快捷的一种报警方式。

2. 报告主要内容。发现、发生案件的时间、地点，现场的原始状态，有无采取措施，犯罪分子或可疑人员的人数、特点、作案工具、车辆情况（颜色、车型、牌号等）、携带物品和逃跑的方向，等等。打“110”报警时还要讲清你所在的位置，使用的电话号码、联系方式。

3. 就近迅速报警。如果你身边没有电话，或者遭到侵害危急，要到距自己最近或最方便的公安机关报警，也可以向巡逻交警求助。这样既可以节省时间，也便于警方出击。

4. 灵活机动报警。万一你遇到歹徒的袭击，无法自己报警，或因行动不便，要及时委托家人或周围的人报警。对一些非现行案件，也可以通过书信形式报警，注意书信内容要真实，字迹要清楚。

5. 及时医治身体伤害。如果你遭受不法侵害，伤情十分严重，在请他人报警的同时，可以先及时到附近的医院就诊。要注意保存好病历、各种辅助检查（如X射线、CT检查等）的结果，及时报告公安机关。

6. 准确提供物品丢失情况。说明是什么物品、它的颜色和形状如何及损害程度如何，陈述得越详细，对破案越有利。如果你被盗抢的是移动电话或存单、存折等物品，要及时到有关部门办理停机手续或停止付出手续。

细节107 有效地增加孩子的安全系数

一个人只有一次童年。只有拥有安全、快乐的童年，才能使未来的人生灿烂如花。

孩子是未来的花朵，是父母心中的最爱。但是，孩子也是危险环境中的最容易受到伤害的人。孩子的安全问题，一直是父母最为头疼的问题。

随着都市人潮越来越汹涌，车流越来越大，生活节奏越来越快，交通安全问题也越来越严重。那些成天奔波穿梭于学校、家庭、街市的孩子，该生活在怎样一种危机四伏的火山口上。

汽车安全问题。现代的都市街头，越来越多的持有驾照然而车技差得要命的“司机”驾车在繁华的街头呼啸往来，越来越多的精神抑郁者、变态者、酗酒者开车冲向了街头。对于那些走路摇摇晃晃，交通安全意识薄弱却已骑着自行车飞奔的孩子来说，死神随时会向他们伸出冷酷的双手。

交通安全意识问题。这是一个老生常谈的问题。但是，又有多少都市公民在真正地遵守交通规则呢？红绿灯是用来保证交通顺畅、交通安全的，然而交通事故发生最多的常常是红绿灯闪烁的十字街头。为了抢所谓的时间（有人甚至没有紧急之事）在红灯大亮之时，向着人群冲过去，很有可能撞倒几个人。车流被阻了，司机破口大骂，这群人便在骂声中扬长飞去。想想我们的孩子看到这种场面，他们会对交通安全意识产生多么大的疏忽，对种种精心制订出来的交通规则会产生多大的疑问。于是，他们便会群起效仿，甚至会对红绿灯视而不见，结果一棵小树还未长成就夭折。

人身安全问题。报载，武汉一位女研究生被一个年仅十几岁的农村小姑娘骗卖到农村。仅靠一招简单的骗术——诱以厚利，这个小人贩子居然就轻易得手了：“咱们一起去做生意，跑一趟就能挣好几千！”于是，自信而又轻信的女研究生欣然入套。

还有更令人痛心的惨祸。北大品学兼优的99级女生邱庆枫，由北大海淀本部返回昌平分校住处的途中，不幸被歹徒奸杀。这是一个惊动了国务院高层的命案。一个正待展翅翱翔的如花少女，就这样像无声的流星陨落了，甚至没有人听见她生命最后一刻凄惨的呼救声。

诸多事实表明，安全，是孩子成长中的第一要素。在这方面，刘亦婷妈妈的做法值得借鉴。她在提起对孩子安全防范意识方面的教育时说——

从婷儿小时候起，我们就教她，待人一定要诚恳。为了强化她的这种态度，我专门写下了这样一句话，贴在“格言栏”里，让她每天都看一遍。

诚为本，术为末。诚则人多自附，术则物终不亲。

但是，“诚”也是一把“双刃剑”，有其利也有其弊。一个只知道待人以诚，而不知道如何自我保护的女孩（当然也包括男孩），将会面临很多危险，有时，甚至是灭顶之灾。很多父母教给孩子的自我保护知识，实在是太少了！

因此，多年来我们反复地告诉婷儿：“灾祸的概率对没遇上的人是万分之几，对遇上的人却是百分之百。”为了最大限度地避免灾祸降临，我们从婷儿很小的时候，就开始采取安全保护措施。

从幼儿园时期开始，就告诉她：妈妈不会委托任何人以任何理由来接她，所以，谁打着妈妈的幌子来接她，都不能跟着走。为了加深印象，还“演习”了如何识别各种可能出现的骗局。

婷儿从小学二年级就独自坐公共汽车上学，一天来回4趟，每星期6天，风雨无阻。为了提高她的警惕性，我们经常用报刊上拐卖妇女儿童的案例做教材，分析骗子常用哪些骗术，被骗的人自身有哪些弱点，为什么会容易上当受骗。

我把避免出意外的原则归纳为两句话：一、危险的地方不去，二、不贪图任何“好处”。从小到大反复地向婷儿强调，使孩子学会了抵御利诱，识别居心叵测的花言巧语。有一次，正读小学四年级的婷儿和要好的女伴一起到锦江边玩，遇到了一个不怀好意的成年男人。婷儿拉着女伴，机灵地摆脱了那人的纠缠追逐。

婷儿上小学时，由于我们忙于工作，中午她常常独自在家。为了防止意外，我们还给她规定了一条：“独自在家时，不给任何人开门。”这一条看起来有点过分，但其实非常重要，以不变应万变，可以避免把安全问题复杂化。

后来，婷儿上了初中，人越长越高，样子也越来越像大姑娘了。这时，需要她了解的安全常识也更多了。除了防备人贩子，还要防备被男性欺骗和伤害。由于在婷儿3岁的时候就对她进行过性知识教育，婷儿接受这种教育比其他女孩容易得多。

在婷儿第一次问：“孩子是怎么来的”和“非礼是怎么回事”之类的问题时，我总是按早教专家的建议给予科学的回答——早教专家认为，越早越坦率地告诉幼儿这些常识，对孩子的心理冲击越小。每次进行类似的谈话，我都要提醒婷儿：这些问题只能问妈妈，不能跟别人说，因为中国人的习惯是不跟小孩说这些。你要是说这些，别人会说你是“怪物”。这种习惯虽然不对，我们也改变不了，但妈妈愿意回答你的任何问题。

这样做带来了一个重要的好处，那就是婷儿始终有一个了解科学的性知识的渠道，而且也习惯于和妈妈谈论与性沾边的问题。由于最秘密的话题总是留着和妈妈谈，也就不会有谁能在与婷儿交流的深度上超过妈妈了。这就排除了在性知识以及性观念上受他人误导的危险。

我的另一项任务，则是让婷儿了解男性的各种心理特点，用各种前车之鉴使婷儿懂得，为了不引起不必要的误会和纠葛，在交往时，需要注意与男性保持适当的距离。

这些做法，都有效地增加了婷儿的安全系数。而安全是其他一切的前提和基础！

除了在复杂的社会中保护自己以外，如何避免各类意外伤害也是儿童安全教育的一项重要内容。

在孩子还不太懂事的时候，可能单独活动的范围基本上是在家里。父母对孩子进行安全教育，既要靠平时有系统地进行教育，又要结合出外旅游、假期休息、集体活动等有针对性地进行强化教育。

交通安全教育。乘车，乘船，骑车，步行，都要遵守交通规则。走路养成靠右边走的习惯，过马路须走人行横道线。不要在马路上追逐、嬉戏，不追赶、攀爬行驶中的车辆。雷雨天，不要在大树及高层建筑物下躲避，以免遭受雷击。从孩子能在人行道上行走的时候就应该教育他，只有抓紧大人手的时候才能离开人行道。小学生特别要注意骑自行车的安全，低、中年级学生，不要骑自行车上学。千万记住，孩子至少要到 9~10 岁的时候才能独自通过交通繁忙的人行道。要考虑一下孩子经常经过的地方的交通安全，特别是从家到学校的路，去操场的路以及去伙伴家的路。父母可以像探险家一样先和孩子一起走一趟，并确定一条最安全和最容易横过马路的路线。然后向他交代清楚，他只能走这条最安全的路线。要查明孩子上下学的道路上是否有足够的交通信号灯和路口警察。如果学校刚建成，就应该调查一下所在地的交通状况：那里是否有足够的人行道、路灯和路口警察。

用电安全教育。不要随意触摸电器开关、插座、电线等，以免触电。当有人触电时，千万不要用身体去碰他。如果可能的话找到电闸并合上它。因为潮气同样导电，避免靠近与裸线相连的水或潮湿的器具。对常用电器的操作，父母要演示几遍让孩子观看，强调需要注意的地方。然后让孩子在不通电的情况下，模仿演练。待熟练了，再让孩子在父母的监督下，实际操作。电线旧了或破损要及时更换。电线的接头处要用绝缘胶布粘牢。不要把电线铺设在地毯下面，也不要让电线从过道中穿过。要在所有的电源插座上盖上盖子，以免孩子在电源插座中插东西的时候受到电击。还要注意不要使电源插座超载。如果使用防触电器，一定要保证它的个头足够大，使孩子不容易吞到肚子里去。在孩子能够到的空灯座上安上灯泡，以免孩子用手触摸。

防火安全教育。水火无情。厨房是烧水煮饭的地方，对儿童很不安全，不能成为孩子的活动场所。不要让孩子玩火柴、打火机等，以免发生火灾。不要让孩子燃放烟花、爆竹，以免发生伤害事故。打开的热水器、火炉、壁炉、绝缘不良的烘炉和容易打开的烤箱等都很危险。所以，要把火炉、壁炉和火墙用栅栏或者防护装置围起来。如果闻到烟火味，及时跑出房外。一旦被火困在屋内，要尽量俯下身子，贴地滚动或爬行，同时用湿毛巾捂住口鼻，防止因吸入过多烟雾而窒息。在条件允许的情况下，将被单弄湿裹在身上以使烧伤概率降到最低。

饮食安全教育。不要饮用生水。生水里细菌、寄生虫较多，喝了容易得病。水果不经过烫洗或去皮，千万不要食用。不要向沿街摊贩购买食品，不要饮用、食用过期变质的饮料和食物，以免患肠胃病。

防盗防骗的安全教育。对陌生人的言行、建议和要求，要动脑筋想一下，多长个心眼。不接受陌生人赠给的钱、物。不带陌生人回家或跟陌生人去游玩等。不跟陌生人走。不相信陌生人“你妈妈爸爸让我来接你”“你妈妈遇到麻烦了”等说法。独自在家时不给任何陌生人开门。

活动安全教育。无论学龄前儿童什么时候在户外活动，都必须有人看护。要确保他们不在机动车道和马路上玩耍。不要在建筑工地周围玩耍，以免被砖石等建筑材料伤害。不要在池塘、湖泊或河流的附近玩耍，除非有父母的陪同。也不要在初冬刚刚结冰的湖面上滑冰。学习游泳需要备有救生圈等安全器材，并在父母指导下进行。要提醒孩子不要在楼道、窗口玩耍，不要跨骑楼梯扶手和跨爬阳台，以免发生意外。要和孩子一起在附近找一块安全地带玩耍。还要不厌其烦地告诫孩子，无论游戏多么有趣，都不可以到马路上玩耍。

家庭用品中的安全教育。用锁将陈列柜、厨房和浴室的门锁上，防止孩子接触里面可能存放的有害物质。还可以使用尼龙拉链来防止学步儿童接触那些不易上锁的东西，比如冰箱或者拉门式陈列柜等。在玩具盒的盖子下面装上安全支架以防盖子打开的时候猛然关闭，从而砸伤孩子的手、头部和脖子。如果门通向楼梯口或者通向存放危险清洁剂和危险工具的地方，就应该使用钩扣铰链将门锁上，防止孩子从门里走出去。浴室门也应该锁上，防止孩子进入马桶或者接触剃刀、药品和有害物质。而且切记，千万不要把5岁以内的孩子单独留在浴缸里。使用绳子蜷缩器以防止儿童把长绳子绕在自己的脖子上。在折叠百叶窗的暗线(许多孩子被百叶窗暗线勒着脖子)、家用电器的电线、电话线和电灯线上等都应尽量安装绳子蜷缩器。你可以在窗框上面安装类似蝶型螺母的百页窗帘装置，把过长的绳索都缠绕在上面，防止勒着孩子的脖子。确保家中用水的水温不高于48.9℃。在咖啡桌和工作台面的角上包裹上软布或角垫。因为它们的高度和孩子的面部一致。这能防止孩子在2岁以前把前额或者脸碰到桌角上。碎玻璃和打开的铁罐要放进孩子难以打开的垃圾桶中。如果使用旧刀片开启罐头，就必须选那种盖子上有沟槽的罐头。要把危险的工具和电动工具放在孩子拿不到的地方。检查孩子的玩具，确保它们没有锋利的边缘、不易破碎、无毒、不易被孩子吞咽到肚子里。将下列物品存放在孩子接触不到的地方：清洁剂、洗衣粉、除垢剂、下水道清洗剂、马桶清洁剂、炉灶清洁剂、氨、漂白剂、除蜡剂、金属上光剂、硼砂、卫生球、打火机燃料、鞋油以及其他危险物质。另外，要把灭鼠药、打虫药和其他有毒药品清理干净。它们也是非常危险的物质，切不可将其装入旧饮料瓶中。

车厢中的安全教育。车在行驶时，车身常常摇摆不定，这时吃东西容易造成气管异物、刺伤等情况。即使在长途车上需要进食时也必须注意安全。车辆在起步、停车和紧急刹车时都有一个速度变化过程，尤其在车速较快和转弯时更是如此。这时车内乘客由于惯性作用，常常发生身体前倾或后倒，如不抓稳车上的扶手，非常容易跌倒。儿童人小体弱，如不注意抓稳扶牢，比大人更容易摔跤。如果乘客拥挤还会造成挤伤、压伤的事故。作为大人应该多为孩子们着想，防止类似情况发生。教育孩子不要在汽车上吃东西，尤其不能吃带棍的冰棍、雪糕或棒糖等；不要吃硬质的干果，如花生、瓜子、炒豆等，容易引起气管异物。不要在车上用牙签剔牙，也不要在车上用耳勺或小木棍掏耳朵。在车上也不要将铅笔、圆珠笔、竹木棍等含在嘴里。如果在长途车上需要进食时，应尽量为幼儿准备柔软、无骨刺的食品。进食时注意不要让幼儿将塑料或金属刀、叉等放入口中。教育孩子在车上要抓牢扶手，尤其站立时更要如此，不可只倚在座位的靠背或柱子上。不要在车内奔跑打闹，同伴间要相互扶持。

细节108 千万不要迷恋电子游戏

对于沉溺于电子游戏的孩子，父母要耐心引导，摆事实、讲道理，使他晓之利弊。

玩电子游戏的确很刺激，对孩子有很大的吸引力而且容易上瘾。

孩子对新鲜的、操作性的活动容易发生兴趣，而他们的行为往往由兴趣和情绪所支配，自控力差，表现为身不由己。当玩电子游戏达到迷恋的程度时还会导致荒废学业，不思进取。当与成人的管束发生矛盾时，还会出现撒谎、偷钱等不良行为。对此，应高度重视，正确引导，及早地采取有效的教育措施。

这是《新民晚报》刊登的一位湖北母亲对儿子的绝望的呼唤，她说——

“孩子上初中时，我经常出差为公司催收货款，一时放松了对儿子的管教。孩子迷上了游戏机，后来又迷上了电脑游戏，一发不可收拾。他开始逃学，开始不回家。读高一这半年，就逃了十几次。每次我们都是发疯地找，中南一路上十几家游戏机室，一家一家地找，他只可能在玩游戏。从此，他的学习成绩直线下滑，从名列前茅跌至倒数第一名。

“迷上游戏机后，孩子就开始骗家里的钱，变着法子搞钱去打游戏。今年2月18日开学，孩子要交学费，要了400块。后来我跑到学校一问，才知道他只交了150块。他整整多拿了250块，当天晚上就没回家。很多时候他就是没钱也会逃学，不回家。我一打听才知道，游戏机室老板会一再地赊账让我儿子玩。

“初中班主任说，这孩子脑子灵，反应快，理科基础好，刚进校时还让他当数学课代表。对他迷上游戏机屡教不改，也非常失望。这孩子打游戏已经到了需要‘戒瘾’的地步。现在只要骗到钱就去打游戏。拿到钱的手就会像瘾君子接到白粉一般抖个不停，他完全不能自拔了。我跑到学校请求给他处分。如果能达到挽救的目的，只要不开除学籍，什么处分都可以。今年3月17日，学校给予儿子警告处分，通报全校。你想哪个父母想让孩子在学校受处分？！

“我已经完全没办法了。今年春节后，找儿子追到游戏室，看到他又在拼命地玩。我绝望了，顿时就放声大哭起来，苦苦哀求老板说：‘你也是做父母的，我给你跪下了，就放我儿子一马吧！’说完我什么也不顾就跪下了。可是老板理都不理，板着脸走到一边去了。

“儿子毁了，家庭也毁了。我天天像疯了一样找儿子。我们对孩子根本不指望了，只要上学、回家就行。我经常在心里祷告：醒来吧，我的儿子！他爸血压高，生起气来就受不了。孩子不在家时，他就跟傻子一样，睡不安稳，不停地做噩梦，生怕儿子出事，而且睡觉时还要把门反锁上，真怕孩子一时性起，杀了他。儿子在家就不说话，痴痴呆呆的，整天就戴个耳机听随身听。两代人之间几乎没有交流。我已经快要崩溃了。”

这位母亲呼吁：“游戏室毁了我的儿子，毁了我们的一切。救救孩子吧，再也不能让这软刀子杀人了！”

听听这位母亲的心声，就知道玩游戏的危害了。

我曾去某小学听了一次“与电子游戏告别”的主题班会。会上，班主任老师说，我们班上有不少同学打过电子游戏，那么现在就请大家谈谈各自的看法和体会，把玩电子游戏的好处和坏处都摆出来，看看好处多还是坏处多？这时同学们纷纷发表意见。“玩电子游戏真有意思，要打赢了，心里可真高兴。”“还可以锻炼多动脑，多动手。”“玩电子游戏老忘记做作业，影响学习。”“经常玩，对眼睛不好。”“玩上瘾，上课也老想着电子游戏，成绩也下降了。”“玩电子游戏把零钱都花光了，有时还从父母的口袋里拿钱。”“玩得晚了，回家怕父母责备，就撒了谎。”……然后，老师又启发同学：学生的主要任务是学习，一个好学生应该通过学习和其他有益的课外活动，来促进自己学习好、思想品德好、身体好。玩电子游戏对这“三好”是有利还是不利？通过以上摆出的大量事实，同学们明白了玩电子游戏既耽误学习，影响身体，还导致了许多不良行为，弊多利少。于是同学们异口同声地回答，玩电子游戏不利于“三好”。老师又进一步地请同学们自己表态：以后还玩不玩？有没有决心做到不玩？至于孩子们是如何表态的？不必赘述。但我们已经看出，在老师的正确引导下，让孩子自己分析、判断，得出正确的结论，决定自己的行为，的确是个好方法。好就好在使孩子变被动的服从为主动的自我教育。这比那种简单地告诉孩子“不好”或“不应该”，以打骂、惩罚的手段强行禁止，效果要好得多。

父母与孩子共同学习电脑操作，和孩子来一个学电脑比赛。如果父母对电脑一窍不通，比赛的结果父母不一定会比孩子学习得更好。这样孩子学习的兴趣就会高涨，为今后进一步学习电脑打下较好的基础。如果父母对电脑使用有一定的基础，一定要给孩子购买一些有关学习电脑的普及书籍，和孩子一步一步地学习。当孩子掌握一定程度的操作技巧后，他们会充分利用电脑来促进知识的学习。

孩子有一定的电脑操作能力后，应交给孩子完成一些家庭事务的电脑应用任务。如家庭财务管理，家庭有关档案管理，制作一张家用通讯录，物品存放安排表。让孩子用电脑练习写日记、周记、写信等等。这样，孩子的电脑特长有了用武之地，会增强自信心，增强学好电脑的动力。如果孩子对电脑应用有一定的了解，父母如能请内行的人给孩子一些指点，孩子会一步一步地提高电脑的操作能力。

有时孩子即使懂得了应该做什么，不该做什么，但仍然明知故犯，管不住自己。这就需要教育者采取暗示和激励等方法，指导、帮助孩子抵御外部的诱惑和内部的冲动。如可以向孩子提出一些问题，引导他自己寻找对策或设想行为后果，以训练他的自制能力。比如，当你路过游戏厅，听到里面传出玩电子游戏的声音，又想进去时，怎么办？如果你坚持做到“告别电子游戏”，父母会不会非常高兴，并给你奖励？如果说话不算数，又去玩了，会不会得到严厉的批评，甚至惩罚？这样预先帮助孩子通过思想斗争设置防线，有助于他更好地经受实际锻炼，战胜诱惑，获得成功的体验，把正确的行为坚持到底。

要阻止孩子的某种无益活动，就应以另外有趣、有益的活动吸引他。所以父母平时在孩子做完功课时，适逢节假日时，应该考虑安排好孩子的娱乐活动，如下棋、打球、跳绳等，或利用星期天全家去公园，骑车郊游等。也可安排孩子做一些力所能及的家务活，或教给他一手“绝活”，使他忙碌起来。当孩子在某种活动中干得漂亮，有了长进时，要及时地给予表扬鼓励。这样就可以使孩子的兴趣转移到有益的活动中，使他们旺盛的精力大有用武之地。同时，孩子会因此感到愉快而充实，并且，这样做也促进了他们健康地发展。